Peluquería canina

Juan Chumillas Soler

HISPANO EUROPEA

Es propiedad,
© Juan Chumillas Soler

© de la edición en castellano 2018:
Editorial Hispano Europea, S. A.
Passeig del Ferrocarril, 335, 2º2ª
08860 Castelldefels - Barcelona (España).
E-mail: hispanoeuropea@hispanoeuropea.com

Toda forma de reproducción, distribución, comunicación pública o transformación de esta obra solo puede ser realizada con la autorización de sus titulares, salvo la excepción prevista por la ley. Diríjase al editor si necesita fotocopiar o digitalizar algún fragmento de esta obra.

Depósito Legal: B. 25.727-2014

ISBN: 978-84-255-1829-4

Quinta edición

Consulte nuestra web:
www.hispanoeuropea.com

Índice

Características físicas del perro	6
Características óseas del perro	8
El pelo y la piel	10
Características de la piel y del pelo	10
El color	11
Tipos de pelo	12
Tratamiento del pelaje	14
Denominación de las herramientas del peinado	14
Máquinas esquiladoras	19
Técnica artesanal del corte con tijeras	22
Cortes con navaja	24
Técnicas de *stripping*	25
Cuestiones generales	27
El perro y el baño	27
Tipos de corte	36
Planteamientos de los distintos cortes	38
Diferentes arreglos de las patas	39
Los pies rasurados	42
Arreglo de la cola	44
Arreglo de la cabeza	46
La cabeza en los Perros de Aguas	55

CORTES EN ALGUNAS RAZAS CANINAS

Airedale Terrier	62
Alaskan Malamute	65
Bearded Collie	66
Bichon Maltés	67
Bouvier des Flandres	72
Cairn Terrier	74
Caniche	78
Cocker Spaniel Americano	82
Cocker Spaniel Inglés	86
Coton de Tuléar	90
Fox Terrier de pelo duro	92
Galgo Afgano	95
Golden Retriever	97
Gos d´Atura	98
Kerry Blue Terrier	99
Lakeland Terrier	101
Lhasa Apso	104
Pastor de Brie	108
Pomerania	109
Schnauzer Gigante	110
Schnauzer Miniatura	113
Scottish Terrier	116
Sealyham Terrier	120
Setter	124
Shih Tzu	128
Silky Terrier	132
Soft Coated Wheaten Terrier	135
Welsh Terrier	139
West Highland White Terrier	142
Yorkshire Terrier	146
Alteraciones que podemos encontrar en los perros	153

Agradecimientos

Deseo expresar un agradecimiento especial a todas aquellas personas que han contribuido a la creación y el desarrollo de la presente obra, soportando las consultas técnicas, ya que con ello han contribuido al enriquecimiento y el perfeccionamiento de este proyecto.

Desde mi editor, el primero, por encargarme la obra. A mi hijo político por su paciencia y entrega a la colaboración en la construcción de las imágenes. A su esposa (mi querida hija Silvia), por colaborar en las opiniones como profesional de la peluquería canina. A mi familia, mi esposa y mis hijos por el apoyo con el que me han respaldado.

Un agradecimiento especial también para Joan Valldosera, diseñador gráfico en JOVAMA, por su colaboración desinteresada.

A la gerencia de Progénex, de Madrid, y de Artereo Técnics, de Barcelona, por su apoyo técnico y logístico; a los comercios Tot Gos, de Cubelles, y sus clientes; a Natura y a sus propietarios, Carmen y su esposo Nyco, de Cunit, y en especial a mi yerno Sergio Herrera Muñoz, y en general a todos aquellos que han expresado su apoyo a este proyecto. Gracias.

Características físicas del perro

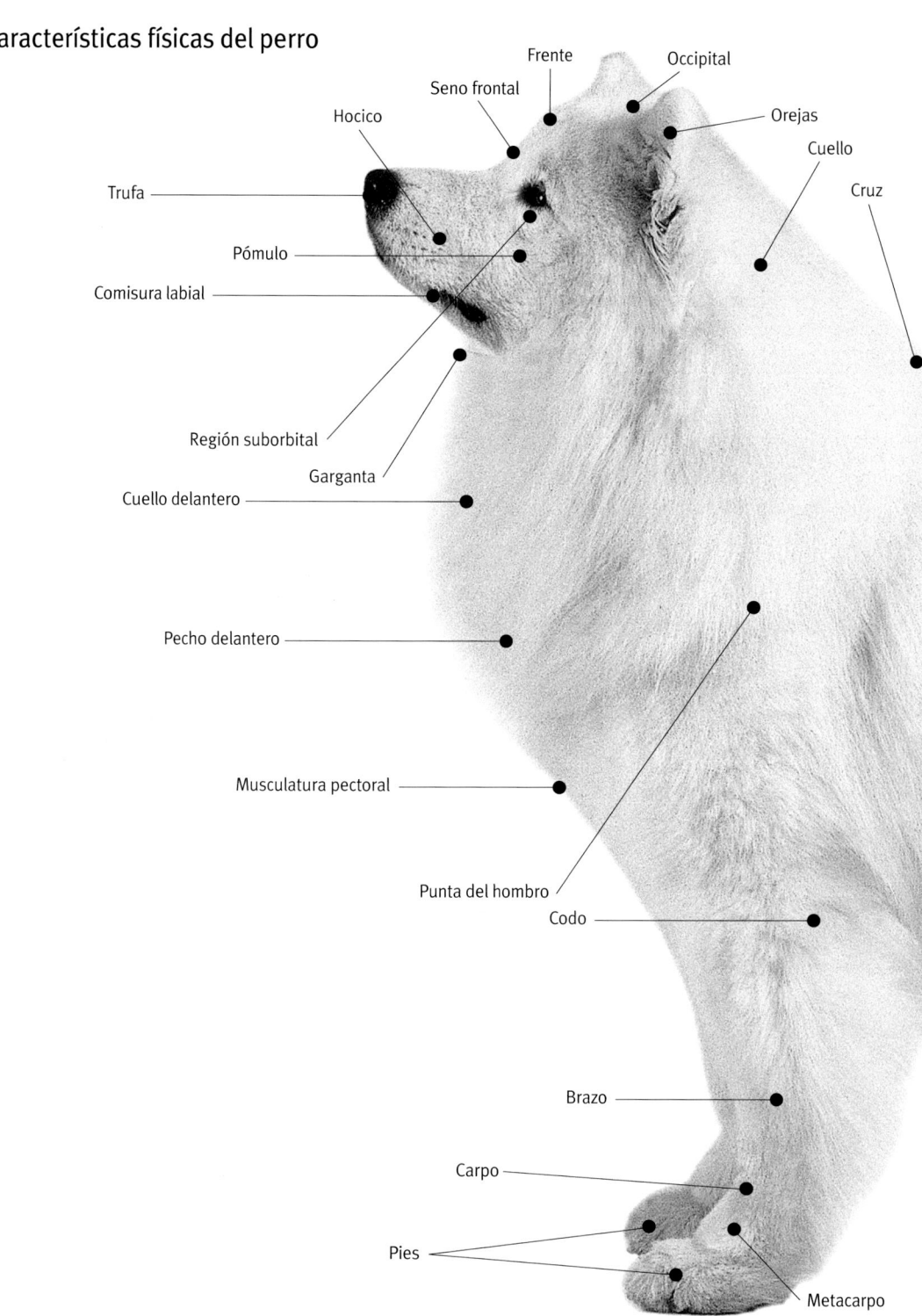

Características físicas del perro

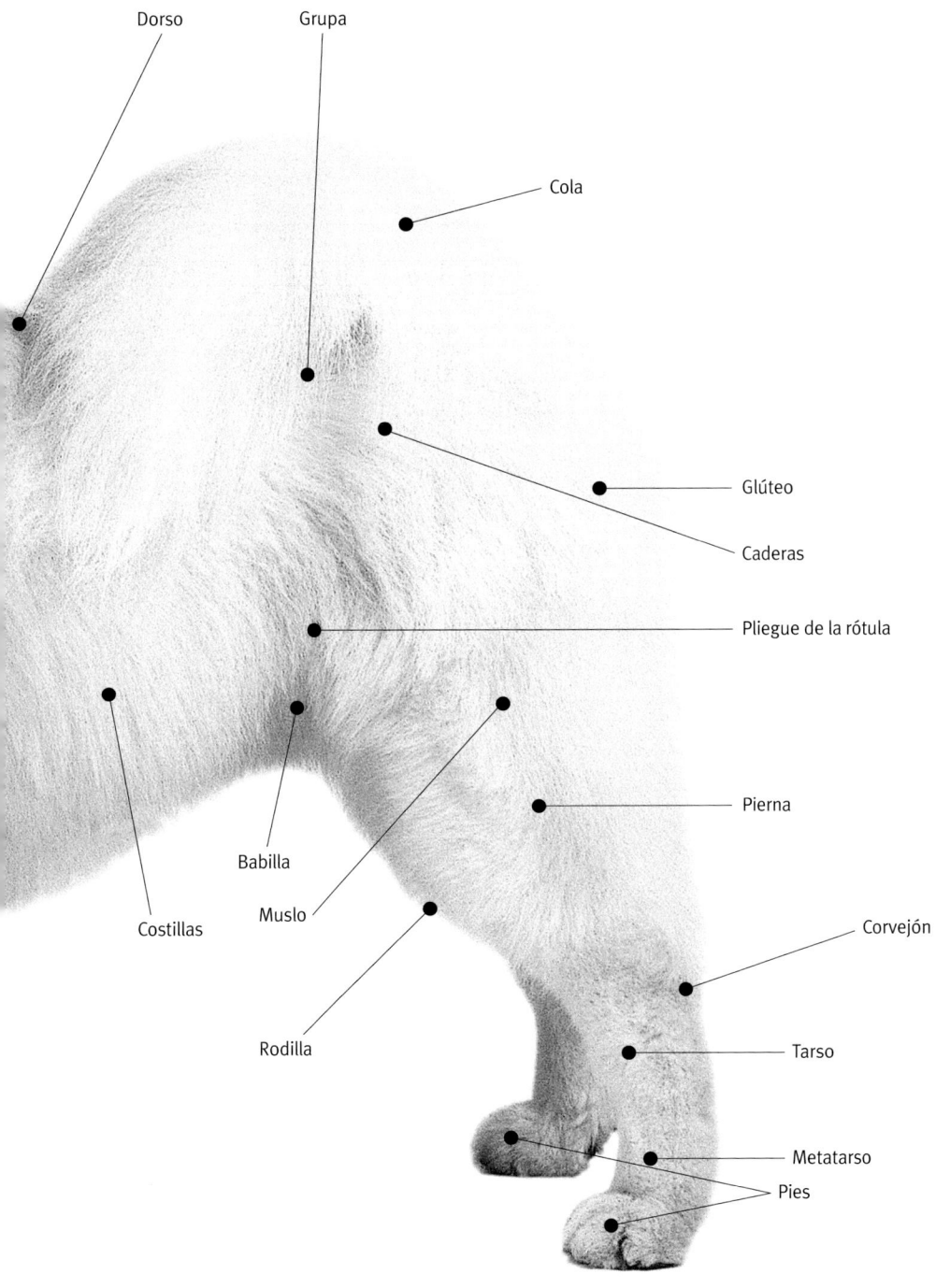

Características óseas del perro

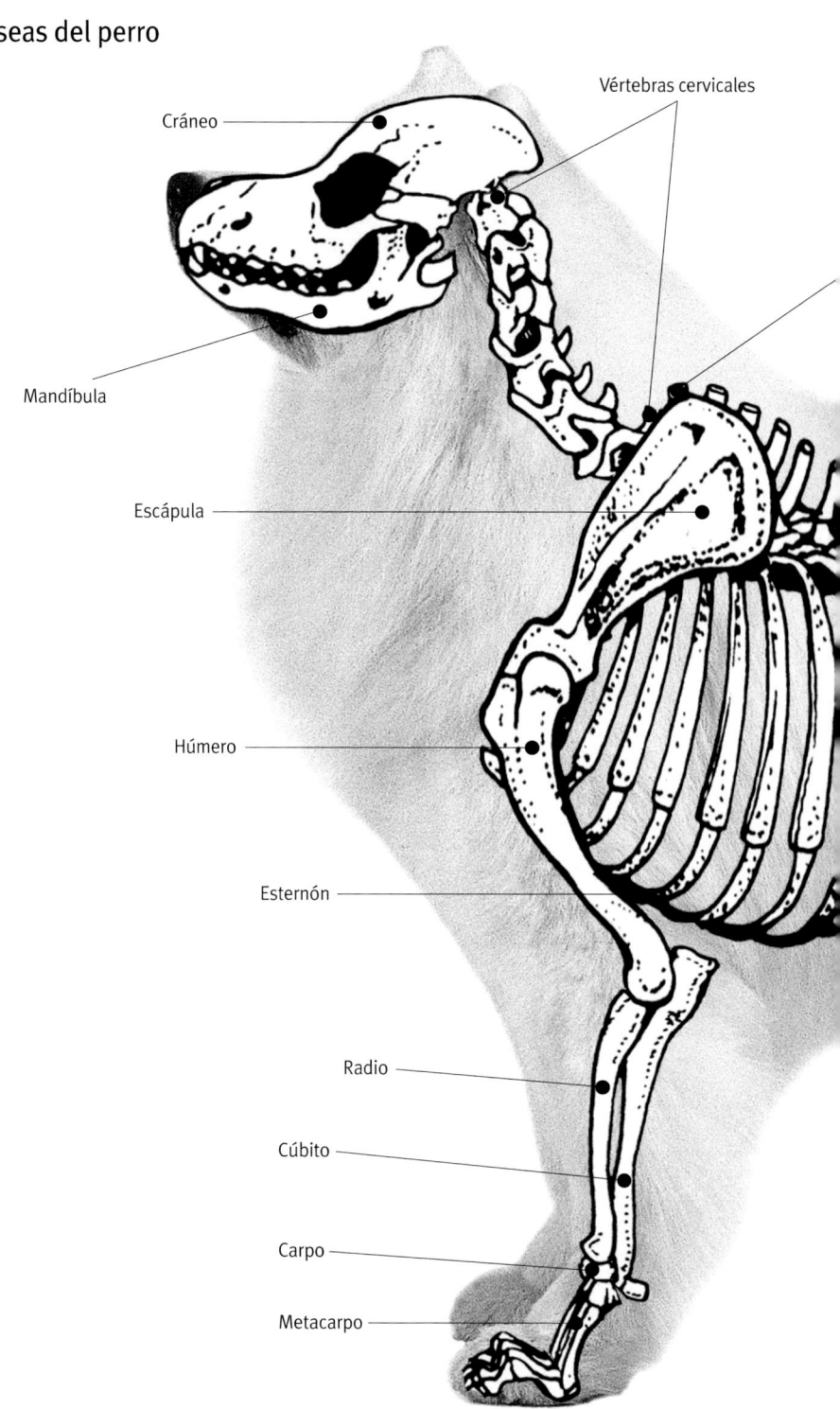

Características óseas del perro

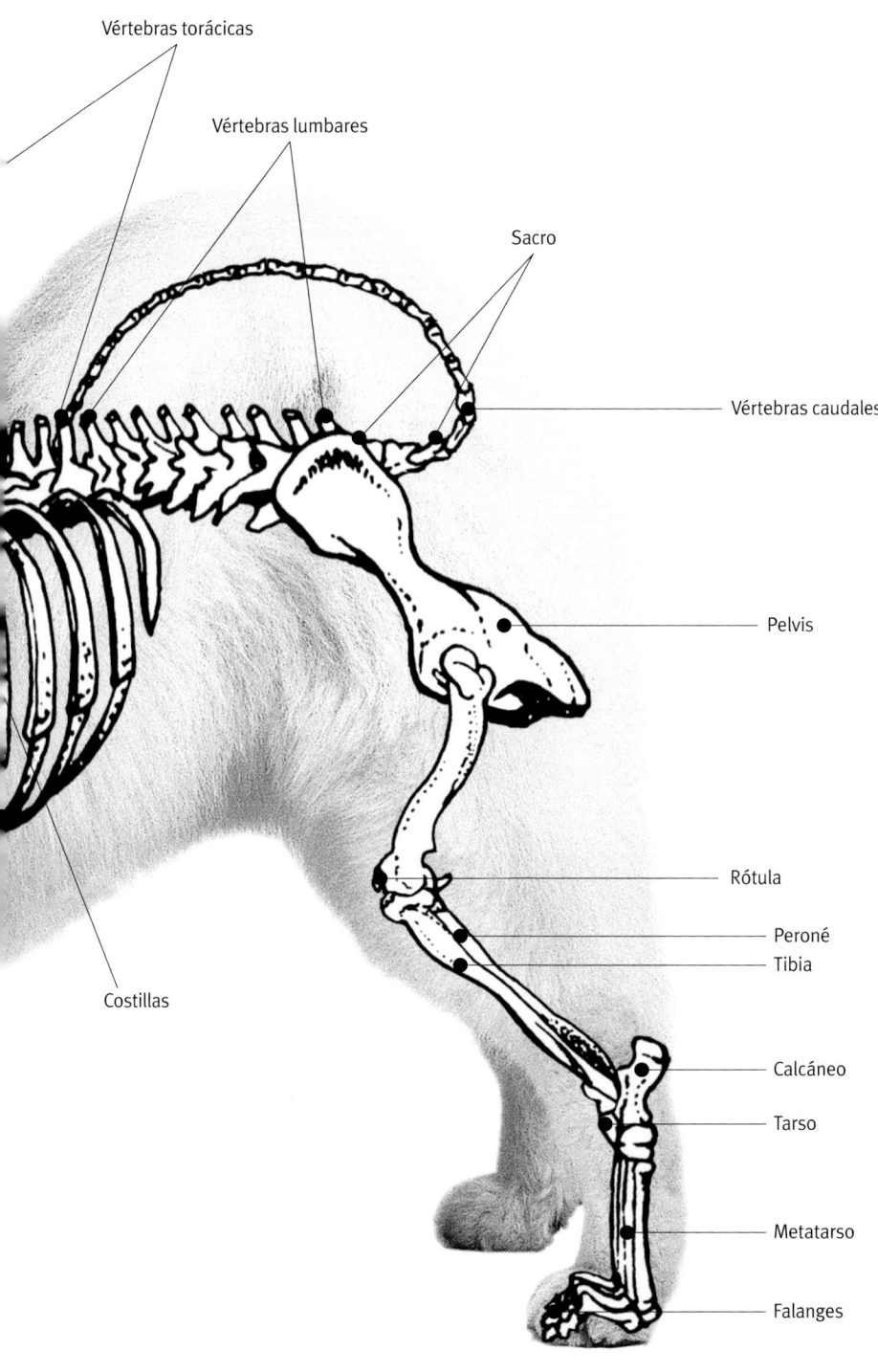

El pelo y la piel

Ahora que ya sabemos cómo es el perro exteriormente, vamos a estudiar el interior del animal.

Debajo del pelo y de la piel se encuentran otras capas de tejidos acompañadas de pequeñas musculaturas.

La piel esconde terminaciones nerviosas que son las que actúan en caso de que esta sea invadida o maltratada. Además, es el órgano más grande del perro, ya que cubre toda la superficie del animal, y protege el resto de los órganos internos.

En la peluquería canina, también es muy importante conocer la ubicación de los huesos, pues con ellos se trabaja la estética de cada perro sea cual sea su raza.

Las enfermedades degenerativas, los procesos traumáticos, las deformaciones congénitas y los controles de operatividad dentro del ejercicio de la profesión nos obligan a conocer el esqueleto óseo del perro. Es probable que cuando el animal sea manejado por un profesional experto, pueda ser controlado con más facilidad que cuando lo hace cualquier persona que no sepa cómo colocar las manos de forma adecuada sobre el animal, de modo que este adquiera una actitud inquieta y rebelde, además de que lo más probable es que se causen molestias innecesarias al perro.

Características de la piel y del pelo

El experto en peluquería canina sabe distinguir los defectos que presentan sus clientes caninos para corregirlos o disimularlos, y de este modo ganarse la confianza y la seguridad de los propietarios de los perros.

Para que esto sea posible, se debe adquirir un conocimiento detallado de esas imperfecciones, tanto si los animales son de pura raza, como si no. Y hay que intuir el valor funcional de las formas que el perro va a presentar una vez que salga de nuestro establecimiento. La anatomía de la gran mayoría de las razas demuestra que la naturaleza, por una parte, y el hombre, por otra, han dotado al perro de los medios apropiados para la realización de un trabajo concreto. Las razas utilizadas para trabajar o de compañía están dotadas de cualidades particulares que guardan relación con las tareas para las que han sido predestinadas. Si el profesional de la peluquería no practica un arreglo adecuado, incurrirá en un desprestigio tanto del animal como de su propietario.

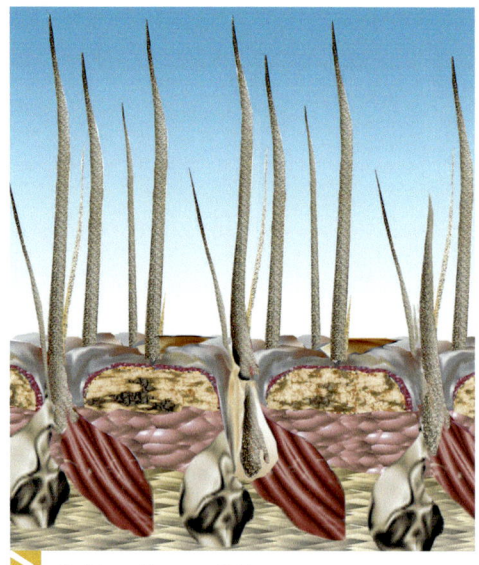

❯ El ciclo cutáneo se divide en:
1.ª fase catágena: estadio de estancación.
2.ª fase telógena: estadio de renovación.
3.ª fase anágena: estadio de crecimiento.

La práctica de los distintos cortes está destinada a resaltar, o a esconder, todas aquellas virtudes, o defectos, que cada tipo o raza de perro conlleva, y para utilizarla de forma correcta tan solo es necesario aplicar un poco de lógica y sentido común.

Por ejemplo, si nos enfrentamos con un Lebrel Afgano, al observarlo detenidamente por su costado es fácil deducir la cuadratura de sus formas. El pelo que lo cubre es largo y caído, desde el eje longitudinal hacia abajo. En el pecho delantero también debe abundar el pelo largo, pero tan solo para esconder o disimular su extremada delgadez; y lo mismo ocurre con el pelo de la cabeza.

En general, el pelo cubre la piel y esta apenas se puede ver. Se trate de un animal de raza o de un híbrido, la función del pelo es la misma en todos los casos: proteger de los distintos agentes térmicos y ambientales, así como de los cuerpos extraños a la piel.

Cada pelo se forma en el interior de la piel, y es conveniente conocer su ciclo de nacimiento y desarrollo.

La piel posee distintos grosores según la zona del cuerpo de que se trate. El conjunto forma un solo órgano y en su interior se encuentra todo un «laboratorio» en el que se transforman e intercambian toda clase de sustancias orgánicas, necesarias para su propia conservación y transportadas a ella por medio de la sangre y las grasas. Estas se almacenan en el interior de las distintas capas de la piel para su transformación posterior.

La piel está adherida a los músculos por medio de una membrana conectiva subcutánea, que le permite deslizarse por las zonas que cubre, y en ella se encuentran las glándulas sebáceas, las sudoríparas, las terminaciones nerviosas, las glándulas mamarias, los pelos y las uñas.

En el interior se suceden toda una serie de procesos necesarios para su continuo desarrollo y su constante transformación.

Todos los elementos orgánicos que se han mencionado nacen en el interior de la piel, y se desarrollan hacia el exterior.

El color

El color del pelo se adquiere por la producción de melanina en su interior. Esta se incorpora en las células adyacentes del mismo pelo, por medio de un fenómeno denominado fagocitosis, que se produce en las prolongaciones dendricas distales del melanocito. En la piel, este mecanismo de coloración también se repite, y la melanina se incorpora a las células destinadas genéticamente a esta función. A través de la glándula sebácea, la melanina y la queratina son incorporadas al folículo piloso. Por debajo de estas capas celulares y del conducto sebáceo se encuentran los melanocitos amelánicos inactivos, que funcionan como reserva en caso de ser estimulados. La melanina que produce la piel del perro da lugar a dos tipos distintos de coloración: la amarillenta, que se denomina feomelanina, y la negra parduzca oscura, conocida como eumelanina.

La actividad de los melanocitos se corresponde con la de la matriz pilosa; la producción de pigmento puede continuar o no en toda la fase de crecimiento, y el color del pelaje varía de acuerdo con la estructura química, el tamaño, la forma y la cantidad de gránulos de pigmento que se encuentra en el interior del pelo. Su distribución a lo largo del folículo piloso está controlada por una combinación de genes y alelos. En algunas razas, la variación en el pelaje viene determinada genéticamente por las diferentes especificidades de la raza. El conocido como «agutí» se diferencia por poseer franjas de colores; en la punta del folículo piloso es de color claro, continúa con una franja más oscura en el centro, y la base es de color amarillento. Entre las razas que presentan esta coloración se encuentra el Pastor Alemán y el Schnauzer de color sal y pimienta.

Tipos de pelo

Los tipos de pelo en los perros presentan una gran diversidad. El pelaje normal consiste en pelos primarios y secundarios, pero en la mayoría de las razas los más abundantes son los pelos secundarios profundos, como le ocurre al Pastor Alemán.

En las razas de pelo corto, este se clasifica como grueso y fino. Entre el pelaje grueso corto predominan los pelos primarios, mientras que en el fino y corto son más abundantes los secundarios.

Nacimiento, desarrollo, renovación y denominación de los pelos

Los pelos se orientan en la piel de forma oblicua. Y es conveniente recordar en qué dirección se desarrolla el pelo en las distintas partes de la piel de los animales, porque solo así se podrán utilizar de manera correcta las distintas herramientas, para obtener un resultado satisfactorio.

En el pelaje común se forman haces de siete a quince pelos que comparten un espacio común en la superficie de la piel. En cada haz, los tallos de los pelos se separan a la altura de la glándula sebácea para formar folículos individuales.

Cada haz está asociado con un gran pelo primario, en la dermis más profunda, y con varios pelos secundarios más finos, en la región intermedia de la dermis. Los haces de pelos se disponen en grupos de tres, con el pelo vigía situado en el haz central.

En el perro, los pelos se encuentran en grupos de 100 a 600 por cm^2, con dos a quince pelos por grupo.

Además del pelo común, los perros poseen los pelos sinusales y tilóricos sinusales, que comprenden los bigotes o las vibrisas de los perros más pequeños y que tienen una irrigación sanguínea singular.

Son más numerosos a los lados del hocico y en la región frontal por encima de cada ojo. Los penachos de cinco o seis pelos sinusales emergen verticalmente de la piel y permiten que los perros se orienten en espacios cerrados y oscuros.

Los tilóricos son grandes pelos vigías intercalados entre otros folículos pilosos que funcionan como receptores especializados. Cada folículo tilórico está rodeado por un área o almohadilla engrosada en la epidermis, rica en células y terminaciones nerviosas sensitivas, formando una red neuromuscular por debajo de la glándula sebácea.

Cada folículo experimenta ciclos reiterados de crecimiento, reposo y muda durante toda la vida. A causa del envejecimiento, las etapas de reposo se prolongan cada vez más con el paso de los años. Cada ciclo tiene su propia denominación:
- El primer ciclo se denomina la fase de crecimiento o anagénica.
- El segundo es el de reposo, la fase catagénica, con una duración característica en los perros.
- El tercer ciclo es el de renovación o fase telogénica.

El crecimiento del pelo se completa a las pocas semanas de vida y le sucede un período de reposo prolongado; la muda se produce en primavera y otoño.

La muda estacional es más pronunciada en aquellos animales que viven al aire libre, a causa de los cambios en el fotoperíodo.

La temperatura ambiental no influye en la rapidez del crecimiento del pelo, que crece con una distribución en mosaico.

La longitud máxima del pelo está determinada genéticamente y depende del ritmo de crecimiento y la duración de la fase anagénica.

Ciertos factores pueden ser determinantes para que el folículo piloso sea más corto, como por ejemplo, el estado de salud general, el consumo de fármacos, la mala nutrición o unas hormonas no compensadas.

El cambio periódico de pelaje es importante en la variación del color y también en la termorregulación, tanto en verano como en invierno.

En verano crece con mayor rapidez que en invierno por la mayor exposición a la luz solar.

Durante la fase anagénica, la producción de pelo se debe a una mayor actividad de las células de la matriz que rodean las papilas dérmicas. Una vez que la fase de crecimiento cesa, se produce un estrechamiento del bulbo piloso y la raíz, que está por encima de esta área, se expande para formar una masa pilosa queratinizada.

Durante la etapa catagénica o de transición, la mitosis es cada vez menos activa, por lo que se reducen los picores.

En este período, la vaina del tejido conectivo desaparece, y la masa pilosa es empujada por el conducto, mientras las células de la base del folículo regresan para formar el germen secundario. La papila dérmica que está debajo de las células germinativas se desplaza hacia arriba, a medida que se forma el nuevo folículo. Entonces se acorta el folículo viejo y entra en la fase de repulsión del ciclo del pelo, la denominada telógena.

Durante la fase anagénica de crecimiento del pelo se produce una extraordinaria actividad metabólica. Durante ese período, el pelo crece a razón de 0,04 a 0,18 mm al día, según la estación del año. En verano crece más rápido por el aumento de horas de radiación solar.

Para el crecimiento del pelo se precisa una dieta rica en proteínas, y además hay que tener en cuenta que durante el crecimiento folicular se metaboliza más glucosa.

La duración del proceso de renovación del pelo en los perros con pelo normal o corto es de 130 días, después de haber sido cortado. En las razas de pelo largo, como el Afgano, este período es de hasta 18 meses.

En condiciones de salud deficiente, desnutrición o enfermedad generalizada aparecen folículos anormales, y la fase de crecimiento del pelo se acorta de forma significativa. En esos momentos, el pelo crece opaco, reseco y quebradizo.

El pelo largo

En general y por su propia naturaleza, los perros de pelo largo mudan dos veces por año, en primavera y otoño, aunque los perros de compañía a causa de la vida sedentaria a la que son sometidos (aire acondicionado, calefacción, etc.), tienden a cambiar el pelo durante más tiempo del normal.

El pelo largo y rizado

Existe la creencia muy extendida de que los perros de pelo rizado no cambian el pelo y que este les crece continuamente, porque parece que no pierdan pelo en las épocas habituales de muda. En realidad, lo que ocurre es que el pelo que se libera y que debería caer, al ser rizado y escamoso, se enreda al resto del pelaje. Es entonces cuando se inicia la formación de los rizos, que son una mezcla entre el pelo vivo o nuevo y el muerto.

Tratamiento del pelaje

En este capítulo se describen las principales herramientas de peinar y desenredar, así como sus utilidades y las combinaciones posibles de su uso.

Denominación de las herramientas del peinado

Existe mucha variedad de herramientas en el mercado, pero hemos elegido las imprescindibles para poder trabajar de manera correcta y obtener los mejores resultados. La experiencia enseña que es más importante la efectividad que la variedad en cuanto a nuestros utensilios cotidianos.

Herramientas para separar nudos

Esta herramienta se utiliza en animales de cierto tamaño y pelo largo muy revuelto para separar los nudos y convertirlos en grupos más reducidos de volumen.

Se aplica introduciendo el extremo de las hojas en el pelo hasta alcanzar la piel, y mientras se sujeta la zona con una mano, con la otra se peina desde arriba hacia abajo.

Por contra, no se puede aplicar a animales pequeños, ya que podrían resultar heridos, ni tampoco en puntos de difícil acceso o donde solo se pueda usar una mano, pues se podrían causar cortes además de un dolor innecesario al perro. Por tanto, para una correcta aplicación, utilice siempre las dos manos.

Cuando se ha separado al pelo en grupos irregulares con esta herramienta, se introduce la siguiente, el peine metálico, con la que se aprecia a qué nivel del pelo se encuentra el enredo. Este se sujeta entre los dedos y se le aplican uno o dos mordiscos, con las tijeras dentadas de ahuecar, y se intenta cepillar con el cepillo de cardar. Si de esta manera no es posible desenredarlo, es necesario aplicar el cepillo de cardar de rodillos y repetir el proceso hasta que el pelo quede suelto.

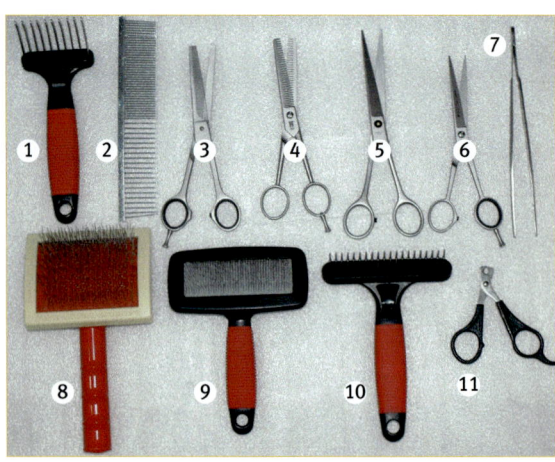

HERRAMIENTAS DEL PEINADO
1. Separador
2. Peine metálico
3. Tijeras de escalar
4. Tijeras de ahuecar
5. Tijeras de corte grandes
6. Tijeras de corte pequeñas
7. Pinzas
8. Cepillo de cardar grande
9. Cepillo de cardar pequeño
10. Carda de rodillos
11. Cortaúñas pequeño

Tratamiento del pelaje

Herramientas de peinar

Esta herramienta se utiliza en la mayoría de perros con pelo, sea cual sea su tamaño, antes, durante y después de lavar o de cortar, con nudos o sin ellos, hasta confirmar que no queda rastro alguno de enredos.

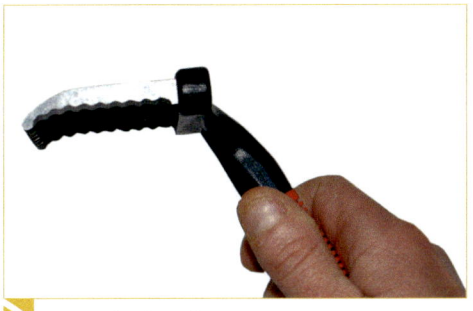

▸ Separador de nudos.

Se introduce el extremo de las púas en el pelo hasta alcanzar la piel y se sujeta la zona con una mano, mientras con la otra se peina a favor y a contrapelo, desde arriba hacia abajo. Si se utiliza con animales de tamaño pequeño, se deberán extremar las precauciones y estirar el pelo con suavidad, para no producir heridas en la piel del perro. Tampoco debe usarse en los puntos de difícil acceso ni con una sola mano, ya que se puede causar dolor innecesario. Utilice siempre las dos manos para una aplicación correcta.

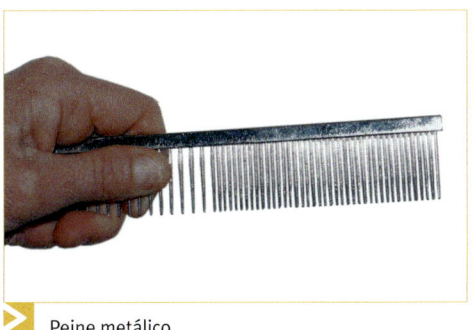

▸ Peine metálico.

Cepillos de cardar el pelo

El cepillo de cardar es una herramienta excepcional en la peluquería canina; se usa continuamente desde que se empieza con un perro hasta que el trabajo termina. Además de peinar, extrae el pelo muerto entre sus púas de alambre doblado.

▸ Izquierda, cepillo. Derecha, cepillo universal.

La manera más adecuada de usarlo es utilizando las dos manos, una para sujetar la piel y el pelo de la zona y la otra para aferrar el cepillo, arrastrándolo por encima de la piel hasta que se llene de pelo. A continuación se separa de la piel hacia el exterior, siguiendo la misma trayectoria, para separar y liberar el pelaje del pelo muerto.

▸ Carda de púas redondas.

Carda de rodillos.

La carda de rodillos es una herramienta moderna muy práctica en la peluquería canina; se usa para facilitar el peinado y extraer el pelo anudado y muerto entre sus púas redondas con rodillos, que el cepillo de cardar tradicional no puede separar.

La manera más conveniente de usarlo es con las dos manos, una para sujetar la piel y el pelo de la zona mientras con la otra se aferra el cepillo, arrastrándolo por encima de la piel hasta que se llene de pelo, momento en que hay estirar hacia el exterior, siguiendo la misma trayectoria, para separar y liberar el pelaje del pelo muerto.

Tijeras de escalar

Se distingue con facilidad de las otras porque una de las hojas posee hasta 38 dientes como máximo, según el calibre de las mismas, de modo que tan solo puede cortar aquel pelo que entra en contacto con la parte delantera de cada uno de los dientes.

Aunque puede parecer que se corta poco pelo con estas tijeras, los dientes están alineados en línea recta y dibujan un trazado que queda reflejado en el pelo.

Para usarlas de manera adecuada, tan solo hace falta aplicarlas por encima de la piel a una distancia prudencial, y pasar el cepillo carda después de cada uso.

Tijeras de ahuecar

Como su propio nombre indica, estas tijeras se utilizan en peluquería para ahuecar las masas de pelo; es un instrumento que sirve para desenredar los nudos que se forman en el pelaje.

Esta técnica va encaminada a soltar y liberar los pelos de nudos o enredos. Después de morder el nudo en el interior del pelo, este es cepillado en la zona donde se han practicado los mordiscos; de esta forma, el pelo se desenreda con más facilidad.

El manto de muchas de las razas de perros está caracterizado por poseer una capa doble de pelo: un manto exterior y otro, más suave y lanoso, debajo del primero.

Al ser más accesible, tanto el peinado como el cuidado del manto exterior es relativamente fácil, aunque son muchos los animales que no son peinados con detenimiento, y por lo tanto a veces sus nudos son tan enrevesados que es necesario aplicar las tijeras de ahuecar para poder solucionar estos problemas.

Tijeras de corte

Durante las sesiones de peinado y desenredado, las tijeras de corte nos ayudan a separar

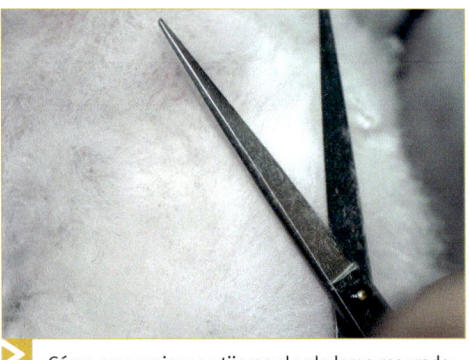

Cómo emparejar con tijeras el pelo largo rasurado.

DIFERENTES TIPOS DE TIJERAS

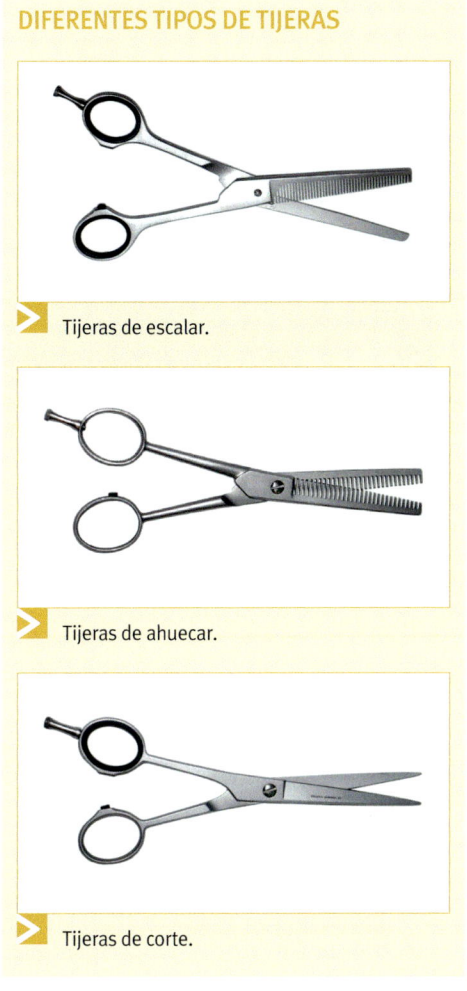

▶ Tijeras de escalar.

▶ Tijeras de ahuecar.

▶ Tijeras de corte.

Cuando se compara, por ejemplo, una zona de piel rasurada con máquina y otra igual en el mismo perro pero recortada con tijeras, se puede observar que existen diferencias en la intensidad de color. Estas son debidas a dos causas: primero que para poder recortar el pelo con las tijeras de una manera uniforme este debe ser peinado y cepillado con más intensidad, lo que implica que antes de recortar, se extraiga más pelo secundario o muerto que si se le aplicara la máquina esquiladora directamente. En segundo lugar, la utilización de las tijeras tiene la virtud de aflorar al exterior el color de la médula y del cortical en la parte superior de los pelos cortados.

Pinzas

En el ejercicio de la peluquería canina es frecuente encontrar entre el pelaje de los perros muchos objetos o elementos extraños incrustados o clavados en espacios de difícil acceso con los dedos. En ocasiones incluso es difícil retirar los parásitos y, sin embargo, con la ayuda de una pinzas se realizan sin más problemas.

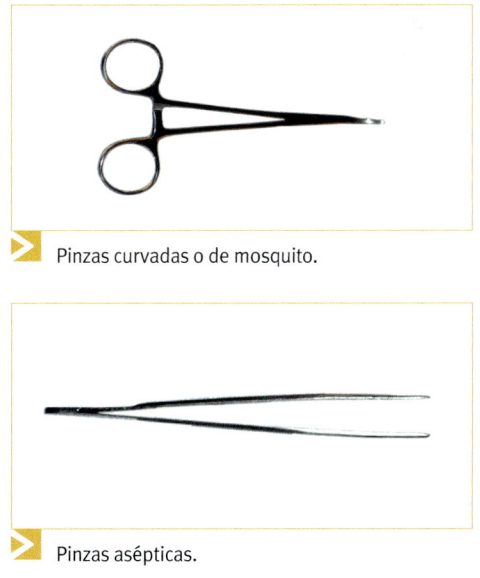

▶ Pinzas curvadas o de mosquito.

▶ Pinzas asépticas.

el pelo de los nudos. Se introducen con las hojas abiertas y se deslizan sobre las masas de pelo enredado, de una en una, zigzagueando por la mitad de los nudos, sin cerrar las tijeras a fin de que solo se seccione el pelo que se halla enredado y que forma el nudo.

Utilice las tijeras deslizándolas con suavidad por encima de la piel del animal, con mucho cuidado; si encuentra algún obstáculo de gran dificultad, debe retirar las tijeras sin cerrar. Solo se cortará cuando se esté completamente seguro de no efectuar ningún corte innecesario o poco estético.

También son necesarias otras pinzas específicas para la limpieza y extracción de pelos y objetos del interior de los pabellones auditivos. De origen quirúrgico, se comercializan de diferentes modelos. Por lo general son rectas y con la punta curvada y reciben el nombre de pinzas de mosquito.

Los cortaúñas

Los cortadores de uñas son de varios tamaños y formas, desde los más pequeños, como el de la ilustración, hasta los que tienen forma de tenazas para perros grandes. Lo que importa es que puedan entrar y cortar las uñas por más enroscadas que hayan crecido.

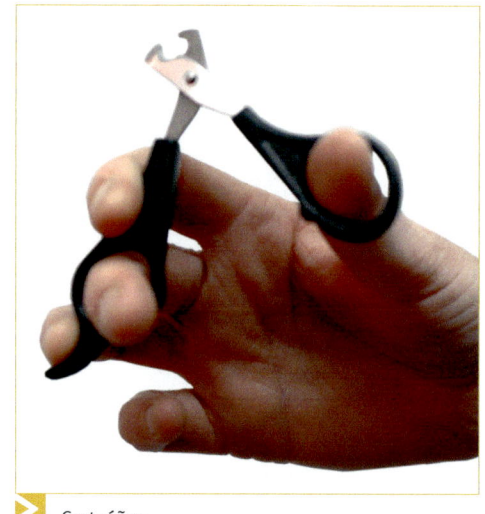

Cortaúñas.

Máquinas esquiladoras

El uso de las máquinas esquiladoras es frecuente en la peluquería canina, ya que se trata de una herramienta muy cómoda, rápida y práctica.

Los cabezales son de distintos tipos, tamaños y grosores, en función del tipo de trabajo de esquilar necesario.

La utilización llega a ser tan frecuente que los perros acaban por familiarizarse con su aplicación. Con el paso del tiempo, los fabricantes han mejorado sus productos y han logrado reducir el sonido y las vibraciones, lo que facilita su aplicación a los profesionales.

Las esquiladoras dedicadas a la peluquería canina tienen una serie de condiciones técnicas específicas para su uso, como son los cabezales versátiles, para distintas aplicaciones, y distintos tamaños de longitud de corte.

Su uso se adecúa a cada necesidad, pero debe tenerse en cuenta que es el profesional el que tiene que resolver las dificultades y los obstáculos que encuentre durante su utilización, así que es conveniente aprender la técnica de uso.

Las aplicaciones más importantes para obtener un buen resultado son dos: una, a favor del pelo; y otra, a contrapelo.

Esto significa que cualquier uso que no esté lo bastante bien dirigido, ya sea en un sentido o en otro, no garantiza que la utilización de la máquina dé el resultado deseado.

Personalmente y como experto en peluquería canina, recomiendo a todas aquellas personas que tienen poca o ninguna noción con máquinas de este tipo la utilización de las de tipo profesional, ya sea de la marca OSTER o AESCULAP.

Estas son las más extendidas en los mercados mundiales, y poseen un buen servicio técnico y de reparaciones más extenso y asequible a los presupuestos. Además se encuentran en la mayoría de distribuidores y es relativamente fácil conseguir los imprescindibles repuestos.

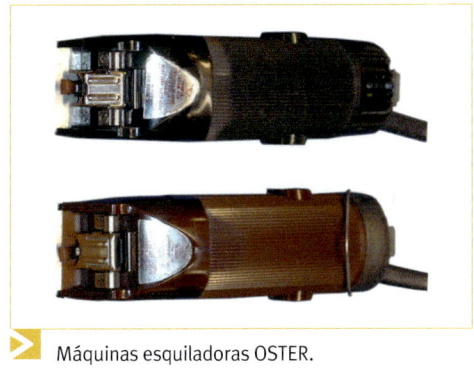

▶ Máquinas esquiladoras OSTER.

Al mismo tiempo es recomendable que los accesorios que se utilicen en la máquina sean de la misma marca. Nunca deben admitirse imitaciones, ya que ni el fabricante de la máquina ni el de los accesorios podrían garantizar entonces fiabilidad en los resultados.

Una buena idea, es practicar antes unas cuantas veces sobre retales de piel artificial o de peletería con piel peluda curtida, antes de

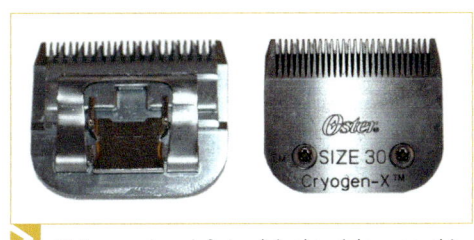

▶ Vista superior e inferior del cabezal de una cuchilla OSTER.

Máquinas esquiladoras

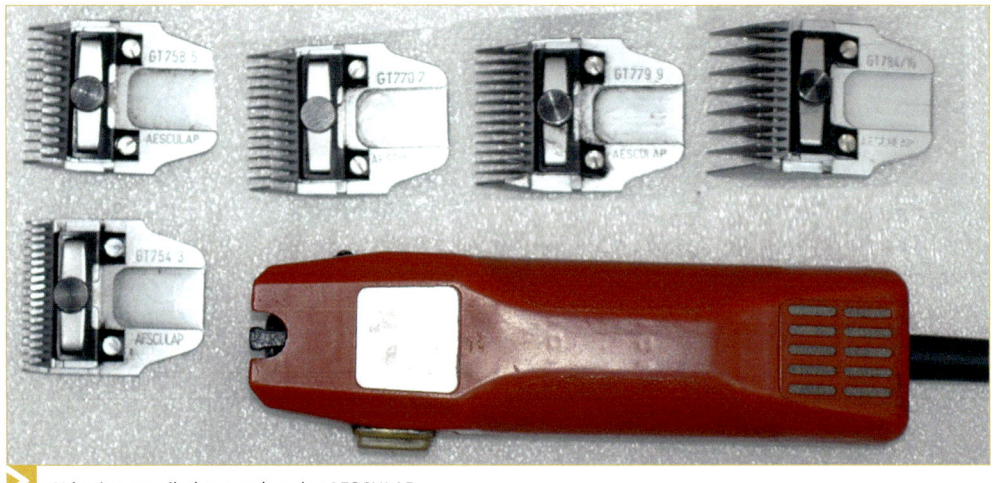

> Máquina esquiladora y cabezales AESCULAP.

aplicar la máquina por primera vez a ningún animal.

Cómo es el cabezal de la cuchilla

Los cabezales se ensamblan en la máquina insertándolos por medio de la guía en la ranura que se encuentra en la platina inferior.

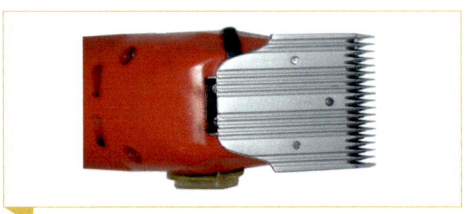

> Vista del cabezal de una cuchilla AESCULAP colocado de forma correcta.

Hay que buscar el canal por el que penetrará la guía, empotrando el cabezal hasta el fondo del todo, al mismo tiempo que se aprieta la palanca lateral de la máquina para permitir que el cabezal se inserte. Si no logra una correcta colocación, ponga la máquina en marcha y repita la operación, mientras prueba a empujar el cabezal hacia adentro.

La platina inferior es la que se desliza por medio del canal o guía que se encuentra en el centro de la misma.

Cuando esta palanca se suelta, el muelle comprime un bulón contra la platina inferior, sujetando el conjunto del cabezal contra la guía.

Los cabezales se componen de dos platinas y un fleje muelle que comprime la platina superior contra la inferior por medio de un tornillo que sujeta las tres piezas siguientes:
- El fleje o muelle que descansa dentro de la ranura que se encuentra en la parte superior de la guía.
- La guía posee un agujero en el centro para permitir el acceso del tornillo a su rosca, que se encuentra en la platina inferior.
- La platina superior posee una ranura central por la que se introduce una leva, que es empujada de un lado a otro por medio de las guías de deslizamiento. Esta leva sobresale de la parte inferior de la máquina y se introduce en la ranura central.

Después de cada uso, todas las piezas se deben desmontar y abrir para ser limpiadas los restos de pelos y otros elementos extraños que se encuentren con ayuda de un pincel.

▶ Vista de los cabezales de unas cuchillas AESCULAP, desmontados para limpiarlos.

Una vez se hayan limpiado, hay que montar y colocar el cabezal, encender la máquina y lubricar las piezas.

Al ser montadas de nuevo, deben apretarse las roscas tanto como sea posible, para conseguir que las platinas corten por completo.

Cuando la máquina lleve mucho tiempo funcionando, es necesario aplicar lubricante entre los dientes y en el exterior del cabezal; observe cómo después funciona con más rapidez, al mismo tiempo que se refrigera.

Para utilizar la máquina sobre el perro, primero asegúrese de que este se halle bien sujeto a la mesa o el mostrador, después enciéndala y acérquela despacio, para que el animal se acostumbre poco a poco al sonido.

Después levante al animal y sujete una parte de la piel y el pelo de la zona a esquilar, estírela con suavidad hacia un extremo, y aplique la máquina en sentido contrario al que estira la piel; introduzca la máquina despacio y guíela perpendicular con respecto a la piel del animal.

La máquina debe seguir la misma dirección en la que crece el pelo, con suavidad y completamente plana, sin giros ni ladeamientos con respecto a la posición de la piel del animal en cada momento.

Para realizar distintos trabajos debemos tener cabezales de distintos tamaños y medidas.

Técnica artesanal del corte con tijeras

Organizar los cortes de pelo en peluquería canina es como aplicar los criterios de la moda. Tan solo hace falta saber cómo se modela cada raza y aplicar ese aprendizaje de modo personalizado a nuestros clientes caninos.

Como antes se han detallado las tres maneras de cortar el pelo en peluquería canina, nos explayaremos ahora en una de las más difíciles, el corte correcto con tijeras, que implica combinar el corte del pelo de las extremidades con las tijeras y la adaptación de este a las zonas de los rasurados.

El corte de pelo con tijeras es una técnica que requiere mucha práctica, y aunque en apariencia es la más difícil para el arreglo de un perro, con unas cuantas indicaciones es sorprendente lo fácil que es aprender el uso y manejo de las tijeras de corte.

Para empezar es imprescindible aprender a sujetar de manera correcta las tijeras.

Para ello es necesario introducir el dedo pulgar y el medio o corazón hasta la primera falange en el interior de las anillas de las tijeras. Estas deben inclinarse hacia atrás, para que el cuerpo de la tijera caiga sobre la mano. Al mismo tiempo, con el dedo índice atrapamos el eje de la tijera que se apoya en el dedo medio, lo que nos permite sujetarla con firmeza en nuestra mano.

Una vez colocada de forma apropiada, la tijera ha de quedar algo inclinada por encima de la mano, que la atrapa con fuerza hacia atrás en dirección al brazo, de forma que con el dedo pulgar se puede desplazar la hoja de la tijera de derecha a izquierda, para abrirla y cerrarla sin dificultad.

Es probable que al hacer este movimiento el resto de la mano se mueva; al principio sujete la mano con la ayuda de la otra, y aprenda a controlar el pulso mientras practica los movimientos de abrir y cerrar las tijeras. Cuando ya se domine este movimiento sin que la mano se mueva, repita la operación pero al mismo tiempo incline la mano hacia delante. Colóquese delante de algún objeto o mueble vertical, y sitúe la mano de forma paralela al objeto, de modo que pueda ver el perfil lateral de la tijera, recta y paralela al objeto, a la vez que abre y cierra la tijera, mirándola por el perfil lateral, que ha de tomar como referencia para aprender a discernir qué corta y a qué distancia lo corta.

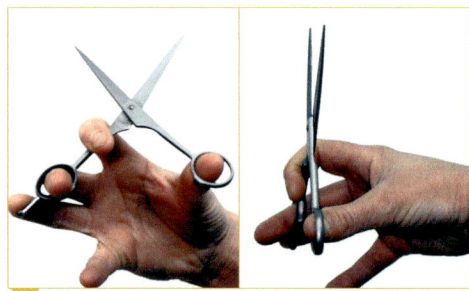

▶ Vista frontal (izquierda) y lateral (derecha) de cómo sujetar las tijeras de manera correcta.

El mecanismo de la tijera es muy fácil de aprender, pero hay que saber utilizar la tijera en cualquier circunstancia, para obtener un resultado satisfactorio en la peluquería canina, por lo que será necesario explicarlo con más detalle.

Ya sabemos sostenerla y sujetarla de forma correcta, inclinando la mano hacia delante, con

> Cómo efectuar el primer y segundo corte con tijeras.

ayuda de la muñeca. También sabemos que al aplicar las tijeras sobre el perro al que le vamos a cortar el pelo, inclinaremos y/o giraremos sobre el animal, aplicando las tijeras de lado, para poder controlar lo que se corta al mirar a través del perfil de la tijera.

En la ilustración superior se observan las primeras acciones de corte. Se colocan las tijeras abiertas sobre el pelo y se cierran; al efectuar este movimiento, el pelo que queda atrapado entre las dos hojas de la tijera se corta y cae, formando un espacio nuevo y aclarado, que se diferencia con facilidad del resto del pelo que aún no se ha cortado.

A partir del primer corte se aplican las tijeras de forma que una hoja aparezca en el espacio cortado y la otra en el pelo a recortar.

Bien, ahora ya sabemos sostener y sujetar la tijera, así como los primeros pasos de cómo aplicarla en un espacio de pelo relativamente vertical y sencillo, pero ¿cómo se puede utilizar en un espacio cuya forma es variable, por ejemplo, redondo como el de una pata?

En ese caso se aplica un primer recorte en la parte más profunda y alejada del interior de la pata; se coloca la tijera abierta y nivelada en una posición continua a la anterior, con una hoja en el interior del primer corte mientras se gira o se inclina la mano con la tijera un poco hacia el ángulo que más nos convenga. En el siguiente paso se vuelve a girar o inclinar un poco más la tijera, y así sucesivamente.

Aplicando esta técnica, se recortará el pelo con trazos ordenados y de fácil aplicación; es una simple cuestión de adaptar los trazos y aplicar el volumen necesario y más apropiado a cada raza según sea el estándar.

En peluquería canina, los cortes estándar son el resultado de la experimentación a lo largo de los años, tratando de favorecer en todo momento la estética del animal, ya sea por motivos medioambientales, de higiene o para ayudar en el aspecto físico de sus prestaciones al ser humano.

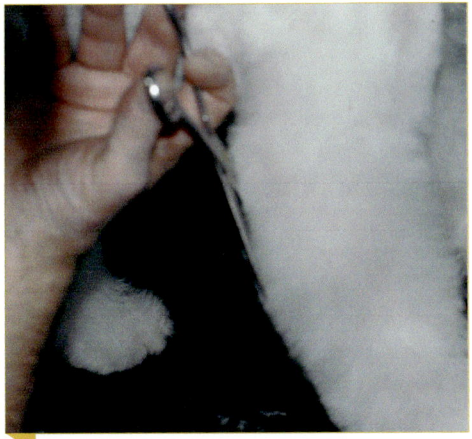

> Cómo cortar el pelo de la cara interna de la pata delantera.

Cortes con navaja

Cuando se aplica la técnica de la extracción del pelo con navaja se consigue eliminar el pelo secundario de manera aún más selectiva. Así, al pelaje principal se refuerza y se mejora su pigmentación.

En general, esta técnica se denomina *trimming* y existen diversas variantes en función de la intensidad de aplicación. Con el *stripping* se actúa de forma «radical», y es apropiado para el deslanamiento o la extracción del pelo secundario en todas aquellas razas de pelo (duro) o con exceso de pelo lanoso.

El sistema del *trimming* es toda una artesanía en su conjunto, y los resultados son tan espectaculares, que el uso de esta técnica logra que un perro al que se le aplique se distinga y marque una gran diferencia con otro ejemplar al que no se le haya aplicado, aunque sean de la misma raza y coincidan en edad, tamaño, color...

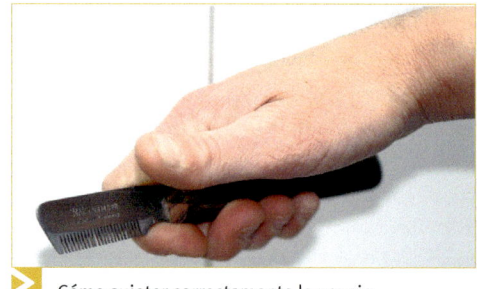
Cómo sujetar correctamente la navaja.

La realización de esta técnica se lleva a cabo en distintas fases a lo largo del año. Prácticamente se debe empezar su aplicación cuando el cachorro tiene unos tres meses de edad, para que se vaya adaptando a los «sa-

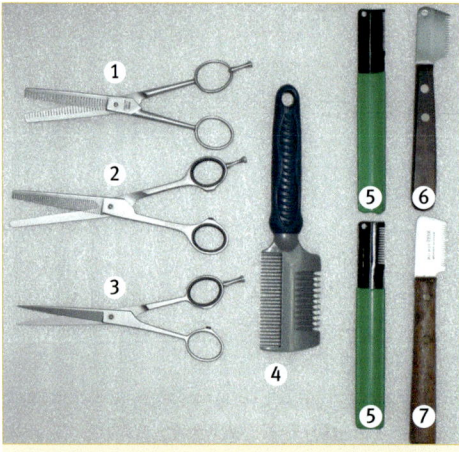

HERRAMIENTAS PARA EL *STRIPPING*
1. Tijeras dentadas de dos caras para ahuecar
2. Tijeras dentadas de una cara para escalar
3. Tijeras de corte
4. Navaja de escalar
5. Navajas de *stripping* japonesas
6. Navaja de *stripping* Mars
7. Navaja de *stripping* Interpet

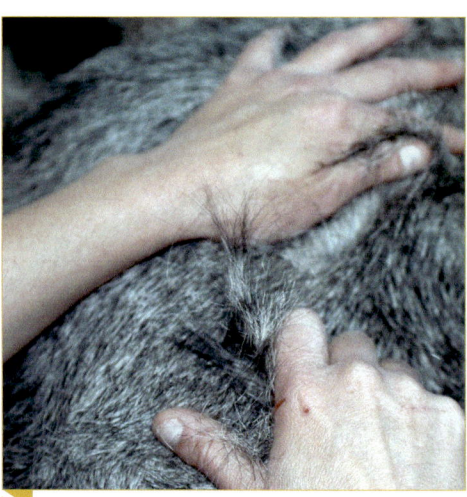
Cómo se extrae el pelo con la navaja de *stripping*.

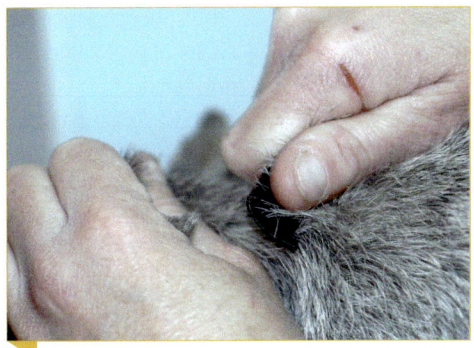

Cómo sujetar la piel próxima a la acción de la navaja.

crificios» de la imagen y la belleza. Es un sistema que requiere una atención y dedicación especiales, además de grandes dosis de paciencia, tanto por parte del animal como por parte del profesional. Hay muy pocos especialistas en esta técnica de peluquería canina, y estos le dedican muchas horas a cada animal al que preparan, lo cual reduce el número de clientes a los que se puede atender, en comparación con los clientes que asume una peluquería comercial normal.

Técnicas de *stripping*

El *stripping* es recomendable practicarlo en las épocas previas a la muda, como la primavera y el otoño, en el posparto, o después del celo de las hembras.

Aunque las épocas sean las más idóneas para su práctica, se debe estar seguro de la buena salud del animal y el óptimo estado de la piel. Además hay que asegurarse de que no se encuentren parásitos en el animal, ya que estos podrían aprovechar una pequeña rozadura para introducir en el interior de la piel alguna bacteria o virus, iniciando así un proceso infeccioso.

Cuando se vaya a realizar una sesión, primero hay que asegurarse de que el animal se encuentre a «punto». Si este arreglo es a fondo, deberemos esperar a la época más adecuada, o bien elegir un tratamiento superficial.

La sesión se inicia aplicando la navaja antes de bañar al animal. Los movimientos durante el despojamiento del pelo deben efectuarse con las dos manos, con una se sujetará la piel más cercana al pelo que se vaya a estirar, y con la otra se estira.

Recuerde que en cada aplicación de la navaja esta debe situarse totalmente paralela a la piel, y en ningún momento los dientes de la herramienta deben rozarla.

Cuando la aplique, sujete entre el dedo pulgar y la hoja unos cuantos pelos y dé un tirón seco y rápido en la misma dirección en que crece el pelo en esa zona. Es recomendable no cambiar la zona a tratar hasta no estar seguros de que la misma esté lo suficientemente despejada y despojada de pelo. Esta precaución le ayudará a distinguir con más facilidad el trabajo que ya se ha efectuado y el que todavía queda por hacer.

Tiene que tener en cuenta que es un trabajo lento y cansado, así que tómeselo con mucha paciencia. Y deje descansar al animal cada cierto tiempo, pues él no sabe qué está ocurriendo.

Se trata de arrancar la mayor parte del pelo secundario o lanoso, que se extrae desde la

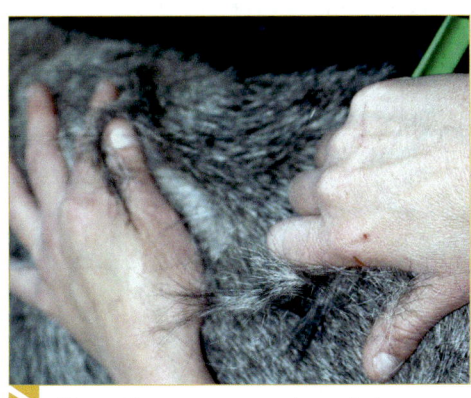

Cómo utilizar correctamente la navaja de *stripping*.

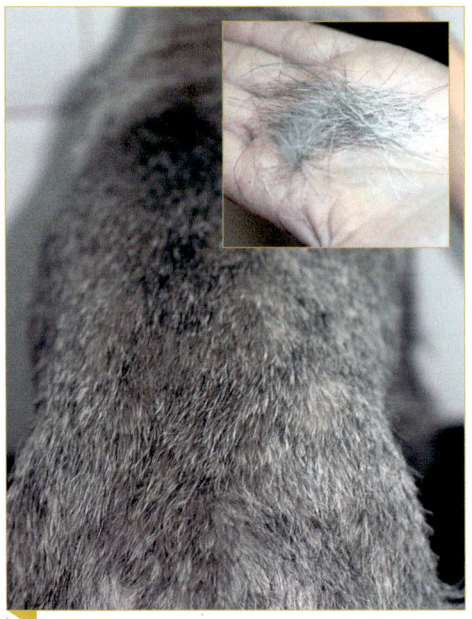

Apariencia correcta del corte a navaja.
En el recuadro interior se muestra la cantidad de pelo extraído.

raíz cuando se estira, además del que se corta con la ayuda de las ranuras de la navaja. Por ello, tan solo el pelo en mejor estado se convertirá en el pelo principal, puesto que una parte del que se atrapa entre el dedo y la navaja, al ser estirado, es arrancado, y otra pequeña parte es seccionada por las ranuras.

En los casos de mantos con dos o más colores (Schnauzer, Cocker Ruano, etc.), se debe tener en cuenta que el pelo de cada color debe o puede poseer una consistencia distinta a la tonalidad mayoritaria, por lo que se deberá poner el máximo interés para que el espesor entre los distintos colores o manchas se presente igualado con respecto al color dominante; por último el tacto del pelo que ya ha sido tratado debe ser más áspero y fuerte, con cierta textura nacarada.

Después de rebajar el pelo del cuerpo, hay que recortar el de las patas. Las tijeras de corte se deben encarar tanto a contrapelo como a favor del mismo.

Una vez finalizada la primera reducción del pelaje, hay que se someter al perro a un baño intenso, así como a un aclarado.

Para terminar el secado del animal, exponerlo frente a un secador y peinarlo al mismo tiempo que se seca.

Compruebe con el tacto que el animal se seca por completo.

Después del baño, es necesario reparar los desniveles que se hayan producido, alineando el pelo con ayuda de la navaja que porta una hoja de afeitar; esta se utiliza sobre el peine metálico.

Como detalle final se aplica una piedra porosa o pómez, con la que se frota el pelo tratado con las navajas, para dar al pelaje un resultado más afinado.

Las patas y otras zonas peludas se peinan con la navaja de *stripping*, con mucha suavidad y cuidado, para extraer el pelo lanoso que aún pueda quedar.

Se ha de tener especial atención con los Terrier de color blanco para que no les escasee el pelo en el cuerpo, como puede ocurrirles al West Highland White Terrier, el Sealyham Terrier o el Schnauzer Miniatura Blanco (esta última variedad es muy reciente). Debido a que la piel de estos perros es de color rosado y no posee suficientes defensas para soportar los rayos solares, necesita ser protegida de la radiación solar por el pelo del animal.

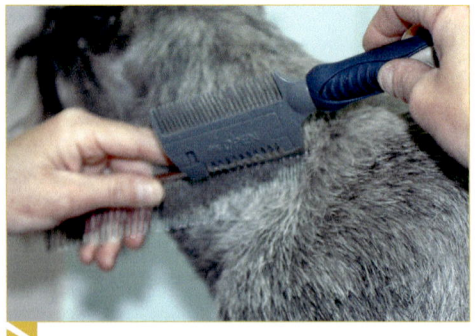

Utilizar la navaja de escalar sobre el peine.

Cuestiones generales

Como primer paso, se divide de forma imaginaria al perro en cabeza, cuello, tronco, extremidades y cola, para determinar las distintas formas de cortar, extraer, peinar, etcétera.

Por lo general es en las extremidades donde más se decora a los perros; lo primero en lo que nos fijamos cuando estamos frente a un animal, es en la cabeza y después en el cuerpo; en aquella encontraremos el arreglo característico con que se identifica la raza. Si esta se parece a otras, tendremos que observar cuáles son los detalles (tamaños y/o volúmenes, etc.) que marcan la diferencia entre unas y otras.

En la cola y la cabeza se actúa según el estándar, pues es donde se decoran y potencian las características estilísticas de la raza.

Entre los diferentes miembros se aplican los principios estéticos sobre belleza canina, para destacar y aplicar las formas y los volúmenes necesarios en cada caso.

Hay muchas diferencias entre las distintas partes de los perros, en altura y tamaño, por ejemplo. En los que se guarda una proporción normal, se aplica un arreglo que equilibre la desproporción entre el volumen del cuerpo y el de las patas. Otra diferencia se encuentra en los perros de patas cortas, como Cocker, Basset, Westie, Scottish, Bichon, etc. Lo más habitual es que se les corte el pelo del cuello anterior y posterior, además del de la parte superior del lomo, dejando que el que cuelga desde el centro longitudinal del animal cubra las partes inferiores del cuerpo. Se trata de proporcionar un aspecto más rectangular del tronco, para ayudar a destacar la altura de la cabeza. El cuerpo aparece con un tamaño más voluminoso, pues se le ha cortado el pelo de forma nivelada y algo más reducido.

Las patas nos parecen cortas y posiblemente defectuosas, comparadas con el cuerpo. A estas se les deja el pelo más largo que, junto con el que cae del cuerpo hacia abajo, formará un conjunto con todo el pelaje. El pelo de la cola se arregla conforme el estándar de la raza a la que pertenezca el animal. En cualquier otro tipo de perro, se suele dejar la mayor cantidad posible de pelo, sobre todo en el extremo final, a fin de protegerlo y prevenir posibles heridas que se pueda causar al golpearla contra las paredes, el suelo, los muebles, etcétera.

La primera medida para todos los perros que pasan por una sesión de peluquería, es recortar o eliminar los pelos de los espacios plantares, así como el de las zonas genitales. Tampoco debe olvidarse de limpiar los oídos por dentro y las legañas de los ojos, así como cortar las uñas.

En los últimos años, en algunas peluquerías caninas y de forma adicional, se ha implantado el servicio de «limpieza» dental para los perros, pero esta práctica requiere personal con preparación de ayudante técnico veterinario. Además, solo es posible llevarla a cabo con el equipamiento clínico veterinario específico.

El perro y el baño

El perro, como cualquier animal doméstico, necesita mantener una higiene sistemática a lo largo de toda su vida. Pero su propia naturaleza e instinto no le permiten aceptar de buen grado nuestras costumbres higiénicas diarias.

Para el perro, el contacto casual con el agua no representa más que un elemento más de su entorno que sobre todo utiliza para beber y remojarse en ella cuando le apetece. Pero no es capaz de asociarla como elemento indispensable de higiene.

Si se observa detenidamente el comportamiento del perro frente a una manguera abierta o un pequeño charco, veremos cómo el animal pisa el reguero de agua, y puede que hasta la huela y la beba. Si además hace calor o es la época estival, es muy probable que se siente encima para refrescarse, en busca de una satisfacción momentánea.

Esta actitud se debe a los reflejos que provoca el contacto con el agua de las zonas cutáneas del animal que son capaces de exudar, como los espacios de piel interplantar, la lengua y el ano.

Pero precisamente todo lo contrario ocurre cuando el agua sale a presión por una manguera o un aspersor, pues el animal huye y se aparta sorprendido por la fuerza con la que sale el agua, además de que el sonido que esta emite al salir le causa pavor; cabe recordar que la capacidad de audición del perro es más de diez veces superior a la del ser humano.

Estos son algunos de los factores físicos que debemos tener en cuenta a la hora de plantearnos bañar al perro; por lo tanto conviene tomar antes una serie de precauciones para efectuar esa operación.

Precauciones antes de bañar al perro

Las principales precauciones que se deben tomar son las siguientes; primero, preparar tapones de algodón, recubierto con tejido de gasa hidrófila, para ser introducidos en el interior de los pabellones auriculares.

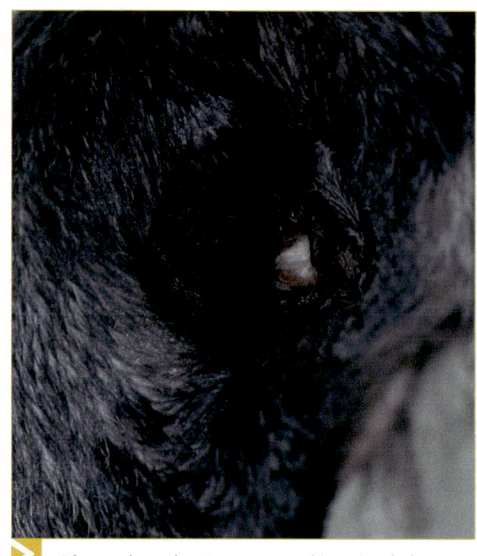

Cómo colocar los tapones en el interior de los pabellones auriculares.

La principal ventaja del uso de este tipo de apósitos es que se pueden introducir con cierta presión en los oídos. Para extraerlos después basta la ayuda de unas pinzas, con la seguridad de que, gracias a la gasa, no quedarán residuos de algodón en el interior.

La segunda precaución es utilizar agua templada, entre 18 y 26 °C aproximadamente, según la época del año. El chorro de agua debe fluir de forma suave y silenciosa.

Durante el remojo es preferible dejar la cabeza para el último instante, antes de dispensar el champú o el jabón. Este se debe distribuir de manera homogénea por todo el cuerpo del perro, y de nuevo hay que reservar la cara y la cabeza para justo antes del enjuagado.

Productos cosméticos y champús

Muchos de los productos cosméticos para humanos que se han usado en peluquería canina han tenido que ser modificados y adaptados para mejorar su rendimiento sobre la piel y el pelo de los perros.

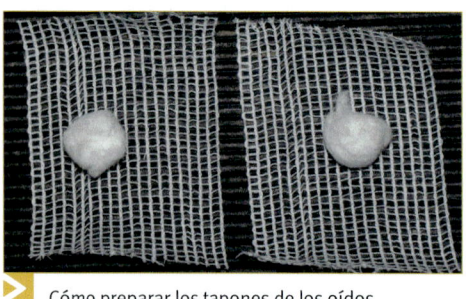

Cómo preparar los tapones de los oídos.

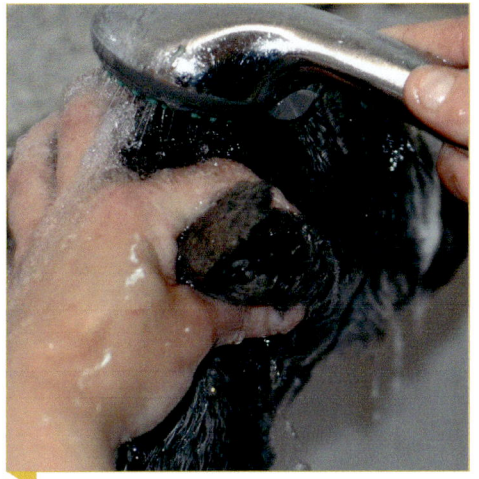
▸ Cómo tapar con la mano los pabellones auriculares.

▸ Durante el aclarado hay que abrir los párpados con la mano.

El pelo es una sustancia queratinosa inerte, y para describir el estado en que se halla se aplican términos como vivacidad, vigor, lustre, cuerpo, electricidad y docilidad. Para los distintos tipos de pelo (Afganos, Maltés, Shetland Sheepdog, Westie, Rottweiler, Pointer) se necesitan diferentes efectos.

Los champús deben eliminar la suciedad y el sebo exterior, y dejar el pelo suave y brillante para facilitar el peinado. Para cumplir estos requisitos, el jabón debe crear espuma en abundancia, y hay que enjuagarlo a fondo para no dejar ningún residuo ni dañar los ojos, y solo eliminar la suciedad y no los aceites naturales.

Algunos champús poseen una base de jabón, pero la mayor parte de los mismos son detergentes con una variedad de aditivos que actúan como espesantes, acondicionadores, dispersantes de jabones cálcicos, hidrolizados proteínicos y perfumes.

▸ Muestra de los productos de peluquería canina.

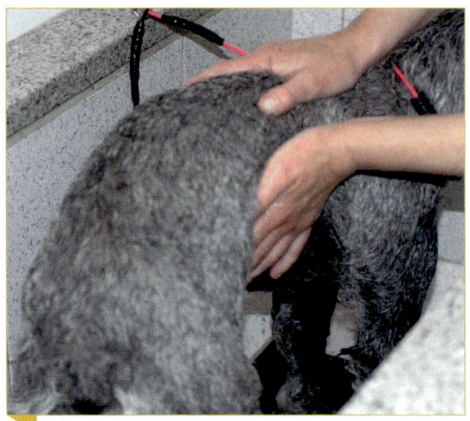

Hay que asegurarse de que no quedan restos de champú en el pelaje del perro.

Los champús jabonosos trabajan bien en agua blanda, pero en la dura dejan una película opaca de jabón cálcico magnésico sobre la piel y el pelo, si no se le han aplicado agentes dispersantes especiales para eliminar el calcio, el magnesio y los iones de los metales pesados.

Los champús detergentes son compuestos sintéticos con una base de sales de sulfato de lauretil. No reaccionan con agua dura, y lavan más ásperamente que los jabones. Este inconveniente puede resolverse con diferentes aditivos, como glicerinas, ésteres de glicéridos derivados de lanolina, aceites y alcoholes grasos, que funcionan como aditivos engrasantes o emolientes que impiden la completa eliminación de los aceites naturales o facilitan su sustitución. Además, proporcionan mayor brillo, así como facilitan el peinado posterior.

Los champús secos son mezclas de polvos absorbentes y álcalis suaves. Se espolvorean entre el pelo y se eliminan con un cepillo; su efecto limpiador es pobre y el cepillado aumenta la electricidad estática en el pelo, por lo que no son recomendables.

Los champús para bebés son detergentes muy costosos, y más suaves pero menos eficaces como limpiadores. No producen irritaciones oculares y solo son eficaces cuando el exceso de aceites o suciedad no son problemáticos.

La tercera precaución es la de enjuagar el jabón con total seguridad. Es preferible empezar por la cabeza y, mientras lo hacemos, abrir con los dedos los párpados del perro, dejando que el agua se introduzca en el interior de los ojos, para impedir cualquier posibilidad de que queden almacenados residuos de jabón en el interior.

El aclarado no debe finalizar hasta asegurarse de que no queda ningún rastro de espuma; para ello se deben inspeccionar todos los rincones del animal en busca de posibles residuos. El uso de acondicionador o suavizante puede aligerar este trabajo tan pesado. Este producto contiene una materia grasa que forma una película protectora que envuelve el pelo, y que al secarse permite devolver la forma natural del pelaje con un simple cepillado. El uso correcto implica que después del aclarado se seque al animal con una toalla, y se lo cepille para preparar al perro para secarlo.

En la peluquería canina, el secado más habitual se efectúa a mano para separar el pelo durante esta operación, y así facilitar la penetración de aire caliente en el pelaje.

En la piel se acumulan desechos de forma constante. La piel normal posee productos secretados por las glándulas cutáneas, y las partículas extrañas se almacenan continuamente.

Si se descuida este aspecto, se puede producir una irritación cutánea, e incluso la acu-

Gomas especiales para sujetar el pelo.

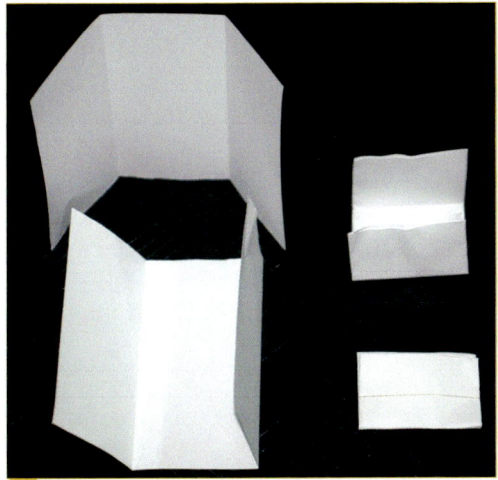 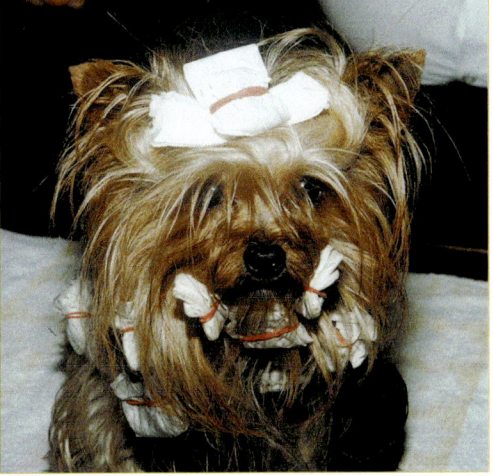

Izquierda: Papel de cebolla doblado en las distintas fases, se utiliza en perros de pelo largo en exposiciones. Derecha: Ejemplo del uso de los papeles de cebolla en la cabeza de un Yorkshire Terrier.

mulación de elementos extraños puede tener efectos indeseables sobre la piel.

Para poner en práctica la higiene de un modo más seguro y profesional, conviene saber qué producto cosmético es el más adecuado para según el tipo de piel, así como qué reacción cabe esperar tras su uso.

Los jabones y champús son agentes para la limpieza de la piel y el pelo. Los jabones solubles son sales sódicas o potásicas, con un alto peso molecular y ácidos alifáticos monobásicos. Por lo general contienen conservantes, aceites esenciales y colorantes. El efecto osmótico y la acción detergente de los jabones pueden dañar la piel. La irritación está causada por el efecto de la espuma, la emulsión de los aceites y el sebo cutáneo, y el ablandamiento de la epidermis. Esta es la razón de que siempre se deba enjuagar por completo la piel, sea cual sea la dureza del jabón o el champú.

En las farmacias se halla a la venta una gran variedad de «champús medicados», que muchas veces tienen indicaciones y contraindicaciones específicas. Es importante familiarizarse con unos cuantos productos (uno de cada tipo) y conocer sus acciones, para conseguir el efecto deseado.

Los champús que contienen ingredientes adicionales buscan obtener otras acciones además de las del propio jabón. Una absorción limitada de insecticida, ácido salicílico, azufre, alquitrán, selenio y antisépticos está por tanto justificada durante un lavado prolongado, para aprovechar sus efectos.

Los champús se pueden clasificar de la siguiente forma:

1. Los champús hipoalergénicos no medicados están destinados sobre todo a la higiene básica.
2. Los champús antiseborreicos suelen contener ácido salicílico, azufre y alquitrán en diferentes combinaciones y potencias. El azufre es queratolítico, queratoplástico, antibacteriano, antifúngico, antiparasitario, antipruritico, y levemente «reconstructor folicular»; el ácido salicílico es además algo antipruritico, bacteriostático y queratolítico; y el alquitrán es queratolítico, queratoplástico, antipruritico y vasoconstrictor.
3. El peróxido de benzoilo, presente en algunos champús, tiene una acción reconstruc-

tora folicular y se utiliza en dermatología como desengrasante; además, este producto es queratolítico (potencia la presencia de la queratina), antibacteriano y/o «antipruriginoso» (relajante de la piel).
4. Los champús con selenio son queratolíticos, desengrasantes, prolongan la renovación epidérmica y son antifúngicos.

Es del todo recomendable el consejo del profesional veterinario para una correcta aplicación de estos productos, aunque sea en el baño, así como para conocer el número de aplicaciones necesarias.

En los casos de irritaciones por el uso de peines o rastrillos en la piel, los peluqueros suelen utilizar en el baño un champú con peróxido de benzoilo o selenio para prevenir posibles enfermedades en la piel.

Acondicionadores del pelo

Los acondicionadores para el pelo tienen dos virtudes: dar «cuerpo» al pelo lacio y fino, y reducir la electricidad estática, ya que el pelo en un ambiente de baja humedad o cuando es cepillado en exceso capta una mayor cantidad de electricidad negativa.

Son materiales anfotéricos o surfactantes catiónicos (cargados de electricidad positiva) y ayudan a neutralizar y eliminar la carga negativa. Son ligeramente ácidos, con lo cual se endurece la queratina y se eliminan los residuos de las aguas duras. También contienen componentes grasos que añaden una película que proporciona más brillo.

Este tipo de productos alisan el pelo y facilitan el peinado, aunque no dan el volumen necesario que algunos pelajes necesitan.

Los aceites dan más brillo, y aunque los hidrolizados proteínicos cubren el pelo y lo hacen más tupido y espeso, estos ayudan a reforzar el pelo agrietado y seco frente a los no hidrolizados.

Si las proteínas se aplican con el champú, la mayor parte de las mismas será arrastrada durante el aclarado, y por lo tanto se reduce el efecto apetecible.

Para cuidar y mantener el pelo largo en unas condiciones de total protección, se utilizan *sprays* con aceite de visón o de coco, estos se aplican en pequeñas dosis a diario para facilitar el peinado cotidiano, pero además si al animal se le ha de preparar el pelaje para el mundo de las exposiciones, a partir de los 6 meses, a los Yorkshire, Maltés, Afganos, etc., de pelo largo, denso y suave, se les aplica un aceitado previo al «empaquetado» general con papel de «seda» generalmente llamado papel de cebolla, cortado en tiras de tamaño 10 × 25 cm, que se aplica de la siguiente forma: primero el pelo se peina en mechones y se aplica el aceite, a continuación se cepilla el mechón y se envuelve con el papel doblado de forma que la parte más larga tenga un pliegue o ala a cada lado del centro, se coloca el mechón en el centro del papel, se tapa con las alas del mismo y a continuación se vuelve a doblar pero ahora se hacen un mínimo de tres pliegues del papel en dirección hacia el cuerpo del animal, y el paquete se sujeta con ayuda de una goma elástica para pelo.

Aceites de visón.

Cuestiones generales

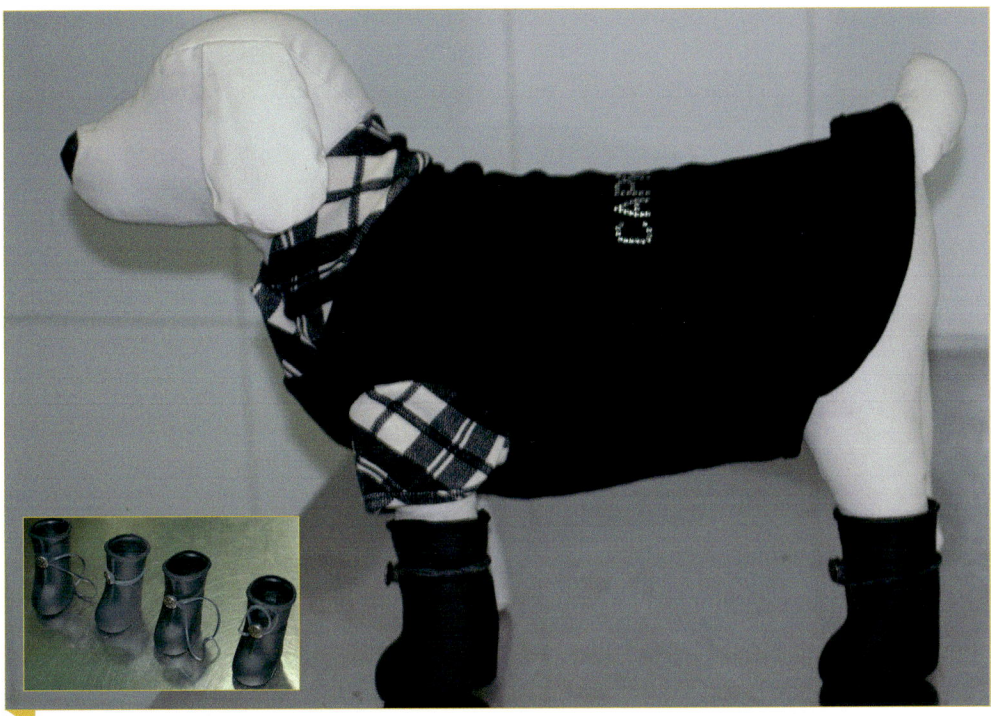

▷ Maniquí de perro vestido. Recuadro: Juego de calzado.

Para animales jóvenes o muy activos y juguetones es recomendable proteger el pelaje con los envoltorios de papel con un abrigo de nailon para perros y así aunque juegue en la calle o en el jardín estará protegido frente a los enganchones con plantas u otros objetos, además se le pueden poner unos zapatos para proteger el pelo de las patas.

Agentes antiparasitarios tópicos

La mayor parte de estos productos insecticidas serían tóxicos si se aplicasen en un vehículo que facilitara su absorción por la piel de los animales. Estos ingredientes activos se encuentran incorporados en productos para el baño como champús, polvos y lociones en cantidades mínimas, por lo que no representan ningún peligro para los animales o las personas que los manejan de manera adecuada (protegidos por guantes y mascarillas), y en las dosis que recomiendan sus fabricantes.

Los principales productos insecticidas preparados para liberar o prevenir la invasión de la piel del perro de pulgas, garrapatas, piojos, ácaros, etc., son las piretrinas, los piretroides, los organoclorados, los carbamatos, y los organofosfatos.

▷ Imagen ampliada de una garrapata.

33

Cuestiones generales

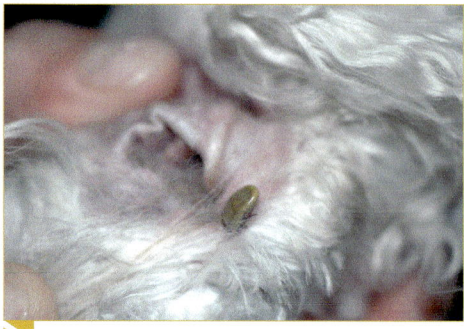

Es necesario cerciorarse de que no quedan parásitos en el perro.

Estos productos primarios se presentan en concentraciones calculadas para obtener los efectos beneficiosos que de ellos se esperan, y su absorción tiene tres variables que aconsejan su uso:
1. Concentración.
2. Movimiento.
3. Coeficiente de difusión.

En la presentación de las diferentes concentraciones, el aspecto básico es comprobar si el producto penetra o no en la cutícula del parásito. Y, si lo hace con qué magnitud y rapidez. La absorción es muy variable y de la mayor parte de los productos sólo penetra el 1 ó 2% después de unos minutos o incluso horas.

Las uñas y sus cuidados

Las uñas del perro requieren una serie de cuidados para una mejor conservación, tanto desde el punto de vista estético como del de la salud.

Debido al estilo de vida sedentaria a la que muchos perros de compañía están sometidos, estos no tienen la posibilidad de correr y trotar por la calle o el campo, lo que repercute en una falta del desgaste necesario de las uñas. Estos apéndices crecen continuamente, igual que el pelo, de forma que se enroscan sobre sí mismas si no son cortadas a tiempo, en ocasiones se encuentran tan crecidas y enroscadas que las puntas llegan a clavarse en la misma almohadilla que las sustenta, lo que produce dolor e incluso cojera.

La excesiva prolongación de las uñas puede originar deformaciones en los dedos, y en consecuencia alteraciones articulares y de la columna vertebral, lo que podría alterar el carácter del animal, debido al dolor que padece.

Por lo tanto es conveniente que estas sean revisadas y cortadas tantas veces como sea necesario, hasta que tengan un tamaño lo bastante reducido para permitir que el perro camine con comodidad.

Muchos perros tienen muy marcada la sensibilidad en los dedos debido al dolor, de modo que es recomendable el uso del bozal como medida preventiva antes de iniciar cualquier manipulación en las uñas de un perro.

La forma habitual de cortar las uñas es practicar el corte en una sola aplicación en cada uña. En muchas ocasiones, sin embargo, estas sangran con facilidad porque en el interior de la uña se encuentran los capilares que alimentan los tejidos. Aunque las uñas sean de color semitransparente, las terminaciones venosas son tan diminutas que es muy difícil advertir su presencia en el extremo de cada uña.

Se pueden evitar las hemorragias en las uñas, si se practica una serie de presiones con

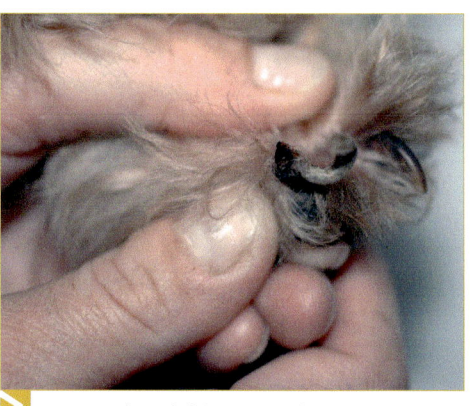

Una uña de Yorkshire enroscada.

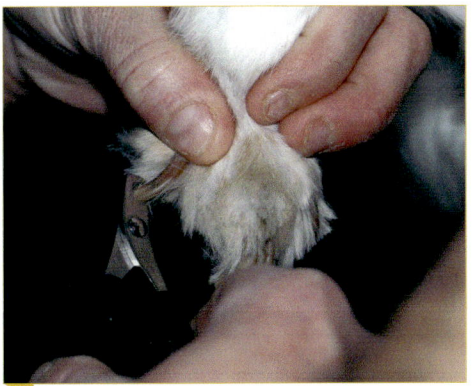
La uña ha de cortarse a 2 mm de distancia de la vena.

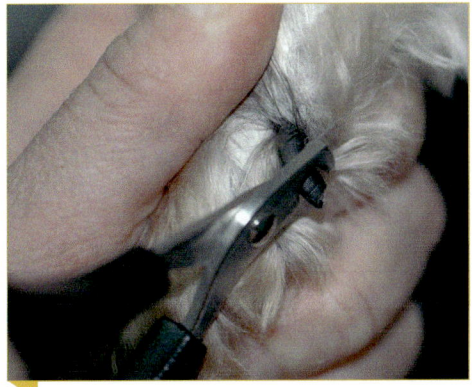
Presionar con suavidad sobre la uña, y después cambiar la posición.

el cortaúñas alrededor de cada uña antes de cortarla de manera definitiva, de modo que el tejido y las pequeñas venas se retraigan paulatinamente a medida que sienten las presiones externas.

Método
1.º Presionar el cortador suavemente durante unos instantes, y después cambiar de posición, volteando el cortaúñas en el mismo punto, para debilitar la corteza, y rodeando la uña.

2.º El resultado es que el tejido que contiene el capilar se retrae, mientras la corteza es presionada, así cuando se produce el corte de la uña, esta no sufre ninguna hemorragia.

Este proceso puede parecer un poco lento, pero sin duda es la mejor opción para evitar las hemorragias y sus posibles consecuencias en una zona tan expuesta.

El corte de las uñas deberá tener una periodicidad mensual para que se mantengan en perfectas condiciones.

Tipos de corte

El cuerpo o tronco de los perros puede tener diversas formas y tamaños, además de distintos tipos de pelo, por lo tanto es necesario adaptar la manera de pelar, cortar o extraer el pelo según la raza y el volumen de pelo. Del mismo modo, hay que considerar el volumen o tamaño de las patas, comprender qué forma posee el cuerpo y qué otras partes del animal se integran en el arreglo del cuerpo.

Es evidente que las extremidades no forman parte del cuerpo central, pero según el modelo se pueden integrar en mayor o menor profundidad en el arreglo seleccionado del cuerpo en general.

Por ejemplo, en el caso de un Caniche, los arreglos que se le pueden aplicar son múltiples, pero por lo general se respeta que el corte de pelo del cuerpo empiece después que el de la cabeza.

Por otro lado, el rasurado típico de los Spaniel se integra completamente al cuerpo porque el tamaño del pelo es igual en todas

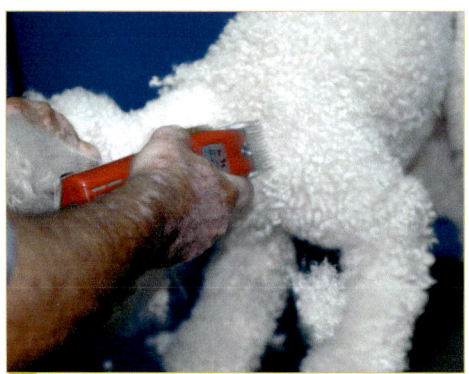

Inicio del rasurado del Caniche.

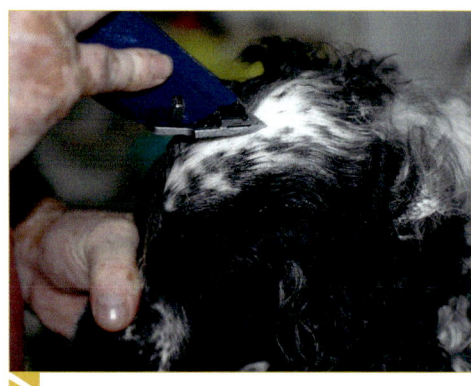

Inicio del rasurado del Cocker Spaniel.

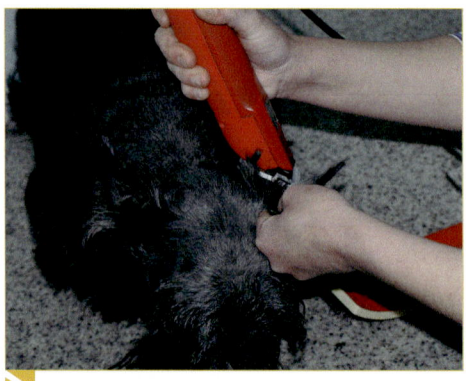

Inicio del rasurado del Scottish Terrier.

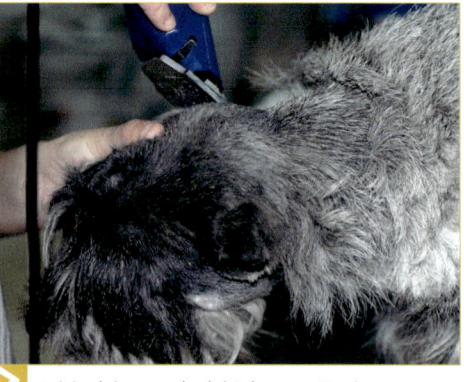

Inicio del rasurado del Schnauzer Terrier.

las superficies superiores del animal, incluida la cabeza y el cuello delantero, hasta la altura del esternón. Si se comparan unas razas de extremidades cortas con otras, aunque el rasurado corporal sea parecido, la cabeza de cada una de ellas tiene sus propias peculiaridades.

En el caso de los Terrier que se rasuran con máquina, el arreglo de la cabeza incluye desde las barbas, las mejillas, la garganta y el pecho delantero, hasta el esternón y la parte superior de la cabeza, incluidas las orejas, según la raza. Estas zonas son rasuradas con el cabezal de una cuchilla más corta que para el resto del cuerpo, y el rasurado del cuerpo empieza como en el Caniche, justo por detrás de la cabeza.

Por lo general, las formas se obtienen cuando se logra resaltar o realzar las zonas más convenientes a prolongar, creando volúmenes que faciliten la armonía. Si por el contrario lo que se busca es destacar la musculatura, se puede rasurar con máquina y dejar el pelo largo en las zonas adyacentes para aumentar el volumen a visualizar.

Para adaptar un volumen de pelo al rasurado, es suficiente con que se recorte el pelo de los bordes con una inclinación adecuada, aplicando la punta de las tijeras al nivel del rasurado y el resto de las tijeras en la inclinación más conveniente.

Según lo que se ha explicado, el arreglo de los cuerpos empieza en la parte posterior de la cabeza y la zona delantera de la garganta, a medida que se avanza por los costados del cuello, y se termina por lo general en la cola, ya sea en la base o la extremidad; en segundo lugar existen tres herramientas distintas para cortar el pelo: la máquina, las tijeras o una navaja especial, que se combinan entre sí, como nos sea más conveniente.

Además, tenemos la presentación de los cortes, que varían en función de la raza.

En la imagen de la página siguiente se debe entender, por ejemplo, que la integración del pelo de la parte inferior del Cocker logra

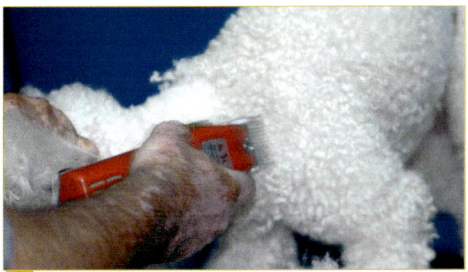
▸ Debe marcarse el límite del hombro del Caniche.

▸ Cómo marcar el límite de la cadera del Caniche.

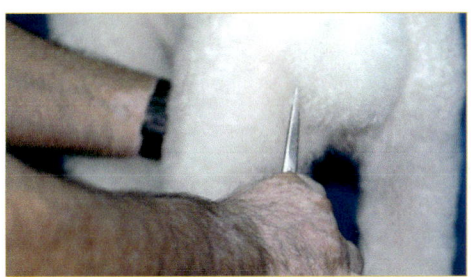
▸ Las patas se cortan rectas hacia la parte superior, y en esa zona las tijeras se inclinan de forma adecuada hasta ajustar el corte al rasurado.

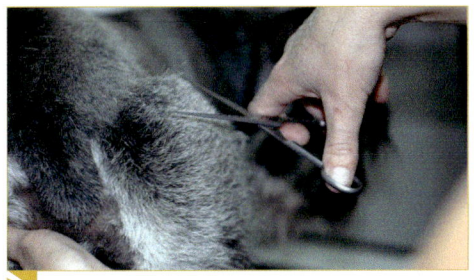
▸ El corte se ajusta para fusionar el tamaño del pelaje de todo el cuerpo.

Tipos de corte

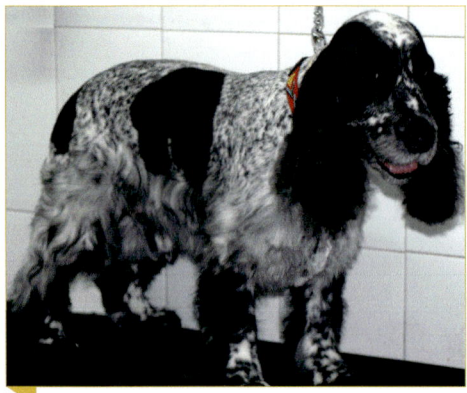

> Vista del rasurado de la parte superior del cuerpo del Cocker Spaniel.

que visualmente se vea un animal más rectangular, lo que sin duda proporciona más volumen al conjunto inferior.

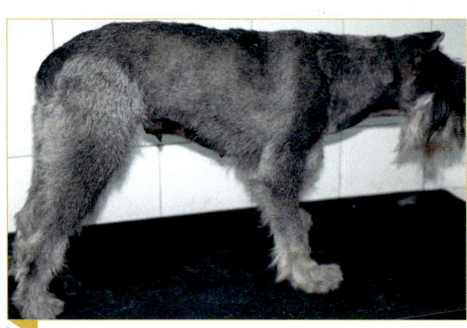

> Vista del rasurado de un Schnauzer con el esternón más voluminoso.

Con el ejemplo del Schnauzer, el objetivo es parecido, pero en este caso es el pecho la zona implicada. El pelo del esternón ha de tener más volumen, para así proporcionar una apariencia de mayor amplitud general en el pecho.

No sucede así con las patas, cuya parte inferior es la que se potencia con pelo y no la parte superior, donde interesa realzar la visión de las musculaturas.

En el Caniche, por lo general, lo que se busca es crear un aumento de los volúmenes en todas sus extremidades, para compensar la falta

de masa muscular y proporcionar más amplitud en el trasero, además de armonizar la cintura; del mismo modo, los hombros aumentan el tamaño de la masa corporal delantera.

Planteamientos de los distintos cortes

Por ejemplo, la forma del Cocker nos puede servir de referencia, pero con precaución al aplicar los cabezales de las cuchillas, pues se debe proporcionar un corte ajustado y sin exageraciones en el rasurado; en cada raza hay que tener en cuenta el tipo de piel de los animales.

En los perros con patas cortas, por ejemplo, los Yorkshire, los West Highland, los Scottish Terrier y los Cairn Terrier entre otros, cuando deban ser rasurados con máquina, este debe limitarse a la parte superior y delantera del cuerpo, de forma parecida al del Cocker.

La forma del Schnauzer es perfectamente adaptable a los demás Terrier, como los Terrier de Pelo Largo, el Welsh Terrier, el Lakeland Terrier, el Airedale Terrier y el Schnauzer Gigante entre otros.

Además, hay un pequeño grupo de razas de Terrier que sus arreglos son hechos con tijeras, o dicho de otro modo a tijeras, exceptuando la

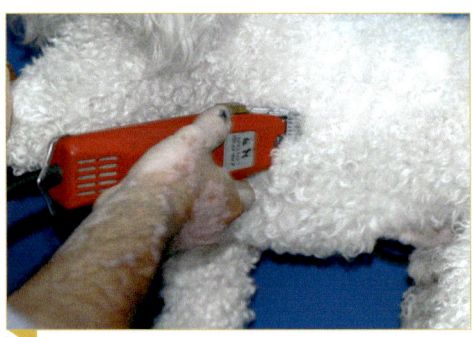

> Reducción del volumen del pelo de un Caniche con la máquina.

Tipos de corte

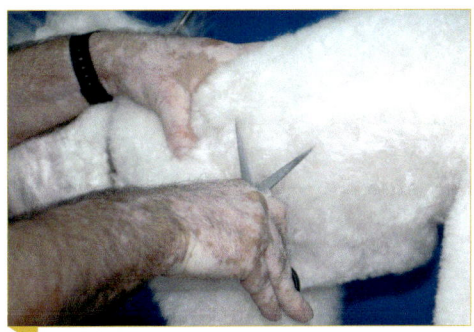
Reducción del volumen del pelo de un Caniche con las tijeras.

ras inclinadas hacia la parte superior del cuerpo, desde un extremo al otro del lado del cuerpo que se trate en ese momento, creando una primera franja. Al llegar al borde de la pata que corresponda se practica un segundo recorte en el nivel más cercano a donde acabó la primera franja, siempre ascendiendo a través del cuerpo del animal.

Diferentes arreglos de las patas

En las patas encontramos una mayor posibilidad de variedades debido a las diferencias existentes entre las diversas razas y los distin-

cabeza, las zonas plantares, el sexo y el ano, que se realizan con máquina y tijeras. Estas razas son el Kerry Blue Terrier, el Soft Coated y Wheaten Terrier. Todos ellos tienen en común el aspecto de sus cabezas rectangulares, barbudas y con cejas.

Otras razas cuyos arreglos son practicados con las tijeras son el Bouvier des Flandres, el Bichon Frisé y el Caniche, además de todos aquellos que sus dueños, por la razón que sea, los quieren muy peludos o que no son pelados con la máquina.

Los cuerpos se rebajan de volumen antes de bañarlos, pues así se libera o reduce la cantidad de pelo que se ha de lavar, y sobre todo de secar y peinar; para ello antes del baño son esquilados, pelados o rebajados.

Se les practica una reducción, que recorte el pelo en o por franjas para no perderse en la «inmensidad» de tanto pelo; se empieza por las extremidades inferiores, y en primer lugar por las traseras. Se suele iniciar desde la cara interna, ascendiendo los cortes hasta el cuerpo, donde se procede del mismo modo. Primero, en la parte más baja del cuerpo y el pelo que cuelga del esternón se practica un primer recorte, desde el pecho al bajo vientre, siguiendo la misma dirección; después las tijeras se cambian de posición y se practica el corte en la parte baja del cuerpo, con las tije-

Aspecto de un Caniche antes del inicio de su arreglo en la patas.

Inicio del arreglo de la pata delantera de un Caniche.

tos pelajes, lo que supone que a las personas que tienen poca experiencia en peluquería canina, les pueda suponer una dificultad añadida para poner en práctica el arreglo de las mismas. Una de las primeras preguntas es cómo se imita el volumen de las patas, cuando su tamaño es totalmente distinto en los extremos, y se logra dar una apariencia natural a las mismas.

Intentaremos dar una serie de instrucciones para facilitar y comprender los distintos arreglos que se pueden practicar en las patas.

Empezaremos por plantear lo que se debe hacer antes de comenzar a cortar el pelo de las patas. Primero se debe peinar y estirar el pelo, tanto si se recorta antes como después de lavar al animal. A la vez que se peina, se localizan las uñas y los posibles espolones con uñas; una vez peinado y estirado el pelo, hay que sacudir la pata con suavidad para que el pelo se vuelva a situar en su lugar natural; con el cortaúñas, cortar las uñas, y después empezar a recortar o a rasurar el pelo que se encuentra en el interior de los espacios interdigitales de los pies y que sobresale en la parte inferior del pie, entre las almohadillas, procurando que ningún pelo toque el suelo.

Para dar formas con pelo en las patas, hay que recortar la parte exterior del pie en forma de media luna, en la parte delantera del mismo, procurando disimular la presencia de las uñas. Recuerde que el tamaño del pie es inferior al tamaño de la parte superior de la pata, así que se debe crear un arco con el pelo del pie, en el borde delantero, que formará y determinará el volumen y el tamaño del pelo igualado en el resto de la pata.

Hay que marcarlo muy abierto, aunque parezca grande. En primer lugar, el arco y el ángulo, después, se ubican en los dos extremos del pie, para proseguir con el resto del recortado en la pata. Es muy importante cambiar la posición de las tijeras para describir un ángulo adecuado en el pelo, a cada lado del pie, pues este punto debe ser desde donde se inicie el recorte del resto de la pata.

Una vez se ha formalizado el recorte de la base del pie, se puede iniciar el del resto de la pata, empezando por crear un espacio de corte, recto y vertical, en el fondo de la masa de pelo. Para ello hay que controlar que el animal no mueva la pata, así que la mano que la sujeta debe poder sostener el peso del animal en caso de

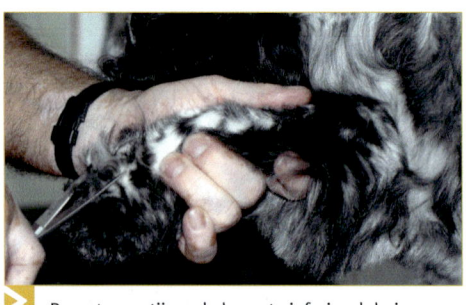

Recorte con tijera de la parte inferior del pie.

El ángulo en el pelo de la pata delantera ha de coincidir con el del pecho.

que este se canse de estar de pie y quiera sentarse. De vez en cuando hay que dejarle descansar o sacudirle la pata con suavidad. El corte se suele empezar desde el pie hacia arriba, creando un primer trazo totalmente paralelo a cada lado de la pata.

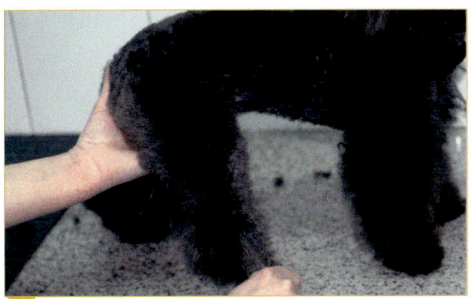
Inicio del arreglo por el exterior de la pata trasera de un Caniche.

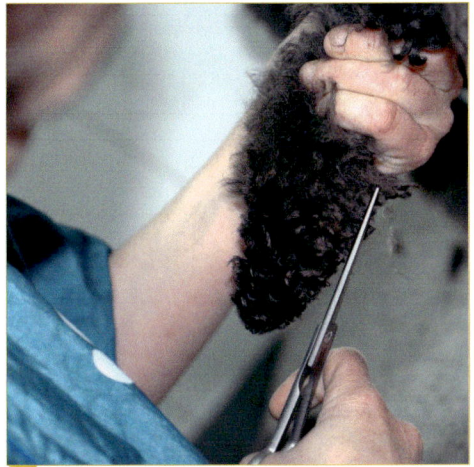
Cómo recortar el pelo que sobra en la pata delantera del Caniche.

después de que se haya recortado el pie de manera correcta.

Es muy importante establecer en la cara interna de cada pata trasera un primer recorte plano, totalmente vertical desde el borde inferior del pie hasta la parte superior de los muslos. Después se aplican los siguiente recortes, retrocediendo la posición del recorte y al mismo tiempo que se gira gradualmente

Después del primer recorte lateral se inicia el siguiente del mismo modo que el anterior. Pero ahora la mano de las tijeras debe retroceder lo suficiente para que la cresta de pelo cercano al pelo recortado se inserte en el espacio de las hojas de las tijeras abiertas, manteniendo la distancia entre la tijera y la pata en el instante del recorte. Al mismo tiempo que se ubica la mano en esta posición, esta debe girar gradualmente de modo que al recortar el pelo, se incline lateralmente para iniciar la forma tubular o redonda que rodea la pata.

Las patas traseras

Las patas traseras tienen la peculiaridad de que no son tan previsiblemente rectas como las delanteras, y por lo tanto hay que proceder desde el interior de las patas inmediatamente

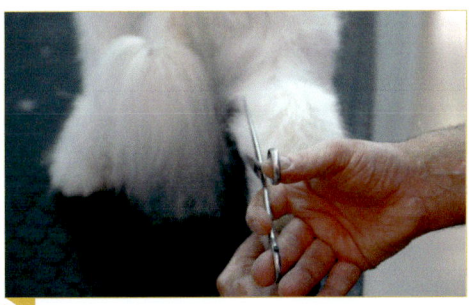
Recortado de la parte interior de la pata.

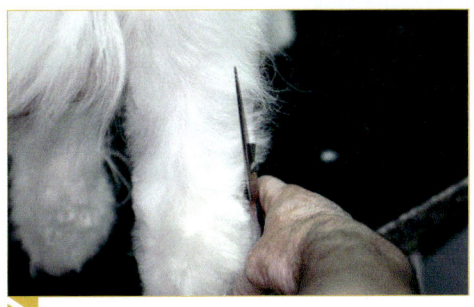
Recortado de la parte exterior de la pata.

Tipos de corte

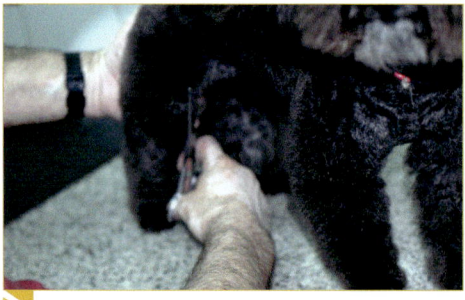

Ascenso del recorte en la pata trasera del Caniche.

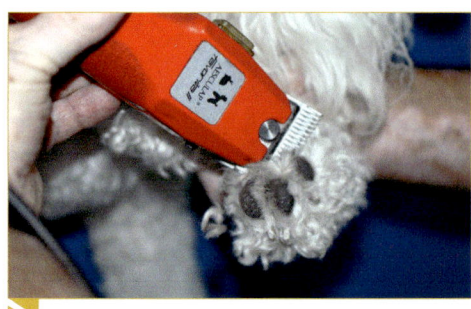

Cómo introducir la máquina entre los espacios plantares.

cada uno de los recortes en la dirección que corresponda.

La mayoría de razas son presentadas con esta forma en los pies, pero existe otra presentación de las patas, con los pies rasurados, con una apariencia de «zapatitos».

Los pies rasurados

Esta presentación solo está autorizada en exposiciones a los Caniches y a algunos perros de aguas. Pero vamos a detallar cómo se prepara, lo que implica repetir las primeras explicaciones que se dieron sobre los primeros trabajos en los pies.

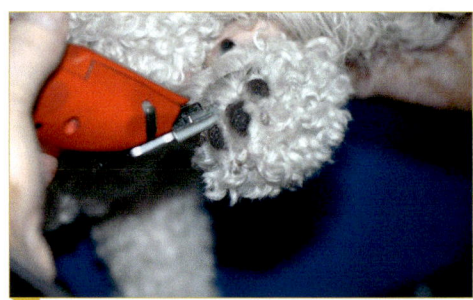

Introducir la máquina dentro de los espacios plantares con cuidado.

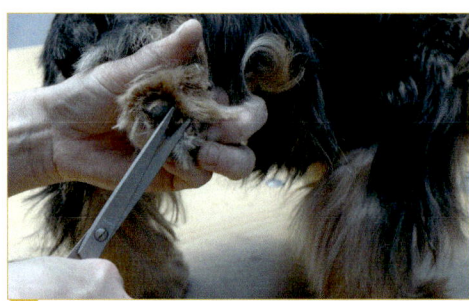

Otra opción es recortar los espacios plantares con tijeras.

Se debe cortar el pelo de los espacios plantares.

Es recomendable que, a la vez que se peine, con los dedos de la mano se localicen las uñas y los posibles espolones con uñas. Una vez peinado y estirado el pelo, sacudir con suavidad la pata para que el pelo se sitúe de nuevo en su sitio natural.

En primer lugar y con el cortaúñas de tijeras, cortar las uñas, y después empezar a rasurar el pelo que se encuentra en el interior de los espacios interdigitales en la parte inferior del pie. Después proceder al rasurado de la parte

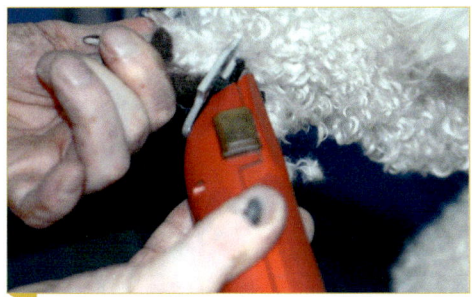
Inicio del rasurado del pie con la ayuda de la máquina de esquilar.

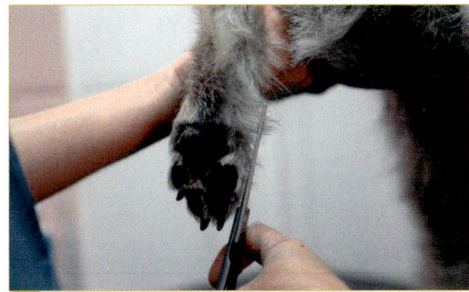
Inicio del arreglo de la pata trasera de un Schnauzer.

Introducción del cabezal en los laterales de los dedos de un Caniche.

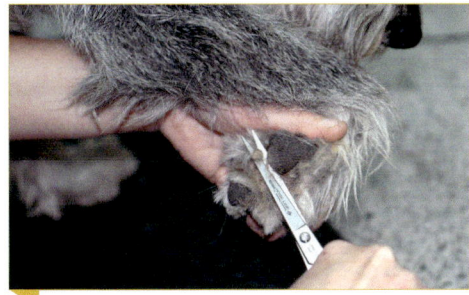
Cómo se introducen las tijeras en los espacios plantares.

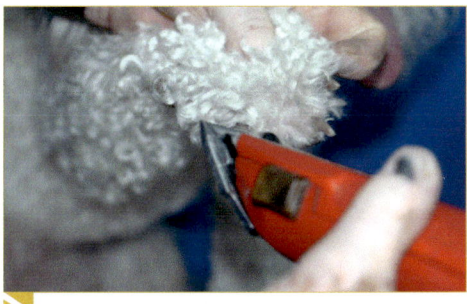
Ascenso del rasurado por la parte superior del pie.

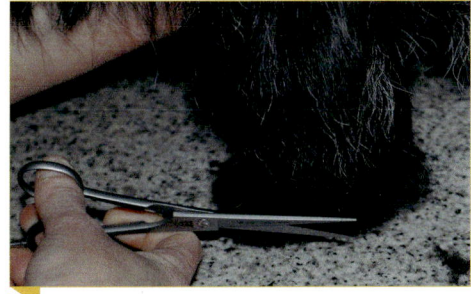
Cómo conseguir la forma redonda en las patas de un Scottish Terrier.

superior y la de los lados del pie, en dirección hacia arriba.

Se buscará el espolón en cada una de las patas delanteras, y se tomará como referencia para detener en este punto el rasurado del pie. El resto del pie se rasurará al mismo nivel en todo el perímetro. Para rasurar los espacios interdigitales, el profesional ha de introducir uno de los dedos entre las almohadillas y colocar la máquina rasuradora a los lados de los dedos, de forma que tan solo entren en estos espacios las esquinas del cabezal, que ha de penetrar tocando con mucha suavidad la piel que une los dedos entre sí.

La altura del rasurado debe ser la misma en las cuatro patas. Para ello en las traseras se realiza un primer arreglo en la parte delantera. Hay que procurar no superar los dos centímetros de rasurado en esta zona del pie, e interrumpirlo en todo el perímetro a la misma altura.

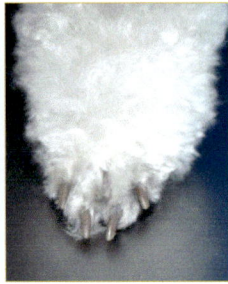

▶ En la imagen se aprecia la diferencia entre un pie rasurado por completo y otro sin rasurar.

En la imagen de arriba se observa un pie rasurado por completo y otro en el que solo se han rasurado los espacios plantares y los interdigitales, además de recortar el pelo en los bordes del pie. Esta es una opción que se aplica cada vez más, pues aligera el sufrimiento del animal durante los esquileos de los pies.

Este último arreglo de los pies se practica también en la mayor parte de las razas, excepto en las de caza británicas, como el Cocker Spaniel Inglés, el Setter y el Clumber.

A estos se les arreglan los espacios interiores de los plantares igual que a los demás, pero en la parte superior de los pies no se corta el pelo del interior de los espacios interdigitales, y por los bordes exteriores tan solo se recorta el que rodea las uñas, ya que estas deben estar recubiertas de pelo.

Es evidente que el resto de la parte superior de las patas debe ser arreglado conforme al estándar de cada una de las razas.

Las patas de los Cocker en su parte superior siguen un proceso propio de este grupo de razas. La presentación del pelo en las mismas, en las patas delanteras, se asemeja a la forma de las banderolas.

En las patas traseras, el procedimiento es muy parecido; se levanta la pata, se deja colgar el pelo y se recorta para que quede de mayor a menor volumen, equilibrando la amplitud de la masa corporal de la pata, cuyo volumen se reduce en la parte inferior y se ensancha en la superior.

Después de recortar el pie en forma de pie de «gato», y empezando por la cara interna de la pata, desde el talón hasta el ángulo del corvejón, se da mayor volumen, y desde este punto hasta el muslo superior, donde se encuentra el rasurado de los genitales, se practica un recorte de mayor a menor volumen hasta que coincida con el rasurado.

Arreglo de la cola

La cola es el apéndice situado en el extremo opuesto a la cabeza del perro. Existen de distintos tamaños, posiciones y formas, y de todas las tallas: largas, medianas y cortas.

En la actualidad cada vez son más los cachorros que son adquiridos en origen, es decir, en los criaderos, con las colas sin amputar; y también cada vez son más los propietarios que no les amputan las orejas a los cachorros.

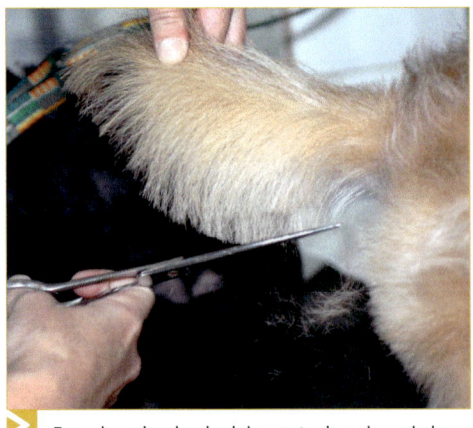

▶ Fase de redondeado del recorte de pelo en la base de la cola.

Tipos de corte

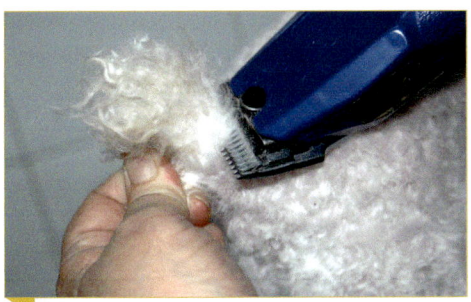
Rasurado de la base de la cola de un Caniche.

Momento en el que se le da forma de borla a la cola de un Caniche.

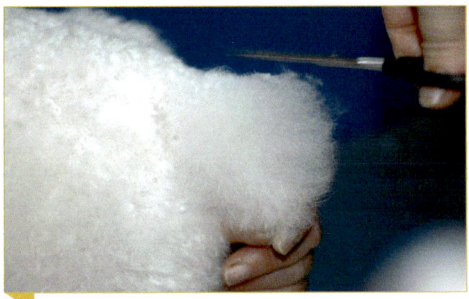
Vista del pelo para ser recortado en forma de borla.

Preparación de la cola de un Caniche para ser cortada en forma de borla.

Vista lateral del recorte de la borla.

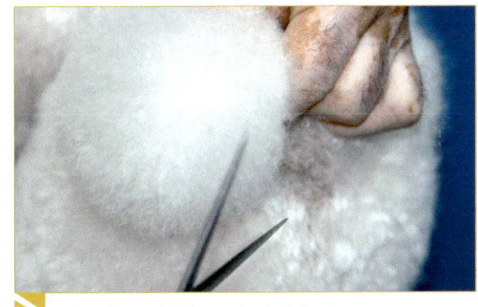
Vista frontal del arreglo de la borla.

Estos cambios en las costumbres se convierten en normativa, y hoy ya se aplican en forma de leyes en la mayoría de los países de la Unión Europea. En la peluquería canina, solo repercuten en las diferencias y la forma de presentación estética de algunas de las razas con las que trabaja el profesional estilista.

En la mayor parte de las razas que poseen la cola larga y entera, la presentación de las colas son de tratamiento fácil en peluquería; basta con peinarles el pelo, desenredar los nudos, vaciar el pelo muerto y pulir la forma.

Además, entre las razas de cola entera también se encuentran las que necesitan que se reduzca el volumen para ajustarlo al corte o al arreglo general del cuerpo, como es el caso de los Terrier de cola larga y pelo duro. Por lo general, estos necesitan presentar una cola en

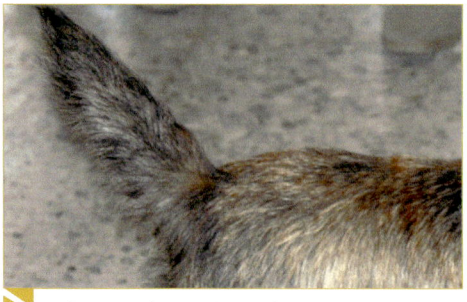
Cola erecta de un Cairn Terrier.

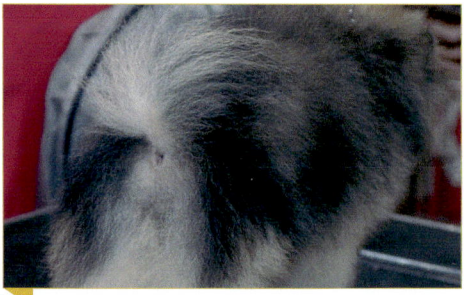
Cola curvada sobre el dorso del Papillón.

Cola entera sin amputar de un Cocker Spaniel.

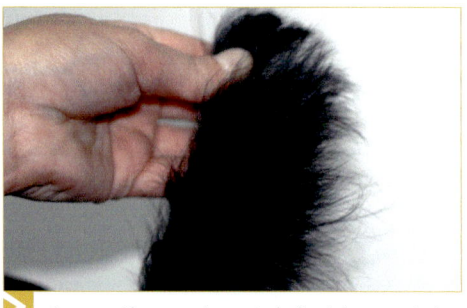
Preparación para el recortado final de una cola larga.

forma de zanahoria, completamente erecta, redonda en sí misma y más ancha en la base, pero que se estrecha de manera paulatina hasta el final.

También a los perros cruzados o «sin raza» se les aplican estos arreglos en las colas, según las preferencias de los propietarios o del arreglo realizado. En cualquier caso, lo más importante es que en ningún momento se les rasure el extremo de la cola, pues supone un debilitamiento defensivo de la extremidad, que puede sufrir heridas al chocar con muebles, paredes u otros elementos durante las manifestaciones de afecto y alegría del perro.

Las colas largas se pueden arreglar de distintas formas cuando el animal no está sujeto al estándar de ninguna raza; es posible recortarlas por entero, pelar un tercio de la base o la mitad, e incluso casi tres cuartas partes de la cola.

Además de las colas largas, también están los rabos cortados, a los que hay trabajar de forma que el pelo de los mismos sobresalga y destaque en el extremo del perro.

Los Caniches con el rabo corto son clientes habituales de la peluquería canina. La presentación más usual de este miembro amputado es en forma de borla, que se logra a partir de la conservación del pelo dejado crecer hasta que alcanza el tamaño idóneo para ser trabajado de manera adecuada.

Independientemente del corte que lleve en el cuerpo, esta extremidad se rasura en la zona de la base, aproximadamente a un tercio de la cola desde el extremo.

Después se procede al peinado y desenredado del mismo. Una vez estirado el pelo, ya se puede recortar.

Arreglo de la cabeza

La cabeza es el signo vital de identidad de las razas caninas; la variedad llega a ser signifi-

Denominación de las distintas zonas de la cabeza

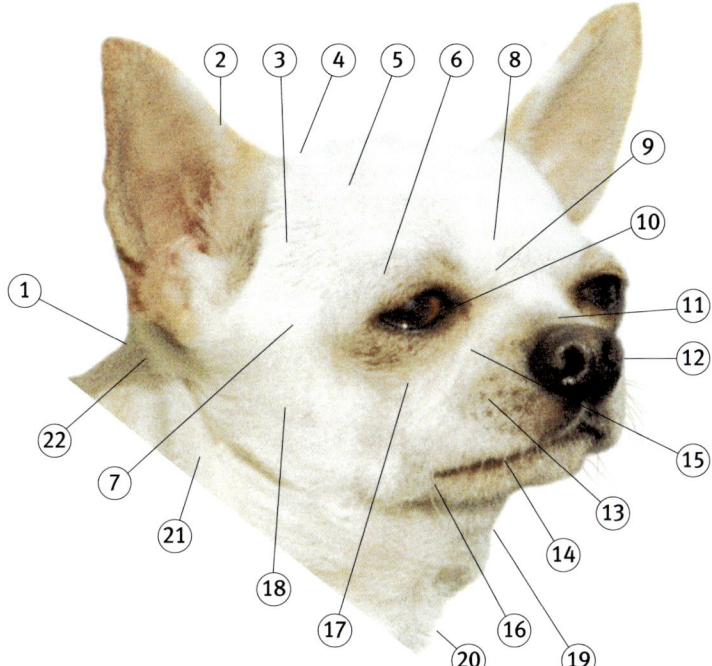

1. Cuello (superior)
2. Oreja
3. Zona temporal
4. Hueso occipital
5. Hueso parietal
6. Hueso superciliar
7. Arco cigomático
8. Hueso frontal
9. Senos frontales
10. Ojo
11. Dorso del hocico
12. Punta de la trufa
13. Hocico
14. Labio
15. Depresión nasofrontal
16. Comisura labial
17. Zona suborbital
18. Zona mesetaria
19. Garganta
20. Papada
21. Cuello (lado derecho)
22. Zona paroidea

cativa entre las diversas razas, y adecuar los arreglos a cada una de ellas es la culminación de un buen trabajo de peluquería canina.

Para que no se mire solo lo que se ve, hay que analizar qué anatomía se encuentra debajo del pelo que la cubre; es por esto que se hace necesario conocer las distintas denominaciones y formas de la cabeza de los perros.

Los arreglos en la cabeza de los perros con pelo largo se efectúan según los estándares, pero estas se crean según la necesidad de cada raza, y a veces se trata de ocultar los defectos estéticos o, por el contrario, de mejorar las virtudes anatómicas.

Si se compara la imagen de arriba en la que aparecen las distintas denominaciones con las ilustraciones de la página siguiente, se pueden apreciar unas claras diferencias anatómicas. Salta a primera vista la diversidad en las formas, más suaves, y en el tamaño.

Si separamos la cabeza del hocico, en primera instancia se observa la diferente posición de las orejas, y en segundo lugar la forma de los huesos craneales; en los Cocker encontramos unos huesos ovalados por encima de la cabeza de forma rectangular en el conjunto de los lados, mientras que la cabeza del Chihuahua presenta un cráneo superior totalmente redondo. Si además se pudiera esconder el hocico, veríamos una cabeza totalmente redonda, pero dentro del perímetro se encuentran distintos huesos que destacan porque sobresalen del conjunto, al contrario que el del Cocker, que es rectangular. Este ejemplo ilustra la certeza de que cuando se trabaje con cualquier animal, sea en la fase que sea, se debe aplicar un estudio anatómico con ayuda del tacto, para poder completar el mejor arreglo posible en cada caso.

En el conjunto de la cabeza se encuentra una serie de prominencias y hendiduras, que solo si

Denominaciones del volumen de la cabeza del perro

Cabeza 1

Cabeza 2

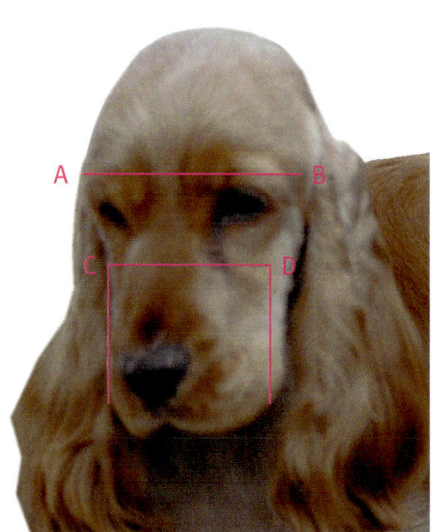
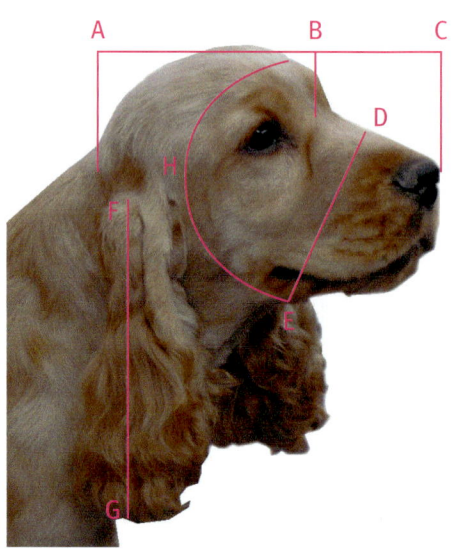

B. Ancho del cráneo. **A-C.** Longitud total de la cabeza. **C-D.** Ancho del hocico. **A-B.** Ancho total del cráneo.
B-C. Longitud del hocico. **F-G.** Longitud de la oreja. **D-E.** Altura del hocico. **H.** Perímetro de la cabeza.

las conocemos podemos usarlas como referencia para facilitar el arreglo adecuado en cada caso.

Los huesos mas fáciles de identificar a simple vista son los siguientes, de arriba hacia abajo: en la parte superior de la cabeza, el occipital, por su altura y curvatura, y el parietal, por su altura o llanura, y/o la falta de redondez; y en los extremos los huesos superciliares, con una prominencia por detrás del hueso frontal, y por el centro de este el seno frontal, que se reconoce por su altura y/o profundidad.

El hocico puede variar entre triangular fino o corto. Las mandíbulas pueden ser correctas o incorrectas; cuando el maxilar superior es más corto que el inferior se denomina prognatismo. Por el contrario, cuando la mandíbula superior es más grande o larga que la inferior se denomina enognatismo.

Los miembros de esta y de otras razas emparentadas entre sí son proclives a estos defectos en alguna de sus mandíbulas.

Además, podemos encontrar pliegues en la piel del hocico superior, en la depresión naso-frontal, y en los labios inferiores. A algunos perros, el pelo del hocico les aparece entre los dientes y se les suelen decolorar, además de acumular sarro.

Ahora que conocemos un poco más las principales características de la cabeza en el perro, se pueden explicar los métodos más fáciles y sencillos de su arreglo. Primero se detallan las razas más fáciles de preparar, como, por ejemplo, todos los Spaniel: Cocker, Setter, Springer, Clumber, Sussex y otros.

En estas razas, es habitual que el arreglo de las cabezas sea totalmente rasurado. En otros casos solo se rasura la frente, el hocico y las mejillas; entonces se interrumpe y se marca una semicircunferencia de final de rasurado, desde el occipital hasta la garganta, pasando por detrás de las orejas. Estas se rasuran por dentro, además de los pelos que rodean la entrada del pabellón auricular y los del interior.

En muchos animales de estas razas les crece vello y/o pelo en la parte superior del hocico, tanto en la depresión nasofrontal, como en la zona lateral o el labio superior. Este pelo se puede rasurar para ganar colorido.

Entre las muchas razas que asisten a la peluquería canina siempre se encuentra una gran variedad de Terrier.

En este capítulo de cabezas vamos a subdividir las principales razas de Terrier por las variaciones en el arreglo de la cabeza.

Por ejemplo, las cabezas de presentación rectangular, con orejas levantadas, semicaídas o plegadas, semierguidas o erguidas, como el Fox Terrier de Pelo Duro, el Airedale Terrier, el Irish Terrier, el Kerry Blue Terrier, el Lakeland Terrier, el Scottish Terrier, el Sealyham Terrier, el Welsh Terrier, el Dachshund de Pelo Duro, el Schanuzer Gigante, el Schnauzer Mediano, el Schnauzer Miniatura, el Border Terrier y el Soft Coated Wheaten Terrier.

En estas razas, la forma de presentar las cabezas se basa en igualar o imitar el tamaño del pelo de las barbas con el de la cabeza rasurada, convirtiendo dos volúmenes totalmente distintos en un volumen rectangular, salvo por los detalles en las cejas y algún que otro motivo de distinción entre las razas de color y origen parecidos.

Hay otro grupo más pequeño de Terrier cuyo arreglo es muy distinto al del grupo anterior, como el Cairn Terrier, el Norwich Terrier, el West Highland White Terrier, el Terrier Australiano, el Silky Terrier, el Yorkshire Terrier.

A este grupo es fácil distinguirlo por el porte de las orejas, totalmente erguidas y sobresaliendo por encima del pelo de la parte superior del cráneo.

La cabeza está muy poblada de pelo y forma un solo conjunto con el del hocico. Por lo tanto si se mira desde arriba y hacia el suelo, veremos que, desde el occipital y con los lados de la cabeza hasta la nariz, aquella posee una forma triangulada. Pero si se mira de frente, es redonda y con barbas muy abundantes.

La adaptación o transición del pelo de la cabeza con el del cuello es lo que demuestra la profesionalidad de un trabajo bien hecho.

Además de las razas mencionadas de la familia de los Terrier, están las demás razas que más arreglos necesitan de la peluquería canina, como los Perros de Aguas, los Bichon y en ocasiones los Griffon, junto con los ejemplares de mezcla o mestizos.

La primera duda que nos viene a la mente es cómo distinguir cuál es el arreglo más adecuado al perro que nos han dejado por primera vez, y que se parece a varias de las razas que ya conocemos.

El primer paso de cualquier arreglo es peinar y/o desenredar el pelo, tanto de la cabeza como de las orejas, limpiar las legañas de los ojos, limpiar los oídos y extraer los pelos del interior, etcétera. Mientras se efectúan

Un Shih Tzu con la cabeza arreglada.

Aspecto del arreglo en la cabeza de un Welsh Terrier.

estos trabajos, la apariencia de la cabeza va variando. Otro aspecto de gran importancia es comprender la estructura ósea de la base interna de la cabeza. Esta información es imprescindible para efectuar un arreglo óptimo de la cabeza.

De todas formas, plasmaremos una serie de informaciones e intentaremos disipar las posibles dudas. Utilizaremos la imagen anterior de las denominaciones, acoplándole una serie de esquemas para obtener las referencias necesarias para la explicación.

En peluquería canina, la cabeza suele ser o el comienzo del arreglo general o la última zona a recortar, en función de la raza. Los principales arreglos en las cabezas son:

- Los peinados: los Yorkshire, los Bichon de pelo liso, los Lhasa Apso, los Shih Tzu, etc.
- Los rasurados sin relieve alguno: los Spaniel en general, Cocker, Setter, Spaniel Bretón, etc.
- Los rasurados con distintos relieves, entendiendo por relieve cejas, barbas, bigotes, mechones en las orejas y demás complementos decorativos. En general se hace referencia a los Terrier de cabeza rectangular como los Fox Terrier, los Schnauzer, los Scottish, y otras razas de pelo duro.
- Los recortados: los Caniches, los Bichon, los Perros de Aguas, los West Highland, los Bedlington Terrier, los Cairn Terrier, etc.
- Los Griffon y los mestizos.

Lo primero que se hace al recibir a un perro para peinarlo es quitarle todos los collares, lacitos y demás elementos decorativos. A continuación, cepillaremos el pelo desde arriba a abajo y desde atrás hacia delante, mientras localizamos por el tacto los nudos y enredos, a los que se aplica aceite de visón o cualquier producto en vaporizador que facilite el peinado. Hay que peinarlos hasta conseguir deshacer los nudos. Se habrá conseguido cuando el cepillo metálico se deslice sin ninguna dificultad.

A partir de este momento se prepara al animal para bañarlo; se le limpian los oídos y

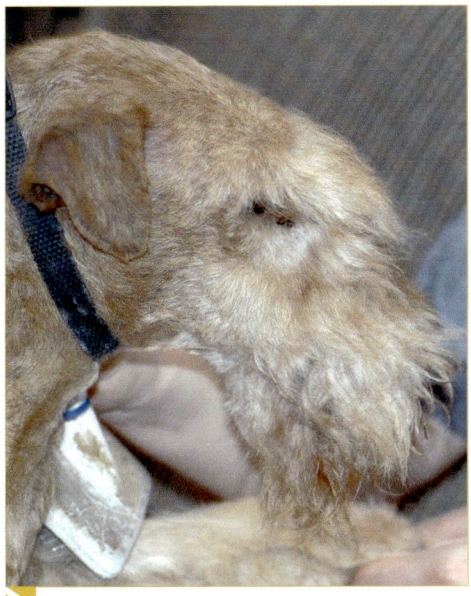

> Vista lateral de la cabeza de un Irish Terrier.

> Aspecto correcto del arreglo de la cabeza de un Schnauzer Mediano.

se extraen los pelos del interior de las orejas, que hay que taponar para impedir la entrada de agua. En este proceso utilizaremos, palparemos y observaremos todos los detalles importantes: estado de los ojos, de la dentadura, de la piel y de las uñas, así como la presencia de parásitos.

Si se descubren parásitos antes del baño, se eliminan y después se trata al animal, con el objetivo de evitar posibles infecciones de la piel, así como una presencia excesiva o prolongada de insecticidas en ella.

Después de resolver estas posibles anomalías, se enjabona y enjuaga al animal, y por último se le aplica crema suavizante. A continuación se procede al secado. En este momento es muy importante una correcta aplicación del secador. Con mucha paciencia se debe controlar la dirección adecuada del aire caliente para no molestar en exceso al animal.

Una vez que ya se ha secado al perro podemos proceder a peinarlo y colocar el pelaje en su sitio; los adornos, como lazos decorativos, agujas, etc., solo se colocarán cuando el animal y su pelaje se hallen en perfectas condiciones.

Los Spaniel en general se rasuran por igual antes del lavado, y se repasa todo el cuerpo después de secarlos, desde el hocico hasta el esternón, en la parte inferior de la cabeza y en los lados hasta el borde del cuello, (en las dos caras, la derecha y la izquierda). En la parte superior de la cabeza, desde la nariz hasta el hueso occipital, se gira la máquina sobre los huesos temporales para seguir la dirección del crecimiento del pelo, volviendo a recuperar la línea del rasurado en las mejillas (zona mesetaria).

En los Terrier de cabeza rectangular se puede actuar con la máquina encima de la cabeza a favor del pelo, como ejemplo se va a utilizar una cabeza de Schnauzer Mediano.

Se empieza rasurando las orejas por dentro y por fuera. Después se recortan los bordes con las tijeras, y se rasuran las entradas de los pabellones auriculares.

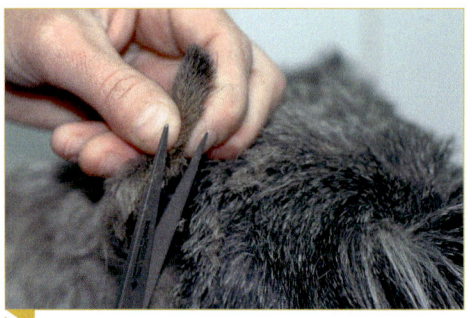

Cómo recortar el borde exterior de la oreja del Schnauzer.

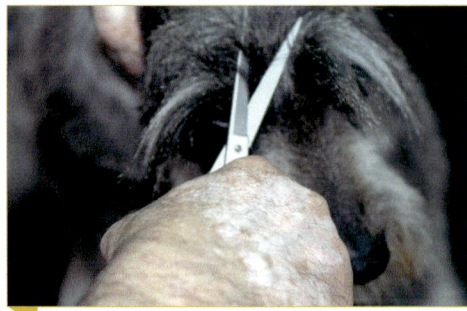

En el stop, peinar el pelo levantándolo y aplicar un primer recorte desde el ojo izquierdo a la prominencia craneal del ojo derecho.

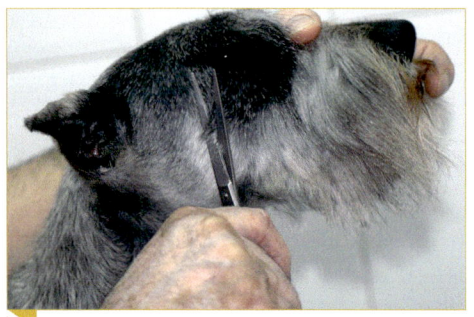

Levantar el pelo del espacio suborbital y recortarlo; si es necesario repasar el corte con las tijeras de ahuecar.

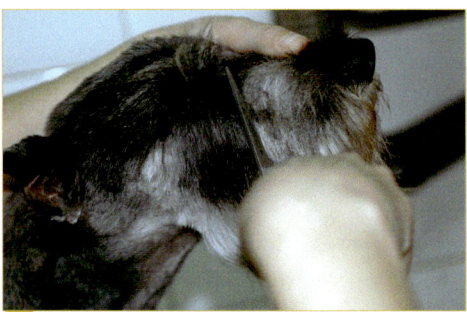

Levantar con el peine metálico los pelos de las esquinas internas de los ojos y recortar.

Entonces cambiamos de posición y, con el mismo cabezal de la máquina de esquilar, se rasura a favor del pelo el resto de la cabeza.

Después del lavado y el secado, se levanta el pelo con el cepillo de cardar. A continuación se han de volver a repetir los distintos rasurados, para luego aplicar los acabados.

Después de peinar el pelo de la barba, en dirección a la mesa, recortarlo e igualarlo, desde la garganta hasta el borde del ojo, sin llegar a tocar el pelo de las cejas. Repetir la operación en la otra mejilla.

Con la ayuda del peine, levantar el pelo del espacio suborbital y recortarlo en forma de media luna; si es necesario repasar el corte con las tijeras de ahuecar.

Levantar con el peine metálico los pelos de los ojos y recortarlos hasta dejarlos limpios de legañas.

En el stop, peinar el pelo, levantándolo, y aplicar un primer recorte desde el ojo izquierdo a la prominencia craneal del ojo derecho; el pelo debe quedar a la misma altura que el de las esquinas de los ojos.

Repetir la operación desde el ojo derecho a la prominencia del izquierdo.

Recortar las cejas, colocando las tijeras pegadas a la cabeza, en paralelo desde la base de la oreja al borde exterior de cada ojo, y practicar el mismo corte en ambos lados.

Peinar el pelo de la ceja hacia el hocico. Sujetar con los dedos la mitad del pelo más cerca-

Tipos de corte

▸ Repetir la operación desde el ojo derecho a la prominencia del ojo izquierdo.

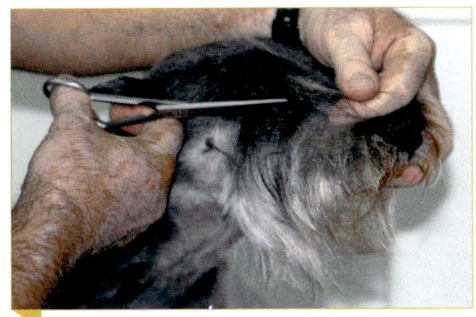

▸ Peinar el pelo de la ceja hacia el hocico; sujetar la mitad del pelo con los dedos para practicar un segundo corte en la ceja, en forma de ángulo, en la otra mitad en cada una de las cejas.

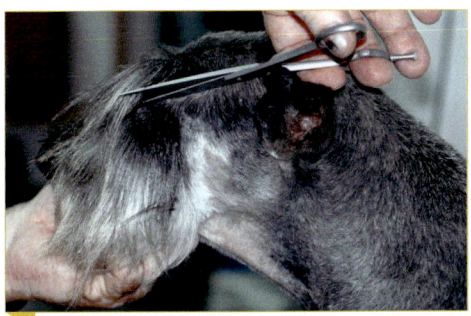

▸ Recortar las cejas con las tijeras paralelas a la cabeza, desde la base de la oreja en dirección al hocico. Practicar el corte en ambos lados de la cabeza.

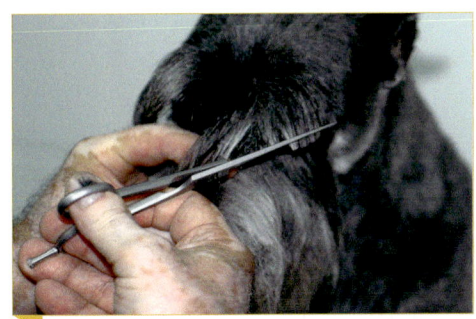

▸ Vista superior de la operación del segundo recortado de las cejas.

no al stop para practicar un corte más angulado en la otra mitad de cada una de las cejas.

Otros arreglos de la cabeza

Recordemos que todos los Terrier de cabeza rectangular no se presentan del mismo modo, como ocurre con el Welsh. Este mantiene las cejas y el pelo del dorso del hocico junto con el de los senos frontales, que no es cortado para separar las cejas, sino que estas forman una unidad con el pelo del dorso del hocico.

La preparación de este tipo de cejas es parecida a la anterior, pero se suspende el recorte de los pelos del stop. Además se profundiza un po-

co más en el recortado de los pelos de la zona suborbital, en forma de media luna, para facilitarle la visión por los lados del hocico.

De este mismo modo se deben preparar las siguientes razas: el Irish Terrier, el Sealyham Terrier, el Kerry Blue Terrier y el Soft Coated Wheaten Terrier.

La cabeza redonda de los Terrier

Entre los Terrier también se encuentran los que se presentan con la cabeza redonda vista de frente; en este grupo sobre todo se incluyen el West Highland White Terrier y el Cairn Terrier.

También se practica en los Yorkshire en sus cortes de verano y en el Terrier Australiano,

Aspecto general de la cabeza de un West Highland en una competición.

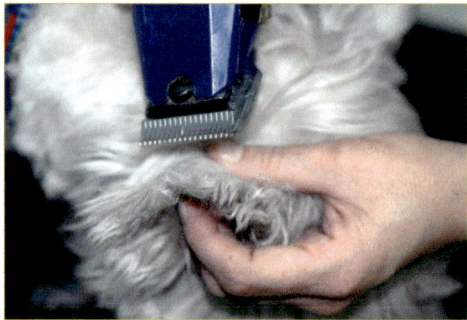

El rasurado del tercio superior de cada oreja se realiza por dentro y por fuera.

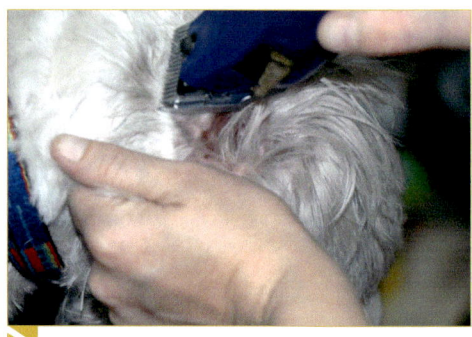

Cómo efectuar el rasurado del pelo de la cara interna de la oreja en un West Highland.

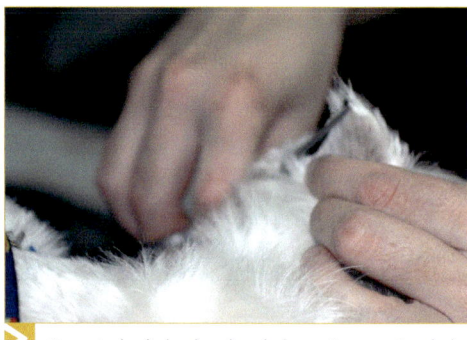

Recortado de los bordes de la parte superior de la oreja en un West Highland.

además de los demás cruces o derivados de estas razas.

Este arreglo se basa en hacer sobresalir tímidamente el tercio superior de las orejas de entre la masa de pelo. Para ello primero se rasuran los extremos de las orejas por dentro y por fuera, y se recorta el pelo de los bordes solo en el tercio superior, dejando el resto.

Después peinar todo el pelo de alrededor del oído, y el de la parte superior de la cabeza, y se practica un recorte en vertical por detrás del occipital, desde una oreja a la otra por detrás de la cabeza, sin tocar el pelo que cubre los dos tercios inferiores de las orejas.

En segundo lugar se practica un pequeño recorte en el pelo de la parte superior de la cabeza, procurando que se vea una superficie casi plana. Para ello debe colocar al animal cerca del borde de la mesa o el mármol en el que esté trabajando. Situado a su alcance y con los pies delanteros en paralelo, sujetar con suavidad el hocico hacia abajo y practicar un recortado del pelo que cuelga de la parte superior de la cabeza. Colocar las tijeras al mismo nivel que muestra el rasurado de las orejas y recortar una superficie completamente plana, sin acercar en exceso el recorte a los lados de la cabeza.

En la parte más profunda del dorso del hocico se peina el pelo del hocico, levantándolo

Tipos de corte

> Recorte de los pelos de la zona superior hocico.

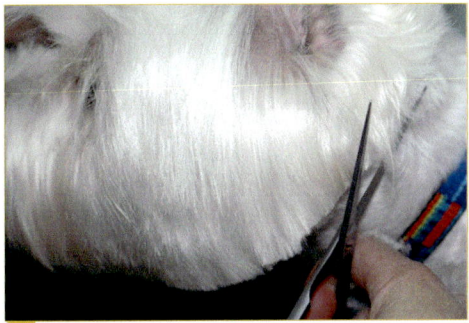

> Recortado de los mentones, que han de quedar unidos a la nuca.

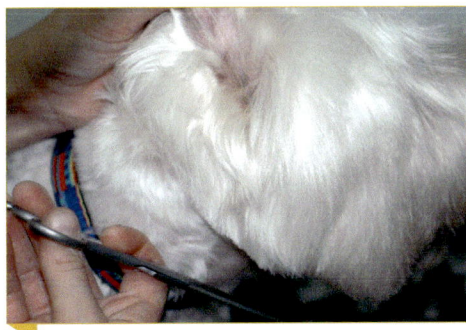

> Recorte del lado inferior izquierdo de la cabeza.

para recortarlo junto con el pelo que cae del seno frontal o stop, para dejar los ojos y la zona despejada de pelo. Procurar que el pelo del hocico, aunque se peine hacia atrás, no toque los ojos. Entonces se peinan todas la barbas, para lo que se debe colocar al animal en la misma posición. Se sujeta con suavidad el hocico hacia arriba, y se practica un recortado en el pelo que cuelga de la parte inferior de la cabeza. Con las tijeras recortar una superficie completamente vertical y plana. El recorte ha de acercarse a los lados de la cabeza.

Si los volúmenes de los lados de la cabeza son demasiado anchos, efectuar unos cuantos mordiscos en cada mejilla con las tijeras de escalar. Debe procurar que sea el mismo número y en los mismos sitios; peinar después las mejillas y extraer los pelos cortados.

Por último se redondean los dos lados de la cabeza, por los bordes exteriores y en su totalidad, desde la punta de la nariz hasta la zona de detrás de las orejas.

Este arreglo de cabeza también es adecuado para los Yorkshire Terrier y otro perros parecidos, cuando se trata de un corte de pelo estival.

La cabeza en los Perros de Aguas

La cabeza de los Caniches y otros Perros de Aguas se presenta en concursos y competiciones con un arreglo tradicional, con las mejillas y el hocico rasurado.

La forma de arreglar la cabeza del Caniche se basa en hacer destacar el pelo de la parte superior del cráneo y de las orejas.

Hay varias presentaciones, pero los principios básicos de todas ellas son muy parecidos; en primer lugar no hay que confundir el arreglo de la parte superior de la cabeza con el de la inferior. Para hacer destacar el pelo del cráneo basta con rasurar la parte inferior de la cabeza, de forma estilizada y conveniente, del mismo modo en ambos lados de la cabeza, tanto en las mejillas y los mentones como en el hocico. Para ello se aplica la máquina de rasurar, y se toman como referencia las siguientes denominaciones de la cabeza que se encuentran en el mismo nivel y permiten obtener una circunfe-

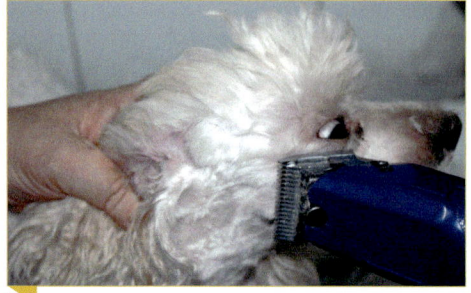

Rasurado del hocico con la máquina y el cabezal de rasurar a favor del pelo.

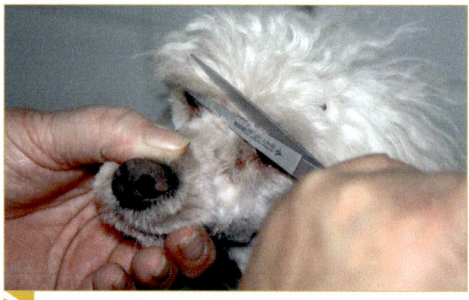

Cómo recortar el pelo que cae por delante de los ojos.

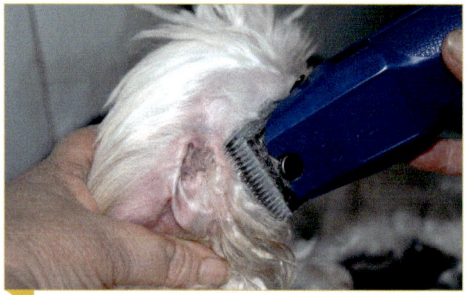

El rasurado de las mejillas termina en el borde del pabellón auricular.

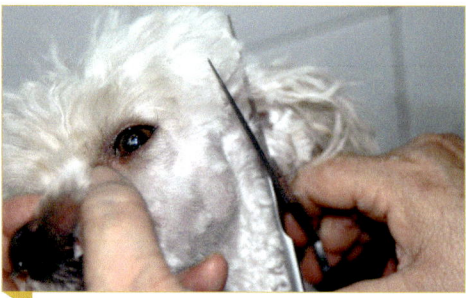

Ajuste del recortado en el costado de la cabeza del Caniche.

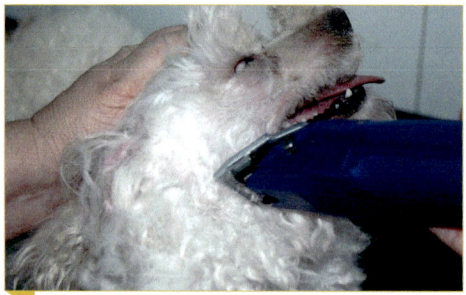

Redondeado del rasurado en la garganta con la máquina de esquilar.

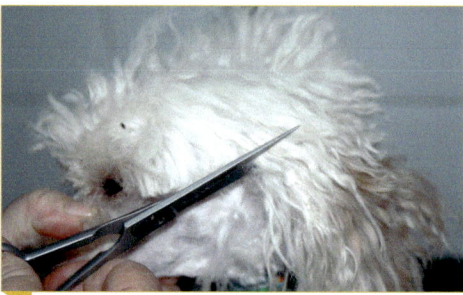

Recortado del pelo situado sobre las orejas en dirección al occipital.

rencia perfecta en todo el perímetro; se parte del ángulo del dorso superior del hocico con el seno frontal, y se sigue en ambos lados de los ojos, hacia el arco cigomático, para continuar hasta el borde de la entrada del pabellón auricular, por debajo de las orejas, en lo que se refiere a la parte delantera de la cabeza; en la parte posterior se continúa la línea de marcación de la circunferencia, que va desde el ángulo posterior de las orejas hasta la zona de debajo del cráneo, en la base del occipital; con la esquina superior del cabezal, se traza el límite del rasurado, desde el borde exterior de los ojos, lugar donde ha de colocarse la máquina con el cabe-

Tipos de corte

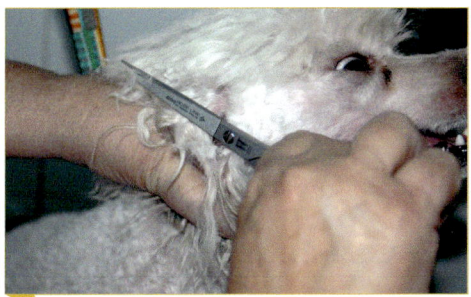
Ajuste del recortado en el lado derecho de la cabeza de un Caniche.

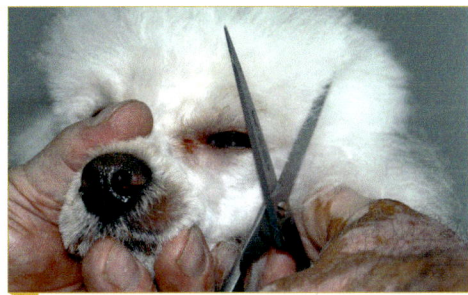
El recorte ha de redondear el ángulo del ojo, y se realiza desde la vertical.

Aspecto del arreglo de la cabeza de un Caniche antes del lavado y secado.

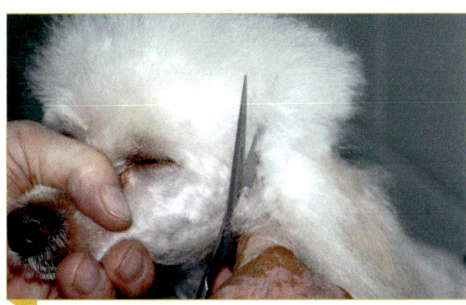
El recortado se ajusta de forma vertical con el rasurado de la mejilla.

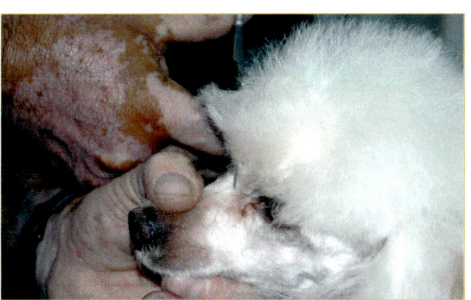
Inicio del recorte de la parte delantera de la cabeza después del lavado, secado y peinado.

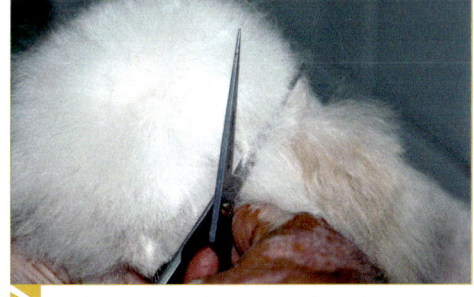
La tijera ha de inclinarse sobre la oreja para continuar con el recorte hacia atrás de la cabeza.

zal de rasurar, mientras el cuerpo de este se deja por debajo de la línea que señala el borde de la máquina, hasta el pabellón auricular, dejando el borde del mismo rasurado y libre de pelos. Desde este punto de la mejilla superior se practica un rasurado en la parte inferior de la misma hasta alcanzar la garganta del animal, en el mismo punto y en ambos lados de la parte inferior de la cabeza.

En la parte posterior de la cabeza, el rasurado o el corte del cuello se suma al del cuerpo. Por lo tanto hay que aplicar la herramienta que corresponda al arreglo del cuerpo. En su caso, desde el ángulo de cada oreja y en dirección al

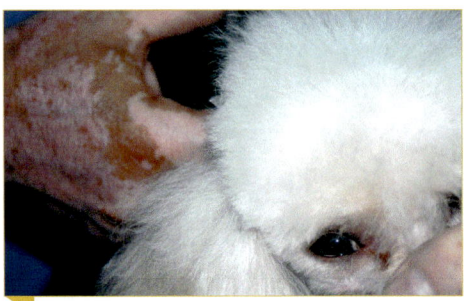

Recorte por encima de la oreja desde atrás hacia delante, en el lado derecho de la cabeza.

centro del borde inferior del occipital, en la parte superior del cuello, se determina la separación correcta de la cabeza. Recortar el pelo que sobra en la base de la cabeza, en todo el perímetro, y se procede a su peinado posterior. Después se puede lavar y secar y, antes de repasar el recortado, hay que asegurarse de que no queda ningún nudo en el pelo de la cabeza ni en el de las orejas.

Para proceder al repaso hay que estirar primero el pelo; si logra que el animal sacuda la cabeza el resultado obtenido será inmejorable.

Primero se recorta el pelo de la base de la cabeza, haciendo un primer recorte en la parte delantera frontal de la cabeza, para continuar por los lados de la misma. Aplicar las tijeras en vertical junto a las mejillas, hasta alcanzar el borde de la oreja; después se inclina la cabeza hacia abajo y se sigue con el recortado por encima de cada oreja. Aprovechar la misma posición y girar con suavidad la cabeza hacia la izquierda; al mismo tiempo, se sigue con el recorte desde el centro del borde superior de la oreja hacia la zona del centro del occipital.

Ajustar el recorte en esta parte con el nivel del pelo del cuello, de modo que no se marquen desniveles antiestéticos entre el corte del cuello y el de la cabeza.

Para dar redondez o curvatura a la parte superior del pelo, colocar las tijeras al mismo nivel del recortado, inclinarlas desde la parte superior del recorte y apuntar hacia el centro de la cabeza. En la misma posición, girar con suavidad la cabeza del perro, de izquierda a derecha, hasta conseguir la curvatura de pelo necesaria.

Otros arreglos de la cabeza del Caniche

En este apartado se explica el arreglo más común en invierno de la cabeza del Caniche, con la cara redonda. Se trata de lograr que el arreglo proporcione redondez tanto a la cabeza como al hocico.

Después de peinar, desenredar y estirar el pelo de todo el conjunto, se procede al recorte, que empieza por el pelo que sobresale por encima de los ojos; este se recorta desde un extremo al otro de la cabeza, de forma vertical, de modo que el animal se coloca sentado con el hocico recto, mirando hacia delante. El corte se aplica a un lado y otro de la cabeza, sobre el hocico. Una vez despejada la parte delantera, se ajusta el recorte a ambos lados de la cabeza, aplicando las tijeras desde abajo hacia arriba, en las esquinas de los ojos. Cuando se llega a las orejas, se levanta el recorte por encima de las mismas y se sigue avanzando hacia la parte de atrás de la cabeza. Cuando se está a punto de superar la altura de la oreja, se aplica un pequeño giro a la tijera, para cambiar la dirección, y de esta forma practicar un corte que redondee la base de la cabeza en dirección a la zona del occipital.

En el lado contrario de la cabeza, se tiene que practicar el arreglo desde atrás hacia delante. Así desde el hueso occipital se sigue recortando hacia la unión del lado del cuello con el borde trasero de la oreja, superando el corte por encima de la misma hacia la parte delantera de la cabeza; el corte siempre ha de practicarse de forma vertical.

En la parte delantera del hocico se peina y se estira el pelo, para eliminar todos los nudos o enredos que se encuentren con el peine; el pelo se estira hacia delante y se practica un re-

Tipos de corte

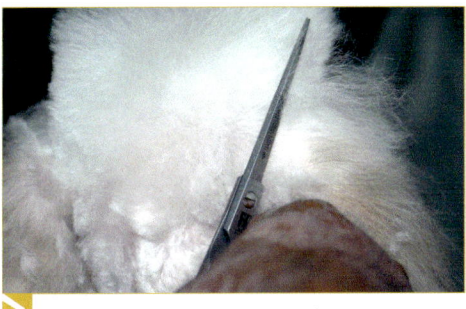
Recortado del ángulo posterior de la oreja.

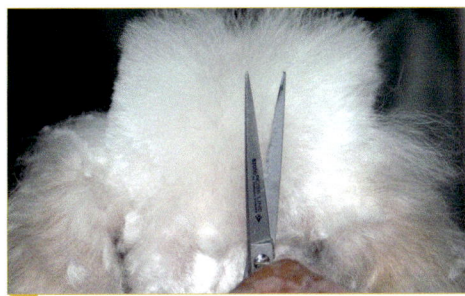
En el centro de la cabeza, la inclinación de la tijera sirve para iniciar el redondeado de la cabeza superior.

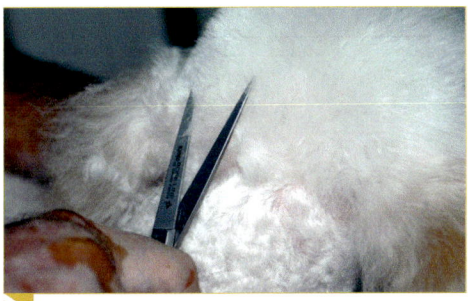
El recorte debe ajustarse al rasurado del cuello.

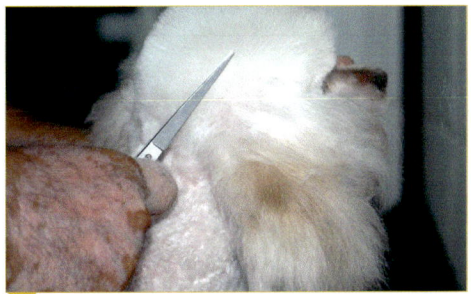
Aspecto de la cabeza después de una sesión de peluquería.

corte en la parte delantera del hocico, vertical y recto en ambos lados del extremo del hocico, el derecho y el izquierdo. Desde este punto se practica un corte en redondo por debajo del nivel del hocico, en paralelo a cada lado, en dirección a la mejilla, para hacer lo mismo en el otro lado del hocico, pero en sentido contrario, desde la parte de atrás hacia la de delante.

En la parte inferior del hocico se practica ahora el estirado y el peinado. Una vez preparado el pelo, se levanta la cabeza y se recorta el pelo, situando las tijeras paralelas al cuello inferior, mientras se asciende recortando el pelo hacia el extremo del hocico. Al acercarse a este, se puede inclinar el recorte para reducir el tamaño del pelo de la barbilla.

Después del lavado, el peinado y el estirado, en la parte contraria, es decir, en el occipital, se practica el recorte de adaptación del corte del cuerpo con el de la cabeza, tenga la forma que tenga, desde una oreja a la otra, para equilibrarlo con el volumen de la parte superior de la cabeza.

En las mejillas procure estirar el pelo hacia el exterior de cada lado antes de iniciar el repaso del primer recorte. Hay que apreciar que la medida del pelo de los dos pómulos tenga el mismo volumen. Levante la cabeza del perro y ajuste el recorte del cuerpo, en este caso del cuello, con el de las mejillas y la barba inferior.

Para dar redondez o curvatura a la parte superior de la cabeza, colocar las tijeras al mismo nivel del recortado en el centro del pelo de la cabeza, e inclinar las tijeras hacia el pelo y la piel. Hay que apuntar hacia el centro de la cabeza y mantenerlas al mismo nivel, mientras se gira con suavidad la cabeza de izquierda a derecha, de forma alternativa, hasta alcanzar la curvatura de pelo deseada.

Tipos de corte

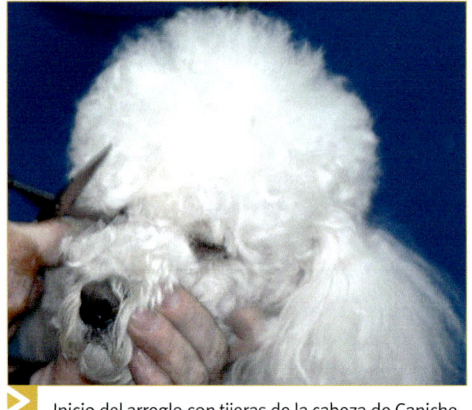
▶ Inicio del arreglo con tijeras de la cabeza de Caniche.

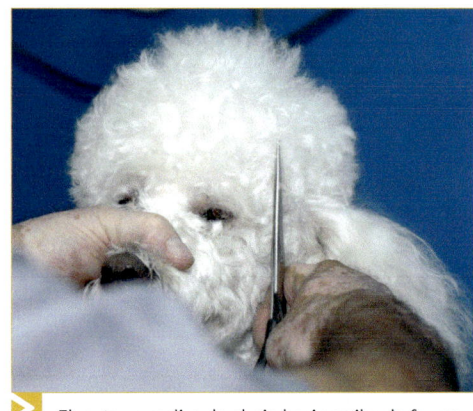
▶ El corte se realiza de abajo hacia arriba de forma vertical.

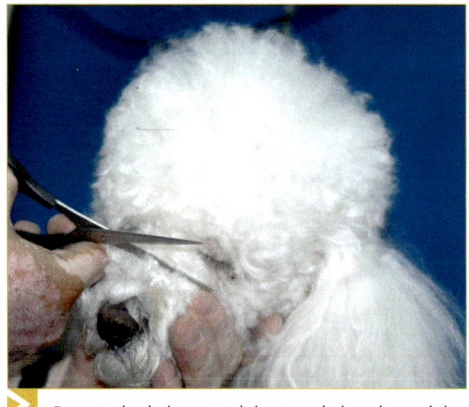
▶ Recortado de la parte delantera de la cabeza del Caniche.

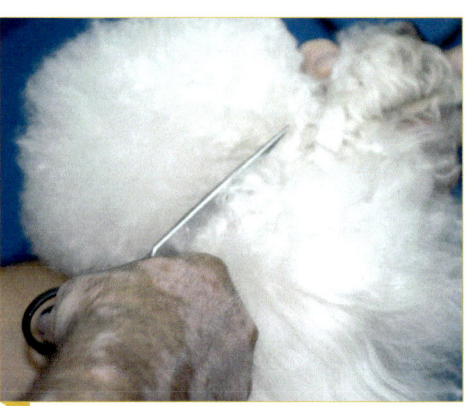
▶ El recorte ha de superar la oreja por encima, desde atrás hacia delante.

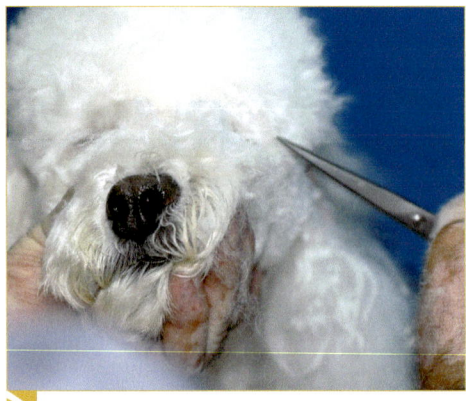
▶ El pelo que sobresale a los lados de la cabeza también debe recortarse.

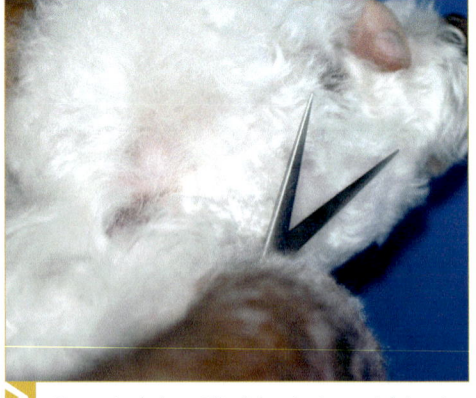
▶ El recorte de la mejilla debe ajustarse al del resto de la cabeza.

Tipos de corte

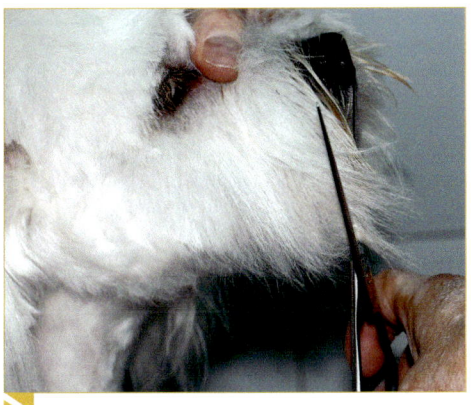
Ajuste del recorte de la parte delantera del bigote.

Ajuste del recorte del cuello superior de un extremo al otro del cuello.

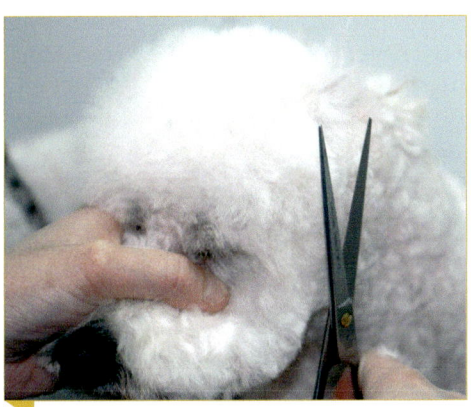
Ajuste del recorte del bigote y la barba para juntarlo al recorte de la mejilla.

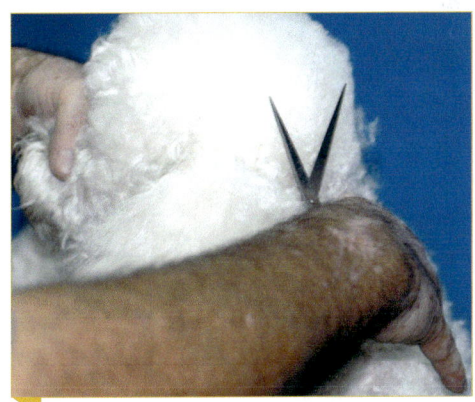
El recorte se realiza inclinado desde el centro de la cabeza, a la vez que esta se gira poco a poco mientras se recorta.

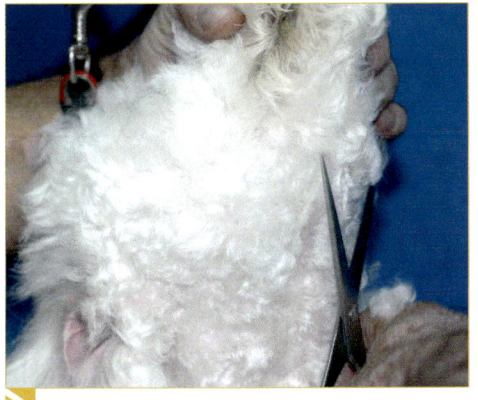
Ajuste del recorte del cuello con la barba, y adaptación al de la mejilla.

Aspecto general de un Caniche con un arreglo de cara redonda.

Airedale Terrier

Corte comercial

MATERIAL NECESARIO

- Cabezal cuchilla 0.15#, 10#, 7#, 5# y 4#, de OSTER*
- Cabezal cuchilla núms. 1.8, 2, 3, 5, 7 y 9 mm, de AESCULAP*
- Carda de rodillos
- Cepillo universal
- Cortaúñas
- Líquido limpiador de oídos
- Máquina de rasurar OSTER A-5 o AESCULAP
- Peine metálico
- Tijeras
- Tijeras de escalar

*Estas medidas corresponden a los equivalentes aproximados entre una y otra marca.

① Cepillar el pelo con el cepillo universal. Después peinar y eliminar todos los nudos con el peine.

② Limpiar las orejas con líquido limpiador, y secarlas con un algodón protegido con gasa.

③ Cortar las uñas con un cortaúñas de tipo tijera pero solo las puntas, para evitar seccionar la vena interior.

④ Con la máquina rasuradora, cortar el pelo de las orejas por dentro y por fuera, reservando los bordes para recortarlos con las tijeras. Elegir el cabezal de rasurado más adecuado, si la máquina es de tipo OSTER, entre el 0.15# o el 10#. Si es una AESCULAP, elija entre el cabezal de 1.8 ó 2 mm. Después de aplicar el rasurado, recortar los bordes de las orejas con las tijeras de corte.
Con la máquina y el mismo cabezal, rasurar los pelos de los espacios plantares de los pies, los pelos del bajovientre, el sexo y alrededor del ano.
Peinar el pelo de la cabeza de atrás hacia delante. Hay que elegir el cabezal de rasurado más adecuado; si la máquina es de tipo OSTER entre los 7#, 5# o 4#. Si se trata de una AESCULAP, elegir entre el cabezal de 3, 5 ó 7 mm.
Por encima de los ojos y justo detrás, a un centímetro de distancia, se encuentran las prominencias del cráneo, desde donde se ha de aplicar un rasurado hasta la base del cráneo, en la parte superior. En las mejillas aplicar el rasurado desde el extremo exterior de los ojos hasta el borde de las orejas.
Desde el punto exterior de los ojos girar la máquina y rasurar hacia abajo, hasta los mentones inferiores y la garganta, sin tocar las barbas delanteras ni los labios. El rasurado se ha de detener a ambos lados de la cabeza en este mismo punto.

⑤ Cambiar el cabezal de la máquina y aplicar uno de tamaño superior, para poder separar y resaltar el rasurado de la cabeza del del cuerpo; si la máquina es de tipo OSTER, elegir entre el 5# o el 4#. Si es una AESCULAP, optar entre el cabezal de 5, 7 ó 9 mm.
Empezar el rasurado en la base del cráneo hasta la cola, pasando por los lados del cuello. Desde los hombros y hasta los límites de los codos, rasurar hacia abajo en los costados del cuerpo y marcar una línea de separación del rasurado desde los codos hasta las ingles, y desde estas realizar una nueva línea de separación hasta la base de la cola, que divide el pelo de los muslos de las patas traseras. Levantar la cola del animal y aplicar el rasurado en el trasero.

⑥ Bañar y secar al perro, ahuecando el pelo de las patas y las barbas.

⑦ Levantar el pelo del rasurado de la cabeza con el cepillo, desde atrás hacia delante, a contrapelo, y aplicar la máquina con el mismo ca-

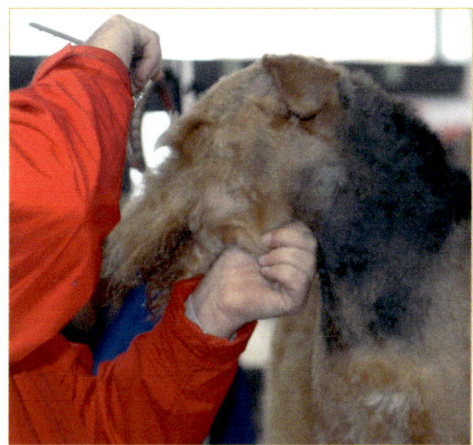

bezal que se utilizó antes del baño. Pulir el rasurado a favor del pelo.

En el cuerpo repetir la misma operación con la máquina y el cabezal que se aplicó en cada zona, remarcando las líneas de separación de los rasurados.

8 Cortar con tijera los bordes de las orejas, en los dos lados, y darles una apariencia pulida.

9 Peinar el pelo de las cejas hacia delante, eliminando con las tijeras el exceso de pelo entre las mismas, y darle forma de «V» a cada ceja. Aplicar dos cortes en forma de «X» en el stop con las tijeras. Recortar las cejas en diagonal, desde el borde exterior hasta el centro de cada ceja, dejando un mechón de pelo más largo en el extremo interior de cada ceja.

10 Eliminar el exceso de pelo en la parte superior del hocico con las tijeras de escalar.

11 Peinar la barba hacia delante y reducir la línea que va desde el extremo de la ceja hasta la comisura posterior de la boca. Peinar los pelos próximos a esa zona hacia atrás, y realizar un corte diagonal en cada lado, desde el centro de la mandíbula inferior hasta el borde mismo de la ceja.

12 Cortar con las tijeras el pelo de las patas delanteras para que parezcan rectas y tupidas, completamente redondas, hasta los codos superiores. Desde ahí, levantar el pelo con el peine y aplicar las tijeras inclinadas hasta el nivel rasurado del hombro, rodearlo, y hacer lo mismo en el pecho delantero y en el bajo pecho para dar un contorno inclinado al cuerpo.

13 Seguir cortando el contorno de las patas traseras y dar forma al pelo con las tijeras de escalar. Se debe escalar el pelo de la parte superior de la pata con el rasurado del cuerpo.

14 Cortar ligeramente con las tijeras de escalar el pelo del pecho delantero, peinándolo hacia delante y cortándolo de forma vertical.

15 Cortar con las tijeras los bordes exteriores de los pies y redondearlos por completo.

Nota: El Airedale Terrier debe arreglarse y bañarse cada seis u ocho semanas.

Corte para exposición

 MATERIAL NECESARIO

- Cabezal cuchilla 7#, 5# y 4#, de OSTER*
- Cabezal cuchilla núms. 3, 5 y 7 mm, de AESCULAP*
- Cepillo universal
- Lima metálica de uñas
- Líquido limpiador de oídos
- Navajas de *stripping*
- Máquina de rasurar OSTER A-5 o AESCULAP
- Peine de acero
- Tijeras de ahuecar de dos caras
- Tijeras de corte
- Tijeras de escalar

*Estas medidas corresponden a los equivalentes aproximados entre una y otra marca.

1 Cepillar el pelo con el cepillo universal; después con el peine de acero eliminar los nudos.

2 Con la máquina rasuradora, cortar el pelo de las orejas por dentro y por fuera, pero reservar los bordes para recortarlos con las tijeras.

Elegir el cabezal de rasurado más adecuado; si la máquina es de tipo OSTER, entre los 0.15# o 10#. Si es una AESCULAP, elegir entre el cabezal de 1.8 ó 2 mm.

Después de aplicar el rasurado, recortar los bordes de las orejas con las tijeras de corte.

Con la máquina y el mismo número de cabezal rasurar los pelos de los espacios plantares en los pies. Rasurar también los pelos del bajovientre, el sexo, la base de la cola y alrededor del ano.

❸ Aplicar el líquido limpiador en el interior de los orejas; limpiarlas y secarlas de inmediato. Se puede aprovechar este momento para extraer los pelos que sobresalgan del interior.

❹ Peinar el pelo de la cabeza de atrás hacia delante, y elegir el cabezal de rasurado más adecuado. Si la máquina es de tipo OSTER, entre los 7# o 5# o 4#. Si es una AESCULAP, elegir entre el cabezal de 3, 5 o el de 7 mm.

Por encima de los ojos y justo detrás, a un centímetro de distancia, se encuentran las prominencias del cráneo; el rasurado se aplica desde este punto hasta la base del cráneo, en la parte superior. En las mejillas aplicar un rasurado desde el extremo exterior de los ojos hasta el borde de las orejas.

Desde el punto exterior de los ojos, girar la máquina y rasurar hacia abajo, hasta los mentones inferiores, sin tocar las barbas delanteras ni los labios, pasando por la garganta. Finalice el rasurado a ambos lados de la cabeza en este mismo punto.

❺ Con la misma cuchilla de cabezal, aplicar la máquina esquiladora en las mejillas, desde el extremo exterior de los ojos hasta el borde de las orejas. Después girar desde el extremo exterior de los ojos hacia abajo y hasta los mentones inferiores, pasando por la garganta.

Peinar de nuevo la zona rasurada, y morder el pelo de la cabeza con las tijeras de escalar, aplicándolas en el mismo sentido en el que crece el pelo.

❻ Rasurar el bajo vientre, el sexo, el borde del ano y los espacios plantares con la cuchilla de cabezal 15# o 10#, o bien su equivalente en 1.8 ó 2 mm, con mucho cuidado.

❼ Extraer el pelo del cuello superior con la navaja de *stripping*.

❽ Descender por los lados del cuello, igualando la proporción de pelo en ambos lados, y continuar con la extracción por la parte superior del tronco y los costados del cuerpo. Hay que ser cuidadoso y hacer desaparecer todo el pelo lanoso, para que solo se vea el pelo brillante. Por el contrario, no es tan importante que el pelo no quede cortado al mismo nivel, ya que después del lavado se podrá igualar con la ayuda de las tijeras de escalar.

❾ Cepillar el pelo de las patas y de las barbas, taponar los oídos, y bañar al animal con un champú especial de pelo duro; dejar actuar unos minutos, enjuagar con agua tibia y aclarar. Con suavidad y la ayuda de un secador, peinar y secar al animal, ahuecando el pelo de las patas, las barbas y las cejas.

❿ Levantar el pelo del rasurado de la cabeza con el cepillo desde atrás hacia delante, a contrapelo, y aplicar la máquina con el mismo cabezal que se utilizó antes del baño. Pulir el rasurado a favor del pelo.

⓫ Peinar con la navaja de *stripping*, sin llegar a profundizar en el pelo de las patas, y recortar las puntas que sobresalgan con las tijeras de escalar, igualando el pelaje de todas las patas.

Alaskan Malamute

MATERIAL NECESARIO

- Cabezal cuchilla 0.15# o 10#, de OSTER*
- Cabezal cuchilla núms. de 1.8 ó 2 mm, de AESCULAP*
- Carda de rodillos
- Cepillo universal
- Cortaúñas
- Líquido limpiador de oídos
- Máquina de rasurar OSTER A-5 o AESCULAP
- Peine metálico
- Tijeras
- Tijeras de escalar

*Estas medidas corresponden a los equivalentes aproximados entre una y otra marca.

❶ Cepillar el pelo con el cepillo universal. Si encuentra enredos, eliminarlos peinando con una carda más dura; utilice el cepillo y el peine para arrastrar todos los nudos.

❷ Las orejas se limpian con un líquido limpiador adecuado, y se secan después con un algodón protegido con gasa hidrófila.

❸ Cortar las uñas con un cortaúñas de tipo tijera; tenga la precaución de cortar solo las puntas para evitar dañar la vena.

❹ Con la máquina rasuradora, cortar el pelo de los espacios plantares, teniendo mucho cuidado.
Elegir el cabezal de rasurado más adecuado; si la máquina es de tipo OSTER, entre los 0.15# o 10#. Si la máquina es una AESCULAP, elegir entre el cabezal de 1.8 ó el de 2 mm.

❺ Taponar los oídos convenientemente con tapones recubiertos de gasa.

❻ Enjabonar al perro dos veces, y después aplicar un suavizante acondicionador. Secar al animal, alisando el pelo de todo el cuerpo. En la parte superior cepille el pelo alisándolo al mismo tiempo que se va secando, en dirección a la cola y hacia los costados del cuerpo.

❼ Peinar el pelaje con un peine metálico para asegurarnos de que no queda ningún nudo.

❽ Cortar con las tijeras y en redondo los pelos que sobresalen por los bordes de los pies.

❾ Peinar el pelo de los mentones de la cabeza con el peine metálico, a contrapelo, ahuecando el mismo.

❿ Eliminar el exceso de pelo en el borde inferior de los ojos, con las tijeras de escalar. Con la misma herramienta morder y retirar el vello que sobresale en la parte trasera de los muslos.

⓫ Con el peine metálico, peinar hacia atrás y hacia abajo, desde la parte superior de la cabeza hasta la base de la cola.

Nota: El Alaskan Malamute posee un pelo fuerte, por lo tanto no necesita bañarse a menudo; con un baño cada dos meses es suficiente. Revisar las uñas cada mes por si hay que recortarlas. Los oídos también se deben limpiar mensualmente.

Bearded Collie

MATERIAL NECESARIO

- Aceite de visón o de coco en spray
- Cabezal cuchilla 0.15# o 10#, de OSTER*
- Cabezal cuchilla núms. 1.8 ó 2 mm, de AESCULAP*
- Cepillo universal
- Cortaúñas
- Líquido limpiador de oídos
- Máquina de rasurar OSTER A-5 o AESCULAP
- Peine metálico
- Suavizante acondicionador
- Tijeras
- Tijeras de escalar

*Estas medidas corresponden a los equivalentes aproximados entre una y otra marca.

❶ Cepillar el pelo con el cepillo universal. Si encuentra enredos antes de eliminarlos, vaporice el pelo con aceite de visón para evitar que se rompa, y después con el cepillo y el peine desenredar todos los nudos.

❷ Limpiar las orejas con un líquido limpiador adecuado, y secarlas con un algodón protegido con gasa hidrófila.

❸ Cortar las uñas con un cortaúñas de tipo tijera, pero solo las puntas para no dañar la vena.

❹ Con la máquina rasuradora, cortar el pelo de los espacios plantares con mucho cuidado. Elegir el cabezal de rasurado más adecuado; si la máquina es de tipo OSTER, entre los 0.15# o 10#. Si la máquina es una AESCULAP, elegir entre el cabezal de 1.8 ó 2 mm.
Rasurar el bajovientre, el sexo, la base de la cola y alrededor del ano.

❺ Taponar los oídos de forma conveniente con tapones recubiertos de gasa hidrófila.

❻ Enjabonar al animal dos veces y después aplicar suavizante acondicionador. Secarlo, alisando el pelo de todo el cuerpo. En la parte superior cepillar el pelo, alisándolo, al mismo tiempo que se seca, siempre en dirección al sobre de la mesa.

❼ Peinar todo el pelaje del animal con el peine metálico, asegurándose de que no hay nudos cercanos a la piel.

❽ Cortar con tijera los bordes de los pies, redondeándolos.

❾ Peinar el pelo de la cabeza en todas las direcciones, para acabar peinando hacia los lados y hacia abajo en la cabeza.

❿ Eliminar el exceso de pelo que crece en el borde inferior de los ojos con las tijeras de escalar.

⓫ Con el peine metálico, peinar hacia abajo el pelo, desde la parte superior de la cabeza hasta la base de la cola, para continuar peinando la misma hacia abajo.

⓬ Con el uso del acondicionador de pelo se ayuda a mantener el pelaje en óptimas condiciones de conservación. Es necesario cepillar el pelo del animal tres veces por semana.

⓭ El Bearded Collie se debe bañar por lo menos una vez al mes.

⓮ Debe comprobar cada mes el estado de las uñas, por si es necesario cortarlas.

Bichon Maltés

Corte comercial

MATERIAL NECESARIO

- Aceite de visón o de coco en spray
- Cabezal cuchilla de 0.15# o 10#, de OSTER*
- Cabezal cuchilla núms. 1.8 ó 2 mm, de AESCULAP*
- Carda de rodillos
- Cepillo universal
- Cortaúñas
- Gomas elásticas para el pelo
- Lima metálica de uñas
- Líquido limpiador de oídos
- Peine de acero
- Máquina de rasurar OSTER A-5 o AESCULAP
- Tijeras de corte
- Tijeras de escalar

*Estas medidas corresponden a los equivalentes aproximados entre una y otra marca.

1 Cepillar el pelo con el cepillo universal. Si encuentra enredos antes de eliminarlos, vaporizar el pelo con aceite de visón para evitar que se rompa. Después peinar con el cepillo y el peine, desenredando todos los nudos.

2 Limpiar las orejas con un líquido limpiador adecuado; secarlas con un algodón protegido con gasa hidrófila. Si es necesario, extraer los pelos del interior de los oídos.

3 Cortar las uñas con un cortaúñas de tipo tijera, pero solo las puntas para evitar dañar las venas de su interior.

4 Con la máquina rasuradora, cortar el pelo de los espacios plantares teniendo mucho cuidado. Elegir el cabezal de rasurado más adecuado; si la máquina es de tipo OSTER, entre los 0.15# o 10#. Si la máquina es una AESCULAP, elegir entre el cabezal de 1.8 ó el de 2 mm. Rasurar el bajovientre, el sexo, la base de la cola y alrededor del ano.

5 Taponar los oídos convenientemente con tapones recubiertos de gasa. Si es necesario extraer los pelos del interior de los oídos.

6 Bañar y secar al animal, ahuecando el pelo de toda la parte inferior del cuerpo del perro.

7 En la parte superior, cepillar el pelo, alisándolo al mismo tiempo que se seca, en dirección al suelo de la mesa.

8 Cortar con las tijeras los bordes de las cuatro patas, para darles una apariencia pulida y redondeada.

9 Peinar el pelo de la cabeza con el peine metálico, marcando una línea recta de separación hacia ambos lados de la cabeza. Si es necesario, reducir el tamaño, recortar las puntas sueltas de pelo, desde el borde de los pabellones auditivos hasta la garganta, y repasar después con las tijeras de ahuecar.

10 Eliminar con las tijeras de escalar el exceso de pelo en el borde inferior de los ojos, sobre todo si este está manchado de color rojo granate.

11 Con el peine, marcar una línea hacia abajo que divida en dos mitades el pelo, desde la parte superior de la cabeza hasta la base de la cola. Peinar y aplicar con el vaporizador un poco de de aceite de visón, peinándolo hacia abajo.

12 Siempre que sea necesario, recortar con las tijeras el pelo de los faldones. Peinar el pelo hacia abajo, y practicar un primer recorte. Repetir este paso con las tijeras de escalar hasta conseguir una apariencia natural.

13 En la cabeza, aplicar con el vaporizador un poco de aceite de visón para ayudar a conservar el pelo. Con la ayuda del peine, dividir el pelo que se encuentra entre las dos orejas y sobre los ojos en dos mitades, peinando el pelo de cada lado de la parte superior de la cabeza. Después hacer lo mismo con el pelo desde una oreja al centro del hueso occipital, para formar un mechón. Sostener el pelo con una mano en el centro de la cabeza, mientras con la otra se dobla el pelo del mechón por la mitad. Con una goma elástica especial para pelo, se enrolla el mechón con cuatro vueltas, procurando que el pelo no estire de la piel. Esta goma se puede decorar o disimular con un lazo. Repetir la operación en el otro lado de la cabeza, situando el mechón doblado a la misma altura que el otro, y realizando dos coletas firmes y estéticas.

❶❹ Con el uso del acondicionador de pelo se ayuda a mantener el pelaje en óptimas condiciones de conservación. Es necesario cepillar el pelo del perro tres veces por semana.

Nota: El Maltés se debe bañar una vez al mes. Debe comprobar cada mes el estado de las uñas, por si es necesario cortarlas.

Corte de verano

MATERIAL NECESARIO

- Aceite de visón o de coco en spray
- Cabezal cuchilla 0.15#, 5#, 4# y 10#, de OSTER*
- Cabezal cuchilla núms. 1.8, 2, 5, 7 y 9 mm, de AESCULAP*
- Carda de rodillos
- Cepillo universal
- Cortaúñas
- Lima metálica de uñas
- Líquido limpiador de oídos
- Máquina de rasurar OSTER A-5 o AESCULAP
- Peine de acero
- Tijeras de corte
- Tijeras de escalar

*Estas medidas corresponden a los equivalentes aproximados entre una y otra marca.

❶ Cepillar el pelo con el cepillo universal. Si se encuentran enredos, antes de eliminarlos, vaporizar el pelo con aceite de visón para evitar que se rompa. Peinar al perro con el cepillo y el peine, desenredando todos los nudos.

❷ Limpiar las orejas con un líquido limpiador adecuado, y secar con un algodón protegido con gasa hidrófila. Si es necesario, extraer los pelos del interior de las orejas.

❸ Cortar las uñas con un cortaúñas de tipo tijera, pero solo las puntas para no dañar la vena.

❹ Con la máquina rasuradora, cortar el pelo de los espacios plantares con mucho cuidado. Elegir el cabezal de rasurado más adecuado; si la máquina es de tipo OSTER entre los 0.15# o 10#. Si la máquina es una AESCULAP, elegir entre el cabezal de 1.8 o el de 2 mm.

Rasurar el bajovientre, el sexo, la base de la cola y alrededor del ano.

❺ Taponar los oídos de manera conveniente con tapones de algodón cubiertos de gasa hidrófila.

❻ Cambiar en la máquina el cabezal y aplicar uno de mayor tamaño, para recortar el pelo del cuerpo, empezando por detrás de la cabeza. Si la máquina es una OSTER, elegir entre los 5# o 4#. Si la máquina es AESCULAP, elegir entre el cabezal de 5, 7 o el de 9 mm.

❼ Bañar y secar al animal, ahuecando el pelo de la parte inferior del perro. En la parte superior, cepillar el pelo, alisándolo al mismo tiempo que se seca, en dirección al sobre de la mesa.

❽ Cortar con las tijeras los pelos de los bordes de los pies, si sobresale alguno.

❾ Peinar el pelo de la cabeza, marcando una línea recta de separación, hacia ambos lados de la cabeza.

❿ Eliminar con las tijeras de escalar el exceso de pelo en el borde inferior de los ojos en contacto con el hocico. Esta medida es imprescindible cuando este está manchado de color rojo granate.

⓫ Repase el rasurado levantado el pelo de las zonas rasuradas con el cepillo a contrapelo, y vuelva a aplicar la máquina con la misma cuchilla que utilizó antes del baño, hasta dejarlo perfectamente igualado en todas las zonas rasuradas.

⓬ Cortar con las tijeras el pelo de las patas que toca al suelo, completamente en redondo. En este caso es conveniente recortar el pelo

de los faldones algo más corto que en la otra versión. Peinar el pelo hacia abajo y practicar un primer recorte; si es necesario, repetir este paso con las tijeras de escalar hasta conseguir una apariencia natural.

13 En la cabeza, vaporizar con un poco de aceite de visón para ayudar a conservar el pelo. Con la ayuda del peine, dividir el pelo que se encuentra entre las dos orejas y encima de los ojos en dos mitades, peinándolo a ambos lados de la parte superior de la cabeza. Después hay que hacer lo mismo desde una oreja al centro posterior del hueso occipital para formar un mechón. Sostener el pelo con una mano en el centro de la cabeza, mientras con la otra se dobla el pelo del mechón por la mitad y se inserta una goma elástica especial para pelo que enrolle el mechón hasta cuatro veces. Procurar que el pelo del mechón no estire la piel. Sobre la goma, y a modo de decoración, se puede poner un lazo. Repetir la operación en el otro lado de la cabeza, situando el mechón doblado a la misma altura que el otro, y realizando dos coletas firmes y estéticas.

14 Con el uso del acondicionador de pelo se ayuda a mantener el pelaje en óptimas condiciones de conservación. Es necesario cepillar el pelo del animal tres veces por semana.

Nota: El Maltés se debe bañar una vez al mes. Debe comprobar cada mes el estado de las uñas, por si es necesario cortarlas.

Este tipo de corte se practica en aquellos perros que forman parte de una familia como animal de compañía particular, y solo se debe considerar una costumbre, si sus dueños lo solicitan.

Corte para exposición

 MATERIAL NECESARIO

- Abrigo especial de seda o nailon
- Aceite de coco o de visón
- Cabezal cuchilla de 15# o 0.10#, de OSTER*
- Cabezal cuchilla núms. 1.8 ó 2 mm, de AESCULAP*
- Cepillo de cerda natural
- Cepillo universal
- Cortaúñas
- Gomas elásticas para el pelo
- Juego de calcetines o botas especiales
- Máquina de rasurar OSTER A-5 o AESCULAP
- Papel de cebolla en tiras, unas treinta unidades, de 10 x 25 cm
- Peine de acero
- Tijeras de corte
- Tijeras de escalar

*Estas medidas corresponden a los equivalentes aproximados entre una y otra marca.

1 Cepillar el pelo con el cepillo de cerda natural. Después peinar con el peine y, antes de eliminar los nudos, aplicar aceite de visón, dejarlo actuar y solo entonces cepillar con cuidado con el cepillo universal.

❷ Aplicar líquido limpiador en el interior de los oídos, limpiar y secar de inmediato. Aprovechar este momento para extraer los pelos que sobresalgan del interior de las orejas.

❸ Cortar las uñas con un cortaúñas de tipo tijera, pero solo las puntas para no dañar la vena.

❹ Con la máquina de rasurar, con una cuchilla de cabezal 0.15# o 10#, si es de la marca OSTER; si es una AESCULAP, utilice el del 1.8 o el de 2 mm.

Rasurar el bajovientre, el sexo, y alrededor del ano, con el mismo cabezal de la cuchilla. Con este, rasurar los pelos de los espacios plantares de los pies.

❺ Con la máquina rasuradora, cortar el pelo de los espacios plantares con mucho cuidado.

❻ Taponar los oídos con tapones de algodón recubierto de gasa hidrófila.

❼ Bañar al animal cada dos o tres semanas, con un champú especial para pelo largo, y realizar dos enjabonadas. En el último aclarado aplicar una dosis de crema suavizante especial para pelo largo, extendiéndola por todo el pelaje. Cuando se termine el baño, secar al animal con toallas, sin frotar el pelo para evitar que se enrede. Secarlo con secador, al mismo tiempo que se cepilla y se ahueca el pelo de la mitad hacia abajo del animal. En la parte superior, secar y alisar el pelaje hacia el suelo, en los lados y los extremos del animal.

❽ Peinar las patas, una a una, y sacudirlas con suavidad. Peine el pelo y compruebe que esté completamente suelto.

Cepillar primero todo el pelo con el cepillo de cardar y después, con el peine metálico, peinarlo en dos mitades, desde la nariz hasta la base de la cola.

Preparar tiras de papel de cebolla, un vaporizador de aceite de visón, el peine metálico y el cepillo de cardar.

Aplicar en la cabeza un poco de aceite de visón para ayudar a conservar el pelo, y con el peine dividirlo, desde el extremo exterior del ojo hasta la base de la oreja y desde la raya del centro

que divide en dos mitades el pelo de la cabeza. Después sostener el pelo con la mano, desde el centro de la cabeza y hacia un lado, y desde la base del cráneo hasta la parte superior del ojo del lado en el que se está formando el mechón. Sujetar el mechón de pelo con una mano en el centro de la cabeza, mientras con la otra se aplica una tira de papel de cebolla, previamente doblado en tres pliegues. Poner el mechón en el centro del papel, a lo largo, y cubrirlo con las alas del papel; se dobla en tres partes a partir del extremo del pelo, y se aplica una goma elástica especial para pelo, enrollada con tres o cuatro vueltas. Repetir la operación en el otro lado de la cabeza. Esta operación se repite también en las mejillas. Antes de formar los mechones, hay que vaporizarlos con un poco de aceite de visón.

Marcar una primera línea vertical con el peine, desde la comisura del ojo hasta la barba, y otra desde el extremo anterior de la oreja hasta el extremo profundo del mentón.

Realizar la misma operación con los pelos de los bigotes; con el peine recogerlos hacia delante, aplicar el aceite de visón y peinar; sujetar con la mano el mechón de un lado de los bigotes mientras con la otra se aplica el papel como se ha hecho antes. Repetir este paso en el otro lado. En estos momentos, la cabeza ya está preparada con los bigudíes.

En el pelo del cuello se peina una línea en el centro superior. Entonces se peina el pelo hacia los lados, para conseguir que caiga por los hombros, tanto en la parte delantera como a los lados.

Es importante vaporizar con un poco de aceite de visón antes de formar los mechones.

Con el peine se marca una línea vertical en el centro delantero del pecho, desplazando el pelo hacia el lado correspondiente. Este se sujeta con la mano y, con la ayuda del peine, se forma una segunda línea vertical con el pelo que cuelga por el hombro en la parte delantera, y se desplaza hacia el lado contrario para formar el mechón.

Sujetar un mechón de pelo con una mano mientras con la otra se aplica una tira de papel de cebolla, previamente doblado en tres pliegues. Poner el mechón en el centro y a lo largo, y cubrirlo con las alas del papel. Se dobla en tres partes sobre el primer tercio a partir del pelo cercano a la piel, y se aplica una goma elástica especial para pelo, enrollada con tres o cuatro vueltas. Esta operación se repite en el otro lado del frontal del pecho.

En los costados del Maltés se repiten estas operaciones entre tres y cuatro veces, en función del tamaño de los mechones y del propio animal. En la patas delanteras, a media altura, se forma un bigudí con el pelo que cuelga en el lado exterior de cada una. En las traseras, esta operación se realiza justo por encima de los corvejones. Vaporizar con un poco de aceite de coco los pies, y aplicar los calcetines o las botas especiales para perros de tamaño pequeño.

Estas operaciones de acicalamiento se deben realizar de manera rutinaria cada tres días. Después de un peinado total, dejar ventilar el pelo un día; después se deben volver a aplicar los papelitos, las gomitas, los calcetines y el abrigo para proteger el pelo de rozaduras.

El día anterior, o incluso el mismo día de la presentación a la exposición, se ha de lavar en profundidad para hacer desaparecer cualquier rastro de aceite de visón, poniendo mucho cuidado en el cepillado mientras se seca al perro.

La aplicación se realiza de arriba hacia abajo, y se cepilla con cepillos y peines que no produzcan electricidad estática.

Cuando el pelo sea excesivamente largo y se arrastre, hay que recortarlo de manera que el que contacta con el suelo tenga la misma altura en todo el perímetro del animal. El efecto consigue un bello espectáculo de movimientos.

En la cabeza y con la ayuda del peine, dividir el pelo que se encuentra entre las dos orejas y encima de los ojos en dos mitades, peinando el pelo de cada lado de la parte superior de la cabeza.

Después hacer lo mismo en el pelo de la cabeza, desde una oreja al centro posterior del hueso occipital, para formar un mechón.

Sostener el pelo con una mano en el centro de la cabeza, mientras con la otra se dobla el del mechón por la mitad y se aplica una goma elástica especial, enrollando el mechón hasta cuatro vueltas. Hay que procurar que el pelo del mechón no estire de la piel. Sobre la goma se puede aplicar un lazo decorativo.

Repetir la operación en el otro lado de la cabeza, situando el mechón doblado a la misma altura que el anterior.

El perro debe presentar dos coletas firmes y perfectamente decoradas.

Después de cada exposición se debe volver a empezar con la rutina cotidiana del cuidado del pelaje, del mismo modo que se hizo con anterioridad.

Bouvier des Flandres

MATERIAL NECESARIO

- Cabezal cuchilla de 0.15#, 4#, 5# y 10#, de OSTER*
- Cabezal cuchilla núms. 1.8, 2, 5, 7 y 9 mm, de AESCULAP*
- Carda de rodillos
- Cepillo universal
- Cortaúñas
- Líquido limpiador de oídos
- Máquina de rasurar OSTER A-5 o AESCULAP
- Peine de acero
- Tijeras
- Tijeras de escalar

*Estas medidas corresponden a los equivalentes aproximados entre una y otra marca.

1 Cepillar el pelo con el cepillo universal. Después peinar con el peine y eliminar todos los nudos.

2 Extraer los pelos que sobresalgan del interior de los oídos, y limpiar las orejas con líquido limpiador; secarlas después con un algodón protegido con gasa hidrófila, y taparlos de manera apropiada con tapones de algodón recubiertos de gasa.

3 Cortar las uñas con un cortaúñas de tipo tijera, pero solo las puntas para evitar dañar la vena.

4 Con la máquina rasuradora, cortar el pelo de los espacios plantares con mucho cuidado. Elegir el cabezal de rasurado más adecuado; si la máquina es de tipo OSTER, entre los 0.15# o 10#. Si la máquina es AESCULAP, elegir entre el cabezal de 1.8 o el de 2 mm.
Rasurar el bajovientre, el sexo, la base de la cola y alrededor del ano.
Con la máquina rasuradora, cortar el pelo de las orejas por dentro y por fuera, reservando los bordes para recortarlos con las tijeras.

5 Peinar el pelo de la cabeza de atrás hacia delante, y elegir el cabezal de rasurado más adecuado; si la máquina es de tipo OSTER, entre los 5# o 4#. Si la máquina es AESCULAP, elegir entre el cabezal de 5, 7 o el de 9 mm.
Por encima de los ojos y justo detrás, a un centímetro de distancia, se encuentran las prominencias del cráneo. Aplicar el rasurado desde este punto, y solo en la parte plana superior, hasta la base del cráneo en la parte posterior.

6 Las barbas tienen que formar un conjunto semicircular en la cabeza, desde el borde del rasurado posterior de las orejas hasta la garganta, que incluya el pelo de las mejillas y el de los mentones en su totalidad.
Utilizar las tijeras de ahuecar para el corte de todas las barbas.

7 Cepillar y peinar el pelo de toda la cabeza, hasta asegurarse de que no queda ningún nudo.

8 Con las tijeras de corte, seleccionar el tamaño de pelo más adecuado entre las distintas zonas del cuerpo. En el cuello y hasta la cruz hay que dejar 7 cm como mínimo; desde la cruz y hasta la cola se desciende de manera gradual de 7 a 2 cm el largo del pelo.
Si la cola está amputada, el pelo se deja con un largo de 2 cm. Si está entera, se recorta la parte superior al mismo tamaño, pero solo las puntas del pelo que cuelga.
Iniciar el recortado del cuerpo desde la base del cráneo hasta la de la cola, pasando por los lados del cuello hasta los hombros y los codos. Cortar hacia abajo en los lados del cuerpo, los flancos y al nivel de los codos superiores, marcando una línea de separación del recortado, desde el esternón del pecho delantero hasta el final del esternón. Desde los huesos de la cadera y hasta las ingles, se aplica una línea de separación a am-

bos lados. Cortar después el pelo de toda la cola, y descender el recortado por el trasero del animal.

9 Peinar y desenredar el pelo antes de bañar y secar al animal, ahuecando el pelo de las patas y de la parte inferior del pecho.

10 Durante el secado, levantar el pelo a contrapelo mientras se seca.

11 Después repasar el rasurado en la cabeza. Levantar el pelo con el cepillo, a contrapelo, y aplicar el cabezal de la cuchilla que se utilizó antes del baño en la zona que se haya rasurado, igualando el tamaño en toda la región. Marcar los bordes del final del rasurado con líneas suaves.

12 Cortar con las tijeras los bordes de las orejas, en ambos lados, hasta darles una apariencia pulida.

Peinar el pelo del cuerpo a contrapelo e igualar el mismo con las tijeras de corte. Cuando haya terminado, tomar las tijeras de escalar y sumergirlas en el pelo, repartiendo equitativamente unos cuantos mordiscos por toda la superficie. Cepillar y extraer el pelo que se ha cortado. Este, al crecer, ayudará a mantener erecto el resto del pelo del cuerpo.

13 Peinar el pelo de las cejas hacia delante, eliminando con las tijeras el pelo. Las cejas deben adoptar forma de «V». Aplicar las tijeras en el stop, el espacio que se encuentra entre los senos frontales, y realizar dos cortes en forma de «X». Cortar las cejas en diagonal, desde el borde anterior hasta el borde de cada mejilla, dejando un mechón de pelo más largo en el extremo superior de cada ojo.

14 Eliminar el exceso de pelo en la parte superior del hocico con las tijeras de escalar.

15 Peinar la barba hacia delante y redondear la línea que va desde el extremo inferior de cada oreja hasta la parte posterior de la garganta, por detrás de las mejillas, peinando los pelos próximos a esa zona hacia atrás y aplicando un corte en cada lado, en diagonal desde el centro de la mandíbula inferior hasta el borde de la oreja.

16 Cortar con las tijeras el pelo de las patas delanteras, de forma que queden llenas y rectas, completamente redondas, hasta los codos superiores. Desde ese punto, levantar el pelo con el peine y aplicar las tijeras inclinadas hasta la altura del recortado del hombro; realizar un corte que rodee el hombro; repetir el arreglo con esta técnica en el pecho delantero y en la parte baja del pecho, para que el contorno del cuerpo esté inclinado.

17 Seguir cortando el contorno de las patas traseras, y dar forma al pelo con las tijeras de escalar; hacer una degradación del pelo en la parte superior de la pata hasta unirlo con el recortado del cuerpo.

18 Con las tijeras de escalar, cortar un poco el pelo del pecho delantero, peinándolo hacia delante y cortándolo en vertical.

19 Cortar con las tijeras los bordes exteriores de los pies y redondearlos en su totalidad.

Nota: El Bouvier des Flandres debe arreglarse y bañarse cada 8 ó 10 semanas.

Cairn Terrier

Corte comercial

 MATERIAL NECESARIO

- Cabezal cuchilla 0.15#, 10#, 7#, 5# y 4#, de OSTER*
- Cabezal cuchilla núms. 1.8, 2, 5, 7 y 9 mm, de AESCULAP*
- Carda de rodillos
- Cepillo universal
- Cortaúñas
- Líquido limpiador de oídos
- Máquina de rasurar OSTER A-5 o AESCULAP
- Peine de acero
- Tijeras
- Tijeras de escalar

*Estas medidas corresponden a los equivalentes aproximados entre una y otra marca.

1 Cepillar el pelo con el cepillo universal. Peinar con el peine y eliminar todos los nudos o enredos.

2 Limpiar las orejas con líquido limpiador, y secarlas después con un algodón protegido con gasa hidrófila.

3 Cortar las uñas con un cortaúñas de tipo tijera, pero solo las puntas para no dañar la vena.

4 Con la máquina rasuradora, cortar el pelo de los espacios plantares con mucho cuidado. Elegir el cabezal de rasurado más adecuado; si la máquina es de tipo OSTER, entre los 0.15# o 10#. Si la máquina es AESCULAP, elegir entre el cabezal de 1.8 o el de 2 mm.
Rasurar el bajovientre, el sexo, la base de la cola y alrededor del ano.
Rasurar solo el tercio superior de cada oreja y reservar el pelo de los bordes para recortarlo con las tijeras.

5 Cambiar el cabezal de la máquina y aplicar uno de tamaño superior, para separar la cabeza con el cuerpo. Si la máquina es de tipo OSTER, elegir uno entre los 5# o 4#. Si la máquina es AESCULAP, elegir entre el cabezal de 5, 7 ó 9 mm.
Aplicar un primer rasurado en la parte superior del animal, desde la cabeza hasta la cola, en los lados del cuello hasta el esternón. Separar el rasurado en los lados justo en el centro longitudinal del mismo, a la misma altura desde el esternón hasta la base de la cola, para que resalte el pelo de los faldones.

6 Extraer los pelos que sobresalgan del interior de los oídos, y tapar estos de manera adecuada con tapones recubiertos de gasa. Peinar el pelaje del animal con el peine metálico, para asegurar que no hay nudos cerca de la piel.

7 Bañar y secar al animal, ahuecando el pelo de toda la parte inferior del perro.
Desde la parte superior, cepillar el pelo, alisándolo al mismo tiempo que se seca, en dirección al sobre de la mesa. Después peinar todo el pelo del animal con el peine metálico, asegurándose que no hay nudos próximos a la piel.

8 Cortar con las tijeras y en redondo el pelo de los pies que toca el suelo. Si es necesario, recortar el pelo de los faldones. Peinar el pelo hacia abajo y practicar un primer recorte. Repetir esta operación con las tijeras de escalar hasta conseguir una apariencia natural.

9 Con la máquina y el cabezal que se utilizó durante el primer rasurado, realizar un repaso del rasurado levantando el pelo, primero con el cepillo a contrapelo y después aplicando la máquina a favor del pelo. Solo se debe llegar hasta el centro longitudinal del cuerpo; una vez en este punto, separar la máquina del cuerpo, siguiendo en el aire la misma dirección, con el pelo enganchado a los dientes de la máquina. Se puede apreciar entonces que este, a medida que la máquina se aleja del cuerpo, se suelta poco a poco al principio y más rápidamente después, formando una línea recta casi imperceptible, que divide el rasurado con respecto al resto del pelo, que ha de quedar intacto por debajo de este punto.

🔟 Cortar con las tijeras el pelo de las patas que sobresale de entre los dedos, curvado y en forma de columna. Si es necesario, recortar el pelo de los faldones. Peinar el pelo hacia abajo y practicar un primer recorte. Repetir esta técnica con las tijeras de escalar hasta conseguir una apariencia natural.

⓫ Para recortar y sanear con las tijeras el pelo del interior de las patas traseras, hay que realizar un corte en forma de pie de gato. Se empieza por la cara interna de la pata, desde el talón hasta el ángulo del corvejón, para proporcionar un volumen mayor; desde este punto y hasta el muslo superior, donde se encuentra el rasurado de los genitales, se practica un recorte de mayor a menor para que el corte coincida con el rasurado.

⓬ Al principio es conveniente peinar el pelo de los muslos; después se sujeta el pie y se levanta hacia el exterior, lo suficiente como para que la inclinación de la pierna nos permita ver el pelo que cuelga de la cara interna del muslo. Peinar entonces el pelo hacia abajo, y practicar un primer recorte, colocando las tijeras al lado

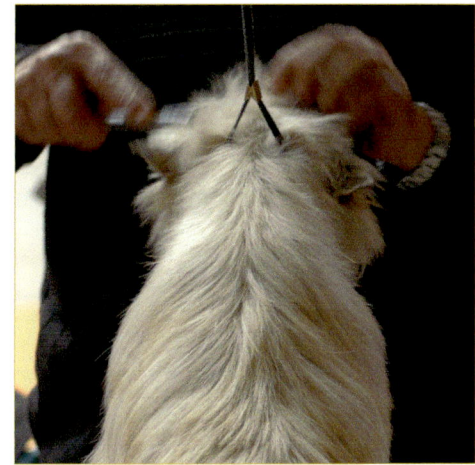

del pie y en dirección al cuerpo. Hay que comprobar que la separación de las tijeras con respecto al pie sea lo bastante amplia como para que el pelo que quede después del recorte sea más voluminoso en la parte baja de la pata que en la parte superior, para formar una pared de pelo recta y vertical en el interior del muslo. Repasar el corte con las tijeras de escalar hasta conseguir una apariencia natural.

⓭ En las patas delanteras, aplicar las tijeras en las crines traseras de las patas. Para facilitar la tarea, el profesional se posiciona delante del animal y le levanta una de las patas hacia delante, para cepillar y peinar el pelo hasta que cuelgue completamente suelto. Realizar el recorte desde el pie y en línea recta hasta el codo. La pata debe situarse un poco inclinada. El recorte se inicia en el pie, y a medida que avanza se separa cada vez más de la pata. Por lo tanto, en un arreglo correcto, el pelo de la parte superior ha de tener un tamaño más largo que el de la parte inferior.

Si después se repite la operación con las tijeras de escalar, se pueden corregir los errores realizados con las de corte. Este arreglo se repite exactamente igual en el pelo de la otra pata.

⓮ En la cabeza hay que peinar y estirar el pelo, primero. Después se recortan los bordes su-

periores de las orejas tan solo un tercio. Hay que procurar que las dos queden recortadas a la misma altura, pues así servirán de referencia para crear el volumen de la cabeza.

⓯ Con el peine se recogen aproximadamente 2 cm del pelo que rodea la oreja. Mientras se sujeta con una mano, con el peine se estiran las puntas de pelo que rodean la oreja. Practicar un corte con las tijeras alrededor de esta, al mismo nivel que el rasurado. Realizar la misma operación con la otra oreja.

⓰ Después volver a peinar todo el pelaje de la parte superior de la cabeza y recortar en vertical, por detrás del occipital, desde una oreja a la otra por detrás de la cabeza.

En segundo lugar, practicar un pequeño recorte en el pelo de la parte superior de la cabeza, procurando que se vea una superficie casi plana.

⓱ En la parte más profunda del dorso del hocico hay que peinar el pelo, levantándolo para recortarlo junto con el pelo que cae del seno frontal o stop, con el objetivo de dejar la zona despejada de pelo.

Con las tijeras de escalar, eliminar el exceso de pelo manchado de color rojo granate del borde inferior de los ojos cuando se unen al hocico.

Hay que procurar que el pelo del hocico, aunque se peine hacia atrás, no toque los ojos. Una vez terminado se peinan todas la barbas, se inclina la cabeza hacia arriba y se recorta en la misma dirección el pelo de la parte inferior de las barbas, dejando que queden rectas en la posición definitiva.

⓲ Por último se redondean los dos lados de la cabeza, por los bordes exteriores y en su totalidad, del mismo modo.

Corte para exposición

 MATERIAL NECESARIO

✓ Cabezal cuchilla 0.15# y 10#, de OSTER*
✓ Cabezal cuchilla núms. 1.8 y 2 mm, de AESCULAP*
✓ Carda de rodillos
✓ Cepillo universal
✓ Cortaúñas
✓ Líquido limpiador de oídos
✓ Máquina de rasurar OSTER A-5 o AESCULAP
✓ Navajas de *stripping*
✓ Peine de acero
✓ Tijeras
✓ Tijeras de escalar

*Estas medidas corresponden a los equivalentes aproximados entre una y otra marca.

❶ Cepillar el pelo con el cepillo universal. Después peinar con el peine y eliminar los nudos.

❷ Aplicar líquido limpiador en el interior de los oídos, limpiar y secar de inmediato. Se puede aprovechar este momento para extraer los pelos que sobresalgan del interior.

❸ Cortar las uñas con un cortaúñas de tipo tijera pero solo las puntas, para no dañar la vena.

❹ Con la máquina rasuradora, cortar el pelo de los espacios plantares con mucho cuidado. Elegir el cabezal de rasurado más adecuado; si la máquina es de tipo OSTER, entre los 0.15# o 10#. Si la máquina es AESCULAP, elegir entre el cabezal de 1.8 o el de 2 mm.

Rasurar el bajovientre, el sexo, la base de la cola y alrededor del ano.

Rasurar solo el tercio superior de cada oreja y reservar el pelo de los bordes de la zonas rasuradas para recortarlo con las tijeras.

❺ Con la navaja de *stripping*, extraer el pelo del cuerpo. Empezar en el cuello superior, descender por los lados, igualando la proporción de pelo en ambos costados. Seguir con la extracción por la parte superior del tronco y los costados del cuerpo, con cuidado de eliminar con esta técnica todo el pelo lanoso, para que solo se aprecie el brillante. No es muy importante que el pelo no quede cortado al mismo nivel, ya que después del lavado se puede nivelar sobre el peine metálico con la ayuda de las tijeras de escalar.

❻ Cepillar el pelo de las patas y las barbas, taponar los oídos y bañar al animal con un champú especial de pelo duro. Dejar actuar unos minutos, y enjuagar después con agua tibia.

Suavemente con la ayuda de secador, secar al animal. Durante el secado de las patas, las barbas, las cejas y la parte superior de la cabeza, hay que peinar y ahuecar el pelo.

❼ Peinar las extremidades de la patas, sacudirlas con suavidad, y recortar el pelo que toca el suelo con las tijeras de peluquería.

❽ Peinar con la navaja de *stripping*, sin llegar a profundizar, el pelo de las patas y de las faldas; después recortar las puntas de los pelos que sobresalgan para igualar las patas.

❾ Repasar e igualar en todo lo posible los pelos de la parte superior del animal con la ayuda de la navaja y de las tijeras de escalar, para nivelar y pulir el aspecto del perro.

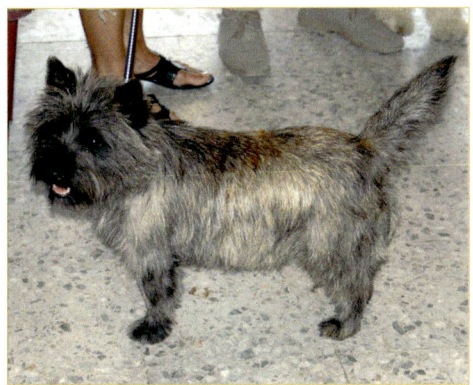

❿ Antes de la presentación, cardar el pelo de la cabeza con el peine hasta que la cabeza tenga forma redonda. Aplique una ración de laca para mantener esa apariencia.

Caniche

Corte moderno

 MATERIAL NECESARIO

- Cabezal cuchilla 0.15#, 10#, 7#, 5# y 4#, de OSTER*
- Cabezal cuchilla núms. 1.8, 2, 5, 7 y 9 mm, de AESCULAP*
- Carda de rodillos
- Cepillo universal
- Cortaúñas
- Líquido limpiador de oídos
- Máquina de rasurar OSTER A-5 o AESCULAP
- Peine de acero
- Tijeras
- Tijeras de ahuecar

*Estas medidas corresponden a los equivalentes aproximados entre una y otra marca.

❶ Cepillar el pelo con el cepillo universal. Si encuentra enredos en el pelo, peinar con el cepillo y el peine hasta eliminar todos los nudos.
❷ Limpiar las orejas con un líquido limpiador adecuado, y secar con un algodón protegido con gasa hidrófila. Si es necesario, extraer los pelos que sobresalgan del interior de los oídos.
❸ Cortar las uñas con un cortaúñas de tipo tijera pero solo las puntas, para no dañar la vena.
❹ Con la máquina rasuradora, cortar el pelo de los espacios plantares con mucho cuidado.
Elegir el cabezal de rasurado más adecuado; si la máquina es de tipo OSTER, entre los 0.15# o 10#. Si la máquina es AESCULAP, elegir entre el cabezal de 1.8 o el de 2 mm.
Rasurar el bajovientre, el sexo, la base de la cola y alrededor del ano.
❻ Cambiar el cabezal en la máquina y aplicar otro de tamaño superior, para separar la cabeza con el cuerpo. Si la máquina es de tipo OSTER, elegir entre los 5# o 4#. Si se trata de una AESCULAP, entre el cabezal de 5, 7 ó 9 mm.

Se rasura toda la parte superior del cuerpo, a favor del pelo, dibujando un semicírculo en los hombros, desde la altura de los codos hasta unos centímetros por debajo de la cruz. Empezar el rasurado en el cuello, por todo el perímetro, que va del occipital a la garganta. En la parte delantera, el rasurado avanza desde las mejillas y desciende por el pecho y el esternón, pasando entre las patas delanteras. Al descender hacia esa zona, se deja el pelo de los hombros delanteros intacto. Lo mismo se hace durante el rasurado de los lados del cuello próximos al pecho y el cuerpo. Avanzar el rasurado y detenerse al llegar a las ingles. Desde este punto, se avanza en el rasurado, marcando un círculo que se eleva por el borde anterior de cada pata y en la parte superior de cada muslo, hacia las prominencias de los huesos de la cadera y hasta la base de la cola.
❼ Una vez terminado el rasurado del tronco del cuerpo, se aplica un peinado en todas las zonas, poniendo más énfasis en las que tienen más volumen de pelo. Si el pelo de las extremidades es muy largo, se puede reducir su volumen, así como el de la cabeza, con las tijeras de corte.
❽ Taponar los oídos de manera adecuada con tapones de algodón recubiertos de gasa.
Bañar y secar el animal, ahuecando el pelo de la zona inferior del animal.
En la parte superior, cepillar el pelo a contrapelo mientras se seca. Hay que comprobar con las manos que el animal queda completamente seco por todos los rincones del cuerpo.
❾ Levantar el pelo del rasurado en el cuello y el cuerpo del animal con el cepillo, a contrapelo, y aplicar la cuchilla con el cabezal que utilizo antes del baño en cada zona rasurada; hay que igualar el largo del pelo, y marcar los bordes de hombros y caderas.

Caniche

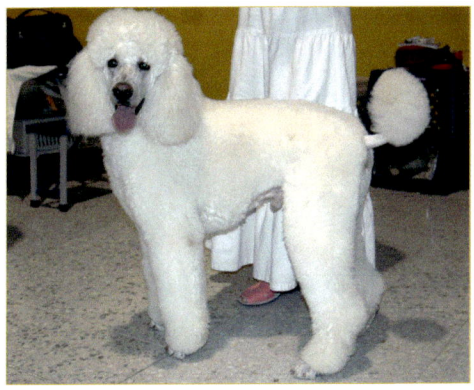

Ajustar el recorte en esta región con el nivel del pelo del cuello, de modo que no se marquen bordes entre el corte del cuello y el de la cabeza. Para dar redondez o curvatura a la parte superior del pelo, colocar las tijeras al mismo nivel del cuello e inclinarlas desde la parte superior del recorte. Apuntar hacia el centro de la cabeza, y manteniéndola al mismo nivel, girar con suavidad la cabeza de izquierda a derecha, alternativamente, mientras practica pequeños cortes contiguos hasta alcanzar la curvatura de pelo deseada.

Corte para exposición

Corte león *puppy clip*

🔟 Cortar con las tijeras el contorno de las patas traseras, y dar forma al pelo con las de corte. Escalar el pelo en la parte superior de la pata hasta unirlo al rasurado del cuerpo.

⓫ Cortar con las tijeras el pelo de las patas delanteras rectas y completamente redondas, hasta los codos superiores. Desde este punto, levantar el pelo con el peine o el cepillo, y aplicar las tijeras inclinadas hasta el nivel del rasurado del hombro, que se corta redondeado. Repetir este proceso en el hombro delantero.

⓬ Peinar y cepillar el pelo de la cola, sacudirla, y practicar un arreglo redondeado en forma de pompón.

⓭ Peinar y cepillar el pelo de la cabeza y el de las orejas; el recorte se realiza sobre la base de volumen que se haya dejado en la parte inferior de la cabeza.

Para recortar el pelo de la base de la cabeza, se realiza un primer recorte en la parte delantera frontal de la cabeza, y se continúa por los lados, aplicando las tijeras de forma vertical junto a las mejillas, hasta alcanzar el borde de la oreja. Después se inclina la cabeza hacia abajo y se sigue con el recortado por encima de cada oreja; se puede aprovechar la misma posición y girar con suavidad la cabeza hacia la izquierda, mientras se prosigue con el recorte desde el centro del borde superior de la oreja hacia la zona del centro del occipital.

  MATERIAL NECESARIO

✔ Cabezal cuchilla 0.15# o 10#, de OSTER*
✔ Cabezal cuchilla núms. 1.8 ó 2 mm, de AESCULAP*
✔ Carda de rodillos
✔ Cepillo universal
✔ Cortaúñas
✔ Gomas elásticas para el pelo
✔ Laca fijadora
✔ Líquido limpiador de oídos
✔ Máquina de rasurar OSTER A-5 o AESCULAP
✔ Peine de acero
✔ Pulverizador de agua
✔ Tijeras de escalar
✔ Tijeras

*Estas medidas corresponden a los equivalentes aproximados entre una y otra marca.

❶ Cepillar el pelo con el cepillo universal. Si encuentra enredos en el pelo, peinar con el cepillo y el peine hasta eliminar todos los nudos.

❷ Limpiar las orejas con un líquido limpiador adecuado, y secar después con un algodón protegido con gasa hidrófila.

Si es necesario, extraer los pelos que sobresalgan del interior de los oídos.

❸ Cortar las uñas con un cortaúñas de tipo tijera pero solo las puntas, para no dañar la vena.

❹ Con la máquina rasuradora, rasurar el pelo de los pies por completo hasta la altura de los espolones delanteros.

Elegir el cabezal de rasurado más adecuado; si la máquina es de tipo OSTER, entre los 0.15# o 10#. Si es una AESCULAP, elegir entre el cabezal de 1.8 o el de 2 mm.

Rasurar el bajovientre, el sexo, la base de la cola y alrededor del ano.

Practicar el rasurado de la cara y el hocico con el mismo cabezal.

❺ Se empieza por el rasurado del hocico, las mejillas y la barbilla, todas a contrapelo.

❻ El rasurado corporal se inicia en el perímetro de los costados del cuerpo, justo donde terminan las costillas y empieza el vientre. En esta zona se rasura a favor de pelo, del mismo modo que en los antebrazos delanteros. Las borlas pueden ser redondas o cilíndricas, pero son más recomendables las de forma redonda. El manto de la caja torácica se deja crecer de forma que la línea inferior llegue a dibujar un semicírculo que una el tórax con los codos.

El tamaño ideal se obtiene al cabo de unos cuantos meses de dejar crecer tan solo el pelo de la parte delantera del perro.

❼ Este corte se presenta rasurado en toda la parte trasera, adornado con borlas en los costados de las caderas.

En total se crean cuatro zonas rasuradas; la primera, el hocico y mejillas; la segunda, en la parte trasera, adosada a la caída final de las crines en el tronco y hasta la base de la cola, se dibuja un círculo de pelo dedicado a crear las borlas de las caderas; la tercera, en los pies, que se rasuran por completo hasta la altura de los metatarsos en las patas traseras, y en las delanteras hasta los metacarpos; y la cuarta y las más importante de cada una de estas zonas rasuradas, se refleja en la parte superior de las patas, por encima de la anillas.

Las patas delanteras deben ser rasuradas en todo su perímetro, desde el carpo hasta el codo, así como el pelo, que se encuentra entre los espacios rasurados de los pies y debajo de los carpos, con los que se crean las anillas redondeadas.

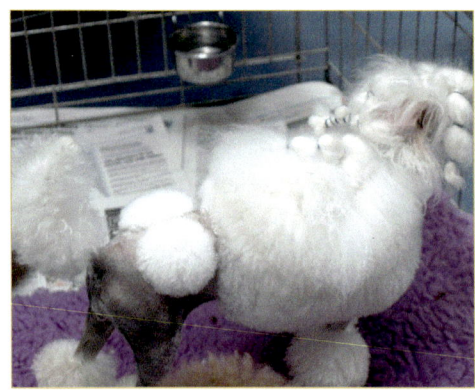

Las patas traseras deben rasurarse en todo su perímetro, desde el calcañar hasta las vértebras caudales, al igual que las patas delanteras. El pelo que se encuentra entre los espacios rasurados de los pies y los metatarsos se dedica para crear las anillas redondeadas.

❽ En la cabeza se practica una sujeción del pelo para que no caiga sobre los ojos.

Se trata de peinar el pelo de la cabeza, de un lado a otro, y mientras se sujeta con una mano para formar un gran mechón, se aplica una goma elástica, a la que se da varias vueltas en la base. Este mechón debe liberarse y peinarse cada día. Además, hay que humedecer con un pulverizador el pelo para evitar que se reseque.

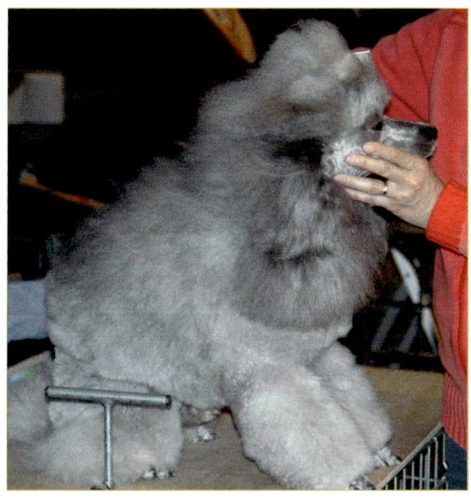

Corte león nórdico

 MATERIAL NECESARIO

- Cabezal cuchilla 0.15# o 10#, de OSTER*
- Cabezal cuchilla núms. 1.8 ó 2 mm, de AESCULAP*
- Carda de rodillos
- Cortaúñas
- Gomas elásticas para el pelo
- Laca fijadora
- Líquido limpiador de oídos
- Máquina de rasurar OSTER A-5 o AESCULAP
- Peine de acero
- Pulverizador de agua
- Tijeras
- Tijeras de escalar

*Estas medidas corresponden a los equivalentes aproximados entre una y otra marca.

Este modelo de corte es presentado como uno más moderno, aunque en realidad no es muy distinto al anterior. Nació más por necesidades climáticas que por razones estéticas, ya que en los países nórdicos el clima es muy frío y los animales lo pasan muy mal en las exposiciones de las temporadas de invierno con el pelo tan rasurado.

El desarrollo del corte nórdico pasa por la novedad de adquirir un corte de plataforma completamente plano en la parte superior del cuerpo, a partir de las crines delanteras y hasta la base de la cola, mientras en los costados del vientre se practica un recorte inclinado desde el borde hasta la línea inferior, dentro del espacio que se crea entre el borde de las crines y el pelo de las patas, lo que proporciona un aspecto de triángulo inverso. Las patas traseras, a partir del rasurado de los pies, adquieren forma cilíndrica hasta las rodillas y, a partir de este punto, son rectangulares.

En las patas delanteras y desde el rasurado de los pies, se practica el recorte cilíndrico sobre las mismas hasta los codos, punto en el que el pelo de la parte superior forma parte de las crines superiores que tienen un volumen mayor, cuyo recorte en ángulo ayuda a destacar. La borla de la cola se recomienda que sea un poco ovalada, en función de la longitud de la misma. En la cabeza también se practica una sujeción del pelo para que no caiga encima de los ojos. Se trata de peinar el pelo de la cabeza, de un lado a otro, y mientras se sujeta con una mano para formar un gran mechón, se aplica una goma elástica, a la que se da varias vueltas en la base. Este mechón debe liberarse y peinarse a diario. Además, hay que humedecer con un pulverizador el pelo para evitar que pueda resecarse en exceso.

Cocker Spaniel Americano

Corte comercial

 MATERIAL NECESARIO

- Cabezal cuchilla 0.15#, 10#, 7#, 5# y 4#, de OSTER*
- Cabezal cuchilla núms. 1.8, 2, 3, 5, 7 y 9 mm, de AESCULAP*
- Carda de rodillos
- Cepillo universal
- Cortaúñas
- Líquido limpiador de oídos
- Máquina de rasurar OSTER A-5 o AESCULAP
- Peine de acero
- Suavizante acondicionador
- Tijeras
- Tijeras de escalar

*Estas medidas corresponden a los equivalentes aproximados entre una y otra marca.

❶ Cepillar el pelo con el cepillo universal. Si encuentra enredos, antes de eliminarlos, vaporice el pelo con aceite de visón para evitar que este se rompa. Peinar con el cepillo y el peine, desenredando todos los nudos o enredos.

❷ Limpiar las orejas con un líquido limpiador adecuado, y secar después con un algodón protegido con gasa hidrófila.

❸ Cortar las uñas con un cortaúñas de tipo tijera pero solo las puntas, para no dañar la vena.

❹ Con la máquina rasuradora, cortar el pelo de los espacios plantares con mucho cuidado. Elegir el cabezal de rasurado más adecuado; si la máquina es de tipo OSTER, seleccionar entre los 0.15# o 10#. Si es una AESCULAP, elegir entre el cabezal de 1.8 o el de 2 mm.

Rasurar el bajovientre, el sexo, la base de la cola y alrededor del ano.

Rasurar las orejas por dentro y por fuera, la parte superior de las mismas hasta la mitad, dejando el pelo de la parte inferior intacto. Los bordes de los rasurados deben recortarse con las tijeras de corte.

Peine el pelo de la cabeza de atrás hacia delante. Elegir el cabezal de rasurado más adecuado; si la máquina es de tipo OSTER, seleccionar entre los 10# o 7#. Si es una AESCULAP, elegir entre el cabezal de 2, 3 o el de 5 mm.

Por encima de los ojos y justo detrás, a un centímetro de distancia, se encuentran las prominencias del cráneo. Aplicar el rasurado desde este punto y en toda la cabeza: los mentones, las mejillas, los belfos y en la caña nasal, hasta la garganta.

❺ Taponar los oídos de forma adecuada con tapones de algodón cubiertos de gasa.

❻ Antes de bañar al perro, aplicar un primer rasurado en toda la parte superior del Cocker Americano, incluida la cola, sea corta o larga (entonces solo en la parte superior), con una cuchilla con el cabezal más adecuado a la época del año que corresponda, elija entre los 7#, 5# o 4#, o su equivalente en AESCULAP de 7 ó 9 mm. Cepillar el pelo, alisándolo antes de aplicar la máquina, en dirección a la cola y el sobre de la mesa. A favor del pelo, empezar por detrás del hueso occipital y, avanzando por el cuello y los lados, en el pecho delantero aplicar el rasurado desde debajo de la garganta al esternón, para continuar hasta la línea de separación por el cuerpo inferior, por debajo del centro longitudinal del cuerpo. Cuando se llega a este punto, separar la máquina del cuerpo en el aire, siguiendo la misma dirección, con el pelo enganchado a los dientes de la esquiladora. A medida que la máquina se aleja del cuerpo, este se suelta despacio al principio, y más rápidamente después, formando una línea casi recta imperceptible y divisoria del rasurado con respecto al pelo que queda intacto por debajo de este punto. Continuar con esta técnica desde el centro del pecho delantero hasta el final de la masa ósea de la parte inferior del cuerpo.

❼ Peinar todo el pelo del animal con el peine metálico, asegurándose de que no hay nudos cercanos a la piel.

❽ Bañar y secar al animal, ahuecando el pelo de toda la parte inferior del animal.

Desde la parte superior, cepillar el pelo, alisándolo al mismo tiempo que se seca, en dirección a la mesa.

❾ Cortar con las tijeras el pelo de las patas que toca el suelo completamente en redondo. Si es necesario recortar el pelo de los faldones, antes peinar el pelo hacia abajo, y realizar un primer recorte. Repetir el mismo proceso con las tijeras de escalar hasta conseguir una apariencia natural.

❿ Con la máquina y el cabezal que se utilizó durante el primer rasurado, aplicar un repaso del mismo, levantando el pelo primero con el cepillo a contrapelo y después aplicando la máquina en la misma dirección en la que crece el pelo, solo hasta el centro longitudinal del cuerpo. Cuando se llega a este punto, separar la máquina del cuerpo en el aire, siguiendo la misma dirección, con el pelo enganchado a los dientes

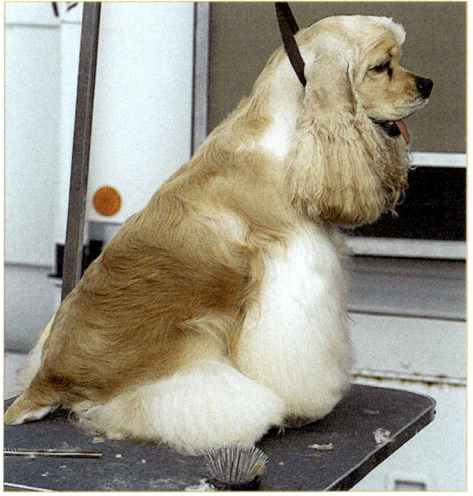

de la esquiladora. A medida que la máquina se aleja del cuerpo, este se suelta despacio al principio, y más rápidamente después, formando una línea casi recta imperceptible y divisoria del rasurado con respecto al pelo que queda intacto por debajo de este punto.

⓫ Cortar con las tijeras el pelo de las patas que sobresale de entre los dedos, en un arreglo curvado en forma de pie de gato. Si es necesario, recortar el pelo de los faldones; peinar antes el pelo hacia abajo, y practicar un primer recorte. Repetir el mismo proceso con las tijeras de escalar hasta conseguir una apariencia natural. Si la cola es larga, después de repasar la parte superior con la máquina, peinar el pelo y recortar las puntas para igualarlas.

⓬ Para recortar y sanear el pelo del interior de las patas traseras con las tijeras, antes es conveniente peinar el pelo de los muslos; después sujetar el pie y levantarlo hacia el lado exterior, lo suficiente como para que la inclinación de la pierna permita ver el pelo que cuelga de la cara interna del muslo. Peinar el pelo hacia abajo y practicar un primer recorte, colocando las tijeras al lado del pie y en dirección al cuerpo. Ha de comprobarse que la separación de las tijeras con respecto al pie sea lo bastante amplia como para que el pelo que quede después del recorte sea más voluminoso en la parte baja de la pata que en la superior, formando una pared recta y vertical en el interior del muslo. Repasar el corte con las tijeras de escalar hasta conseguir una apariencia natural.

⓭ En las patas delanteras, aplicar las tijeras en las crines traseras de las mismas. Para poder ver el pelo, situarse delante del animal y levantarle una de las patas hacia delante. Cepillar y peinar el pelo hasta que cuelgue completamente suelto. Realizar el recorte desde el pie y en línea recta hasta el codo. Si el pelo de la parte superior de la pata es más largo que en la inferior, el arreglo es incorrecto. Es necesario entonces aplicar las tijeras de arriba abajo para igualarlo.

Si después se repite la operación con las tijeras de escalar, se pueden corregir los errores realizados con las tijeras de corte.

⓮ En la cabeza, aplicar el repaso del rasurado con la cuchilla del 10#, o su equivalente de la marca AESCULAP a 2 cm por detrás del pelo que se destina al flequillo, se debe peinar hacia delante y recortarlo, apoyando las tijeras en la frente, desde un extremo al otro de la misma, hasta conseguir una apariencia pulida definitiva.

Corte para exposición

Los cuidados del Cocker Spaniel Americano para exposición empiezan a partir de los cinco meses de edad.

MATERIAL NECESARIO

- Cabezal cuchilla 0.15# o 10#, de OSTER*
- Cabezal cuchilla núms. 1.8 ó 2 mm, de AESCULAP*
- Cepillo de cerda natural
- Cepillo universal
- Cortaúñas
- Lima metálica de uñas
- Máquina de rasurar OSTER A-5 o AESCULAP
- Navaja de *stripping*
- Peine de acero
- Tijeras de corte
- Tijeras de escalar

*Estas medidas corresponden a los equivalentes aproximados entre una y otra marca.

❶ Por razones genéticas, en algunos individuos de esta raza el pelo presenta una capa extra de vello que sobresale por encima del pelo habitual. Este vello extorsiona la belleza natural del Cocker, y es penalizado en las exposiciones, por lo que se hace necesaria su supresión, que puede practicarse de tres maneras diferentes. En la primera se utiliza la máquina de rasurar, lo cual es contradictorio en animales que van a ser expuestos. La segunda se realiza con las tijeras de escalar; se practican los mordiscos necesarios previos, y después se peina para comprobar si el vello ha desaparecido. El problema es que el tallo inferior sigue presente y consume parte del color del resto del pelaje. Cuando la cola es larga y sin amputación, el arreglo solo se realiza en la parte superior. La tercera opción es aplicar la extracción con la navaja de *stripping*. De este modo es extraído de raíz, y deja de consumir nutrientes que se repartirán el resto del pelaje y de la piel, lo que favorece una mejora de la pigmentación.

❷ La fórmula de arreglar al Cocker Spaniel Americano se diferencia básicamente en que para reducir el tamaño del pelo se utilizan las

tijeras de escalar, reduciendo la densidad y el volumen. Estas operaciones se repiten cada tres o cuatro meses a lo largo del año, procurando que el arreglo se haga cuatro semanas antes de cualquier exposición.

El día antes de la exposición se efectúan los siguientes pasos: en primer lugar, cortar las uñas con un cortaúñas de tipo tijera, pero solo las puntas para no dañar la vena. Si se astilla alguna uña, límela con una lima metálica. En segundo lugar se rasuran con la cuchilla de cabezal 10#, de OSTER, o su equivalente de AESCULAP los siguientes espacios: los plantares, las orejas, el bajovientre y el sexo.

Taponar los oídos convenientemente con tapones de algodón recubiertos de gasa.

Lavar con un champú especial para pelo largo, y aplicar dos enjabonadas. En el último aclarado, usar un suavizante acondicionador de pelo. Secar al animal con secador, ahuecando con el cepillo el pelo de la parte inferior del animal.

Desde la parte superior, cepillar el pelo, alisándolo al mismo tiempo que se seca, en dirección al sobre de la mesa. Después peinar todo el pelo del animal con el peine metálico,

asegurándose que no queden nudos cercanos a la piel.

❸ Cortar con las tijeras el pelo de las patas que toca el suelo completamente en redondo. No es conveniente recortar el pelo de los faldones este día pero, si es necesario, se puede peinar antes el pelo hacia abajo, y practicar un primer recorte después. Repetir el mismo proceso con las tijeras de escalar hasta conseguir una apariencia natural.

❹ Con las tijeras de corte, recortar los pelos que rodean los espacios plantares en forma de media luna, en las cuatro patas.

También se puede presentar con los dedos rasurados, en la parte delantera, pero solo en el espacio de la primera falange de cada dedo, pues el resto del pelo de la pata debe cubrir esta zona sin que se note desde el exterior.

❺ El pelo de las orejas debe ser conservado en perfectas condiciones hasta que llegue el momento de salir al *ring*. Después de peinar al animal convenientemente, hay que ponerle una braga bufanda en el cuello para evitar que se manche las orejas mientras come, bebe, juega, etc.

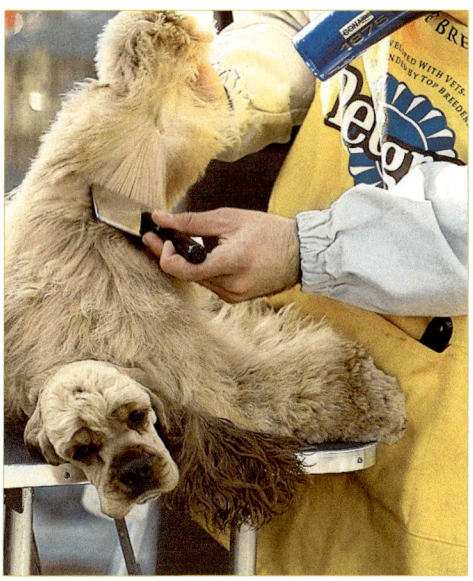

Cocker Spaniel Inglés

Corte comercial

> **MATERIAL NECESARIO**
>
> ✓ Cabezal cuchilla 0.15#, 10#, 7#, 5# y 4#, de OSTER*
> ✓ Cabezal cuchilla núms. 1.8, 2, 3, 5, 7 y 9 mm, de AESCULAP*
> ✓ Carda de rodillos
> ✓ Cepillo universal
> ✓ Cortaúñas
> ✓ Líquido limpiador de oídos
> ✓ Máquina de rasurar OSTER A-5 o AESCULAP
> ✓ Peine de acero
> ✓ Suavizante acondicionador
> ✓ Tijeras
> ✓ Tijeras de escalar
>
> *Estas medidas corresponden a los equivalentes aproximados entre una y otra marca.

❶ Cepillar el pelo con el cepillo universal. Si encuentra enredos, antes de eliminarlos, vaporice el pelo con aceite de visón para evitar que se rompa. Ya se puede peinar con el cepillo y el peine para desenredar los nudos.

❷ Limpiar las orejas con un líquido limpiador adecuado, y secar después con un algodón protegido con gasa hidrófila.

❸ Cortar las uñas con un cortaúñas de tipo tijera, pero solo las puntas para no dañar la vena.

❹ Con la máquina rasuradora, cortar el pelo de los espacios plantares con mucho cuidado. Elegir el cabezal de rasurado más adecuado; si la máquina es de tipo OSTER, entre los 0.15# o 10#. Si es una AESCULAP, elegir entre el cabezal de 1.8 ó 2 mm.

Rasurar el bajovientre, el sexo, la base de la cola y alrededor del ano.

Rasurar las orejas solo por dentro y en los alrededores de las entradas de los pabellones auriculares, dejando intacto el pelo restante de las orejas.

Peinar el pelo de la cabeza de atrás hacia delante. Después elegir el cabezal de rasurado más adecuado; si la máquina es de tipo OSTER, entre los 10# o 7#. Si es una AESCULAP, elegir entre el cabezal de 2, el de 3 o el de 5 mm.

Por encima de los ojos y justo detrás, a un centímetro de distancia, se encuentran las prominencias del cráneo. Aplicar el rasurado desde este punto y en toda la cabeza: mentones, mejillas, belfos y caña nasal, hasta la garganta.

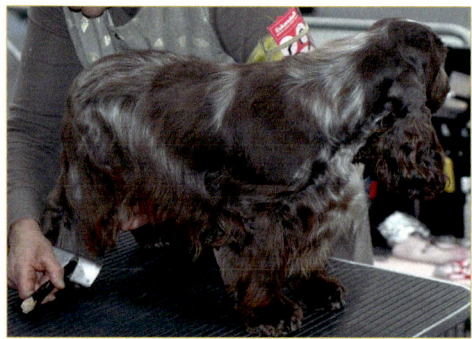

❺ Antes de bañar al perro, aplicar un primer rasurado en toda la parte superior del Cocker Spaniel, incluida la cola, ya sea corta o larga (solo en la parte superior), con una cuchilla con el cabezal más adecuado a la época del año que corresponda. Elegir entre la de 7#, 5# o 4#, o su equivalente en AESCULAP, 5, 7 ó 9 mm. Cepillar el pelo, alisándolo antes de aplicar la máquina en dirección a la cola y al sobre de la mesa. A favor del crecimiento del pelo y empezando por detrás del hueso occipital, se avanza por el cuello y sus lados; en el pecho delantero, el rasurado se aplica desde debajo de la garganta hasta el esternón, marcando una línea de separación por el cuerpo desde este punto hasta la base de la cola, en el centro longitudinal del cuerpo. Cuando se llega a este punto, separar la máquina del cuerpo en el aire, siguiendo la misma dirección, con el pelo enganchado a los dientes de la esquiladora. A medida que la máquina se aleja del cuerpo, este se suelta despacio al principio, y más rápidamente después, formando una línea casi recta imperceptible y divisoria del rasurado con respecto al pelo que queda intacto por debajo de este punto.

❻ Peinar todo el pelo del animal con el peine metálico, para asegurarse de que no hay nudos cercanos a la piel.

Taponar los oídos convenientemente con tapones de algodón recubiertos de gasa.

❼ Bañar y secar con cuidado al perro, ahuecando el pelo de toda la parte inferior del cuerpo del animal.

Desde la parte superior, cepillar el pelo, alisándolo al mismo tiempo que se seca, en dirección al sobre de la mesa. Después peinar todo el pelo del animal con el peine metálico, hasta haber comprobado que no hay nudos o enredos próximos a la piel.

❽ Cortar con las tijeras el pelo de los pies que toca el suelo completamente en redondo. Si es necesario recortar el pelo de los faldones, antes peinar el pelo hacia abajo, y realizar un primer recorte. Repetir el mismo proceso con las tijeras de escalar hasta conseguir una apariencia natural.

❾ Con la máquina y el cabezal que se utilizó durante el primer rasurado, aplicar un nuevo repaso, levantando el pelo primero con el cepillo a contrapelo, y después aplicando la máquina en la misma dirección en la que crece el pelo, pero solo hasta el centro longitudinal del cuerpo. Cuando se llega a este punto, hay que separar la máquina del cuerpo en el aire, siguiendo la misma dirección, con el pelo enganchado a los dientes de la esquiladora. A medida que la máquina se aleja del cuerpo, este se suelta despacio al principio, y más rá-

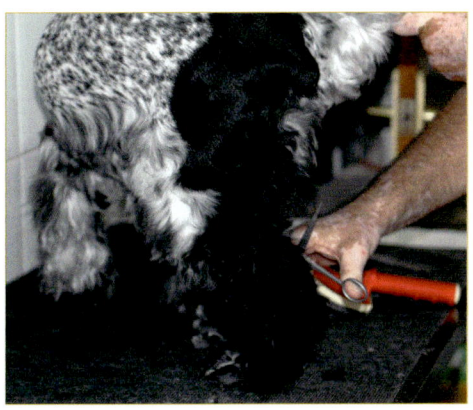

pidamente después, formando una línea casi recta imperceptible, que divide el rasurado con respecto al pelo que queda intacto por debajo de este punto.

❿ Cortar con las tijeras el pelo de las patas que sobresale de entre los dedos, en un arreglo curvado en forma de pie de gato. Si es necesario, recortar el pelo de los faldones, pero antes peinar el pelo hacia abajo, y practicar un primer recorte. Repetir este mismo proceso con las tijeras de escalar hasta conseguir una apariencia natural.

⓫ Para recortar y sanear el pelo del interior de las patas traseras con las tijeras, antes es conveniente peinar el pelo de los muslos; después sujetar el pie y levantarlo hacia el lado exterior, lo suficiente como para que la inclinación de la pierna permita ver el pelo que cuelga de la cara interna del muslo. Peinar el pelo hacia abajo y

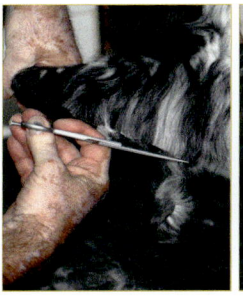 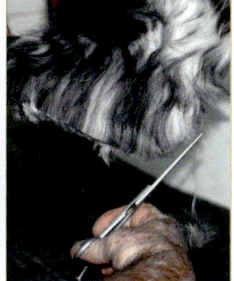

practicar un primer recorte, colocando las tijeras al lado del pie y en dirección al cuerpo. Ha de comprobarse que la separación de las tijeras con respecto al pie sea lo bastante amplia como para que el pelo que quede después del recorte sea más voluminoso en la parte baja de la pata que en la superior, formando una pared recta y vertical en el interior del muslo.

Repasar el corte con las tijeras de escalar hasta conseguir una apariencia natural.

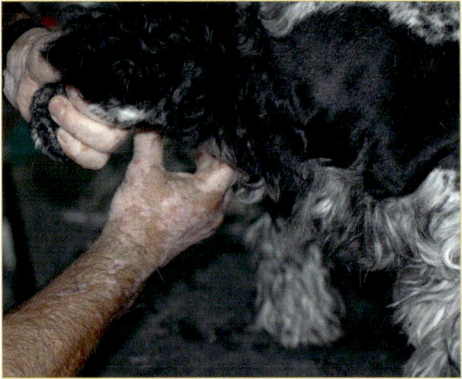

12 En las patas delanteras, aplicar las tijeras en las crines traseras de las patas. Para poder comprobar el estado del pelo, hay que situarse delante del animal y levantarle una de las patas hacia delante. Cepillar y peinar el pelo hasta que cuelgue completamente suelto. Aplicar el recorte desde el pie, y en línea recta, hasta el codo. En esta postura de la pata un tanto inclinada, debe iniciarse el recorte desde el pie y, a medida que se avanza, ha de separarse cada vez más de la pata. De esta forma, el pelo de la parte superior de la misma tiene que ser más largo que el de la inferior, para que el arreglo pueda considerarse correcto.

Si después se repite la operación con las tijeras de escalar, se pueden corregir los errores de las tijeras de corte.

Después repetir esta técnica con el pelo de la otra pata.

13 En la cabeza se aplica el repaso del rasurado, con la cuchilla que se utilizó antes del baño, hasta conseguir una apariencia pulida.

14 El volumen de la cola se puede reducir aplicando la máquina con el mismo cabezal con que se arregla el cuerpo.

Es decir, se aplica en la parte superior y en los costados de la cola, si esta es larga y sin amputaciones. En la parte inferior se pulen las puntas, triangulando el pelo desde atrás hacia delante, de modo que parezca una vela colgada.

Corte para exposición

Los cuidados del Cocker para exposición empiezan a partir de los cinco meses de edad.

 MATERIAL NECESARIO

✔ Cabezal cuchilla 0.15# o 10#, de OSTER*
✔ Cabezal cuchilla núms. 1.8 ó 2 mm, de AESCULAP*
✔ Carda de rodillos
✔ Cepillo de cerda natural
✔ Cepillo universal
✔ Cortaúñas
✔ Lima metálica de uñas
✔ Máquina de rasurar OSTER A-5 o AESCULAP
✔ Navaja de *stripping*
✔ Peine de acero
✔ Tijeras de corte
✔ Tijeras de escalar

*Estas medidas corresponden a los equivalentes aproximados entre una y otra marca.

1 En algunos individuos del Cocker Spaniel Inglés, y por razones genéticas, el pelo presenta una capa extra de vello que sobresale por encima del habitual. Este vello compromete la belleza natural del perro, que puede sufrir penalizaciones en las exposiciones, por lo que se recomienda su supresión. Esta se puede practicar de tres maneras:

- En la primera se utiliza la máquina de rasurar, lo cual es contradictorio en animales que van a ser expuestos.

- La segunda se realiza con las tijeras de escalar; se practican los mordiscos necesarios previos, y después se peina para comprobar si el vello ha desaparecido. El problema es que el tallo inferior sigue presente y consume parte del color del resto del pelaje.
- La tercera opción es usar en la extracción la navaja de *stripping*. De este modo es extraído de raíz y deja de consumir nutrientes que se repartirán el resto del pelaje y la piel, lo que supone una mejora en la pigmentación.

❷ La fórmula de arreglar al Cocker Inglés se diferencia básicamente en que para disminuir el tamaño del pelo se utilizan las tijeras de escalar, reduciendo la densidad y el volumen. Estos cuidados se repiten cada tres o cuatro meses a lo largo del año, procurando que esta operación se realice cuatro semanas antes de cualquier exposición.

Para el día antes de la exposición se efectúan los siguientes pasos:
- Primero, cortar las uñas con un cortaúñas de tipo tijera, pero tan solo las puntas de las uñas para evitar dañar la vena. Si queda alguna astilla de uña, límela con una lima metálica hasta eliminarla. Limpiar las orejas con un líquido limpiador para tal efecto, y secar después con un algodón protegido con gasa hidrófila.
- En segundo lugar es necesario un lavado con un champú especial para pelo largo, y aplicar dos enjabonadas. El suavizante acondicionador de pelo se utiliza en el último aclarado. Secar al animal con el secador, ahuecando con el cepillo el pelo de toda la parte inferior. Desde la parte superior, cepillar el pelo, alisándolo al mismo tiempo que se seca, en dirección a la mesa. Después peinar todo el pelaje con el peine metálico, para asegurarse de que no hay nudos o enredos cerca de la piel.

❸ Cortar con las tijeras el pelo de las patas que toca el suelo completamente en redondo. Si es necesario recortar el pelo de los faldones, antes peinar el pelo hacia abajo, y realizar un

primer recorte. Repetir el mismo proceso con las tijeras de escalar hasta conseguir una apariencia natural.

❹ Con la máquina rasuradora, cortar el pelo de los espacios plantares con mucho cuidado. Elegir el cabezal de rasurado más adecuado; si la máquina es de tipo OSTER, entre los 0.15# o 10#. Si se trata de una AESCULAP, elegir entre el cabezal de 1.8 o el de 2 mm.

Rasurar el bajovientre, el sexo, la base de la cola y alrededor del ano.

Rasurar las orejas solo por dentro y en los alrededores de las entradas de los pabellones auriculares, dejando intacto el pelo restante de las orejas.

❺ Con las tijeras de corte, recortar los pelos de los pies.

❻ Para reducir el volumen de la cola se pueden utilizar las tijeras de escalar. Es decir, se aplica tanto en la parte superior como en los costados de la cola, si es larga y sin amputaciones. En la parte inferior se reducen las puntas, triangulando el pelo desde atrás hacia delante, de modo que parezca una vela colgada.

❼ El pelo de las orejas debe ser conservado en perfectas condiciones hasta que llegue el momento de salir al *ring*. Después de peinar al animal convenientemente, hay que ponerle una braga bufanda en el cuello para evitar que se manche las orejas mientras come, bebe, juega, etcétera.

Coton de Tuléar

MATERIAL NECESARIO

- Aceite de visón o de coco en spray
- Cabezal cuchilla 15# o 10#, de OSTER*
- Cabezal cuchilla núms. 1.8 ó 2 mm, de AESCULAP*
- Carda de rodillos
- Cepillo de cerdas naturales
- Cepillo universal
- Cortaúñas
- Líquido limpiador de oídos
- Máquina de rasurar OSTER A-5 o AESCULAP
- Peine de acero
- Tijeras
- Tijeras de escalar

*Estas medidas corresponden a los equivalentes aproximados entre una y otra marca.

1 Cepillar el pelo con el cepillo universal. Si encuentra enredos, antes de eliminarlos, vaporice el pelo con aceite de coco para evitar que se rompa. Después peinar con el cepillo y el peine hasta desenredar todos los nudos o enredos.

2 Limpiar las orejas con un líquido limpiador adecuado, y secar después con un algodón protegido con gasa hidrófila.

3 Cortar las uñas con un cortaúñas de tipo tijera, pero solo las puntas para no dañar la vena.

4 Con la máquina de rasurar con una cuchilla de cabezal 0.15# o 10#, si es de la marca OSTER; si es una AESCULAP, utilice el del 1.8 o el de 2 mm.

Rasurar el bajovientre, el sexo, y alrededor del ano, con el mismo cabezal de la cuchilla. Con este, rasurar los pelos de los espacios plantares de los pies.

5 Taponar los oídos convenientemente con tapones de algodón recubiertos de gasa.

6 Bañar al animal dos veces y después aplicar suavizante acondicionador.

Secar al perro, ahuecando el pelo de toda la parte inferior del animal.

En la parte superior, cepillar el pelo, alisándolo al mismo tiempo que se seca, en dirección al sobre de la mesa.

7 Peinar todo el pelo del animal con el peine metálico, para asegurarse de que no hay nudos cercanos a la piel.

8 Cortar con las tijeras los pelos que rodean los pies.

9 Peinar el pelo de la cabeza en todas las direcciones, para que acaben por reposar a ambos lados de la cabeza.

10 Con las tijeras de escalar, eliminar el exceso de pelo, sobre todo si está manchado de color rojo granate en el borde inferior de los ojos en contacto con el hocico.

11 Con el peine, marcar una línea que divida en dos mitades hacia abajo el pelo, desde la

parte superior de la cabeza hasta la base de la cola. Peinar y aplicar un poco de aceite de visón, peinándolo hacia abajo.

⓬ Cortar con las tijeras si es necesario igualar las puntas sueltas del pelo y recortar el pelo de los faldones. Antes peinar el pelo hacia abajo y practicar un primer recorte. Repetir el mismo con las tijeras de escalar hasta conseguir una apariencia natural.

⓭ Vaporizar un poco de aceite de visón para ayudar a conservar el pelo de la cabeza, y con la ayuda del peine dividir en dos mitades el que se encuentra entre las dos orejas y encima de los ojos, peinando el pelaje a cada lado de la parte superior de la cabeza.

Después hacer lo mismo en el pelo desde una oreja hasta el centro posterior del hueso occipital para formar un mechón.

Sostener el pelo con una mano en el centro de la cabeza, mientras con la otra se dobla el pelo del mechón por la mitad y se inserta una goma elástica especial, que ha de enrollar el mechón hasta cuatro vueltas. Debe procurarse que el pelo del mechón no estire de la piel. Para ocultar la goma, se puede aplicar un lazo decorativo.

Repetir la operación en el otro lado de la cabeza, situando el mechón doblado a la misma altura que el anterior, y realizando dos coletas firmes y estéticas.

⓮ Con el acondicionador del pelo se consigue mantener el pelaje en unas condiciones óptimas de conservación. En cualquier caso, es necesario cepillar el pelo del animal tres veces a la semana, para evitar la creación de nuevos nudos o enredos.

Nota: El Coton de Tuléar se puede bañar una vez al mes. Se debe comprobar cada mes el estado de las uñas, por si es necesario recortarlas.

Fox Terrier de pelo duro

Corte comercial

 MATERIAL NECESARIO

- Cabezal cuchilla 0.15#, 10#, 7#, 5# y 4#, de OSTER*
- Cabezal cuchilla núms. 1.8, 2, 5, 7 y 9 mm, de AESCULAP*
- Carda de rodillos
- Cepillo universal
- Cortaúñas
- Líquido limpiador de oídos
- Máquina de rasurar OSTER A-5 o AESCULAP
- Peine de acero
- Tijeras
- Tijeras de escalar

*Estas medidas corresponden a los equivalentes aproximados entre una y otra marca.

❶ Cepillar el pelo con el cepillo universal. Después peinar con el peine y eliminar todos los nudos.

❷ Limpiar las orejas con el líquido limpiador, y secar con un algodón protegido con gasa hidrófila.

❸ Cortar las uñas con un cortaúñas de tipo tijera, pero solo las puntas para no dañar la vena.

❹ Con la máquina rasuradora, cortar el pelo de las orejas por dentro y por fuera, reservando los bordes para recortarlos con las tijeras.
Elegir el cabezal de rasurado más adecuado; si la máquina es de tipo OSTER, entre los 0.15# o 10#. Si es una AESCULAP, elegir entre el cabezal de 1.8 o el de 2 mm.
Después de aplicar el rasurado, recortar los bordes de las orejas con las tijeras de corte.
Con la máquina y el mismo cabezal, rasurar los pelos de los espacios plantares de los pies, también los pelos del bajovientre, el sexo y alrededor del ano.

Peinar el pelo de la cabeza de atrás hacia delante. Elegir el cabezal de rasurado más adecuado; si la máquina es de tipo OSTER, entre los 7# o 5#. Si es una AESCULAP, elegir entre el cabezal de 3 o el de 5 mm.
Por encima de los ojos y justo detrás, a un centímetro de distancia, se encuentran las prominencias del cráneo. Aplicar el rasurado desde este punto hasta la base del cráneo, en la parte superior. En las mejillas aplicar el rasurado desde el extremo exterior de los ojos hasta el borde de las orejas.
Desde el mismo punto exterior de los ojos, girar la máquina y rasurar hacia abajo, sin tocar las barbas delanteras ni los labios, hasta los mentones inferiores, pasando por la garganta. El rasurado de los dos lados de la cabeza se detiene en este mismo punto.

❺ Cambiar el cabezal de la cuchilla de la máquina y aplicar la más adecuada, entre los tamaños 5 y 7 mm, de la AESCULAP, o 4#, de OSTER. Empezar el rasurado del cuerpo desde la base del cráneo hasta la cola, pasando por los lados del cuello, los hombros y los codos. Rasurar hacia abajo, en los lados del cuerpo y los flancos, y marcar una línea de separación del rasurado al nivel de los codos superiores. Desde el lomo, descender otra línea de separación hasta las caderas y las ingles. Cortar después la cola, a favor del pelo, y descender el rasurado por el trasero del animal.

❻ Bañar y secar al perro, ahuecando el pelo de las patas y las barbas.

❼ Levantar el pelo del rasurado en la cabeza, con el cepillo y a contrapelo, y aplicar la cuchilla del cabezal que utilizó antes del baño en cada zona rasurada; se ha de igualar el rasurado de todas las zonas, y marcar de forma uniforme los bordes tanto de hombros como de caderas.

Fox Terrier de pelo duro

el pecho delantero y en el bajopecho, para dar contorno al cuerpo de forma inclinada.

❸ Seguir cortando el contorno de las patas traseras, y dar forma al pelo con las tijeras de escalar, para unir de forma uniforme el pelo de la pata con el rasurado del cuerpo.

❹ Cortar ligeramente con las tijeras de escalar el pelo del pecho delantero, peinándolo hacia delante y cortándolo en vertical.

❺ Cortar con las tijeras los bordes exteriores de los pies y redondearlos.

Nota: El Fox Terrier debe arreglarse y bañarse cada seis u ocho semanas.

Corte para exposición

 MATERIAL NECESARIO

✓ Cabezal cuchilla 0.15# o 10#, de OSTER*
✓ Cabezal cuchilla núms. 1.8 ó 2 mm, de AESCULAP*
✓ Cepillo universal
✓ Lima metálica de uñas
✓ Líquido limpiador de oídos
✓ Máquina de rasurar OSTER A-5 o AESCULAP
✓ Navajas de *stripping*
✓ Peine de acero
✓ Tijeras de ahuecar de dos caras
✓ Tijeras de corte
✓ Tijeras de escalar

*Estas medidas corresponden a los equivalentes aproximados entre una y otra marca.

❽ Cortar con las tijeras los bordes de las orejas, en ambos lados, hasta conseguir una apariencia pulida.

❾ Peinar el pelo de las cejas hacia delante, eliminando con las tijeras el exceso de pelo entre las mismas. Dar la forma de una «V» a cada ceja, y aplicar con las tijeras dos cortes en forma de «X» en el stop. Cortar las cejas en diagonal, desde el borde exterior hasta el centro, dejando un mechón de pelo más largo en el extremo interior de cada ceja.

❿ Eliminar el exceso de pelo en la parte superior del hocico con las tijeras de escalar.

⓫ Peinar la barba hacia delante y reducir la línea que va desde el extremo de la ceja hasta la comisura posterior de la boca. Los pelos próximos a esa zona se peinan hacia atrás, aplicando un corte en cada lado, en diagonal desde el centro de la mandíbula inferior hasta el borde de la ceja.

⓬ Cortar con las tijeras el pelo de las patas delanteras, llenas y rectas, de forma que queden completamente redondas hasta los codos superiores. Desde este punto, levantar el pelo con el peine y aplicar las tijeras inclinadas hasta el nivel rasurado del hombro, que se corta rodeándolo. Utilizar la misma técnica en

❶ Cepillar el pelo con el cepillo universal. Después peinar con el peine y eliminar los nudos.

❷ Aplicar líquido limpiador en el interior de los oídos, y limpiarlos y secarlos de inmediato. Se puede aprovechar este momento para extraer los pelos que sobresalgan del interior.

❸ Con la máquina rasuradora, cortar el pelo de las orejas por dentro y por fuera, reservando los bordes para recortarlos con las tijeras. Elegir el cabezal de rasurado más adecuado; si la máquina es de tipo OSTER, entre los 0.15#

93

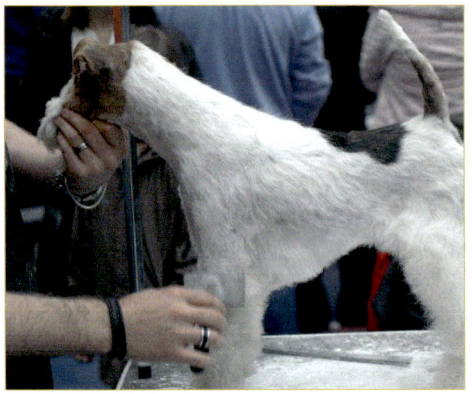 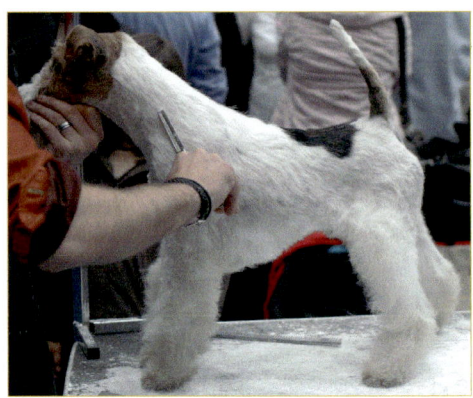

o 10#. Si es una AESCULAP, elegir entre el cabezal de 1.8 o el de 2 mm.

Después de aplicar el rasurado, recortar los bordes de las orejas con las tijeras de corte.

Con la máquina y el mismo cabezal, rasurar los pelos de los espacios plantares en los pies, los pelos del bajovientre, el sexo y alrededor del ano.

❹ Peinar el pelo de la cabeza de atrás hacia delante. Elegir el cabezal de rasurado más adecuado; si la máquina es de tipo OSTER, entre los 7# o 5#. Si es una AESCULAP, elegir entre el cabezal de 3 o el de 5 mm.

Por encima de los ojos y justo detrás, a un centímetro de distancia, se encuentran las prominencias del cráneo. Aplicar el rasurado desde este punto hasta la base del cráneo, en la parte superior. En las mejillas aplicar el rasurado desde el extremo exterior de los ojos hasta el borde de las orejas.

Desde el mismo punto exterior de los ojos, girar la máquina y rasurar hacia abajo, sin tocar las barbas delanteras ni los labios, hasta los mentones inferiores, pasando por la garganta. Detener el rasurado de los dos lados de la cabeza en este mismo punto.

❺ Rasurar con la cuchilla de cabezal 15# o equivalente de AESCULAP, de 1.8 ó 2 mm. el bajovientre, el sexo, el borde del ano y los espacios plantares.

❻ Desde el occipital, extraer el pelo del cuello superior con la navaja de *stripping*, y descender por los lados del cuello, igualando la proporción de pelo en ambos lados con la zona superior. Continuar la extracción por la parte superior del tronco y los costados del cuerpo, con especial atención para hacer desaparecer todo el pelo lanoso, y que solo se aprecie el brillante. No es tan importante que el pelo quede cortado al mismo nivel, ya que después del lavado se puede nivelar con la ayuda de las tijeras de escalar y la navaja de escalar.

❼ En la cola también se utiliza la técnica del *stripping*, tanto si es larga como corta.

Cepillar el pelo de las patas y el de las barbas, taponar los oídos, y bañar al animal con un champú especial de pelo duro; dejar actuar unos minutos, y enjuagar con agua tibia y aclarar.

Con suavidad y la ayuda del secador, secar al animal. Mientras se secan las patas, las barbas y las cejas, peinar y ahuecar el pelo de todas esas zonas.

❽ Peinar las extremidades de la patas, sacudirlas con suavidad, y recortar el pelo que toca el suelo con las tijeras de peluquería.

❾ Peinar con la navaja de *stripping*, sin llegar a profundizar en el pelo de las patas; recortar las puntas de los pelos que sobresalgan para igualar la línea de las patas.

Galgo Afgano

Tratamiento o peinado comercial

MATERIAL NECESARIO

- Aceite de visón o de coco en spray
- Cabezal cuchilla 0.15# o 10#, de OSTER*
- Cabezal cuchilla núms. 1.8 ó 2 mm, de AESCULAP*
- Cepillo universal
- Peine de acero
- Líquido limpiador de oídos
- Cortaúñas
- Suavizante acondicionador
- Braga bufanda tubular
- Máquina de rasurar OSTER A-5 o AESCULAP
- Tijeras
- Tijeras de escalar

*Estas medidas corresponden a los equivalentes aproximados entre una y otra marca.

1 Cepillar el pelo con el cepillo universal. Si encuentra enredos, antes de eliminarlos, vaporice el pelo con aceite de visón para evitar que se rompa. Peinarlo después con el cepillo y el peine, para desenredar todos los nudos.

2 Limpiar las orejas con un líquido limpiador adecuado, y secar a continuación con un algodón protegido con gasa hidrófila.

3 Cortar las uñas con un cortaúñas de tipo tijera, pero solo las puntas para no dañar la vena.

4 Elegir el cabezal de rasurado más adecuado; si la máquina es de tipo OSTER, entre los 0.15# o 10#. Si se trata de una AESCULAP, elegir entre el cabezal de 1.8 o el de 2 mm.
Con la máquina y el mismo cabezal, rasurar los pelos de los espacios plantares de los pies, los pelos del bajovientre, el sexo y alrededor del ano.

5 Taponar los oídos convenientemente con tapones de algodón recubiertos de gasa.

6 Bañar al animal dos veces y después aplicar suavizante acondicionador.
Secar al perro, alisando el pelaje de todo el cuerpo.
En la parte superior, cepillar el pelo, alisándolo al mismo tiempo que se seca, en dirección al a la mesa.

7 Peinar todo el pelo del animal con el peine metálico, para asegurarse de que no hay nudos cercanos a la piel.

8 Cortar con la tijera los bordes de los pies, redondeándolos.

9 Peinar el pelo de la cabeza, marcando una línea recta desde la punta de la nariz hasta el hueso posterior del cráneo.

10 Eliminar el exceso de pelo en el borde inferior de los ojos en contacto con el hocico, con las tijeras de escalar.
Con las mismas tijeras, morder y retirar el vello que sobresalga por encima del pelo de la parte

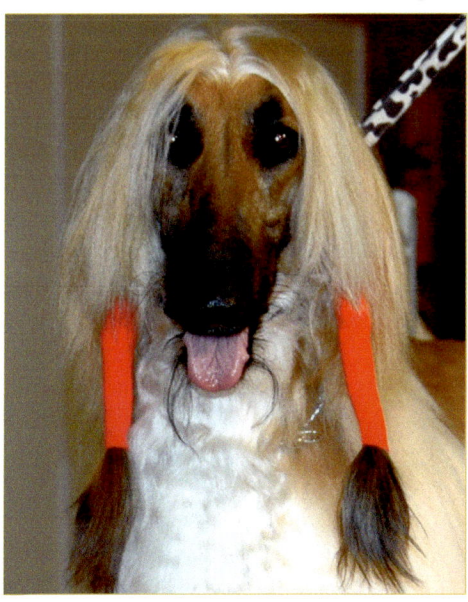

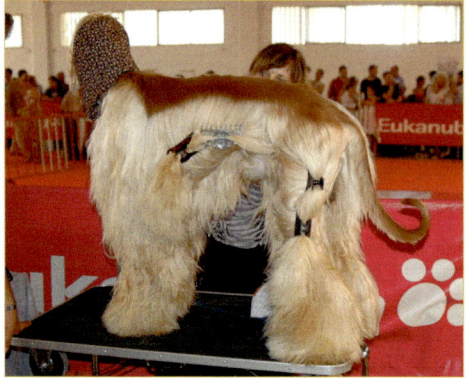 

superior del animal, pues su presencia penaliza y disminuye la belleza del perro.

⓫ Con el peine metálico, peinar hacia abajo el pelo, desde la parte superior de la cabeza hasta la base de la cola. Peinar y vaporizar un poco de aceite de visón, y continuar peinándolo hacia abajo.

⓬ En la cabeza, vaporizar un poco de aceite de visón para ayudar a conservar el pelo. Con la ayuda del peine, dividir el pelo de la cabeza en dos mitades.

Después sostener el pelo desde el centro de la cabeza y hacia un lado, hasta la oreja, y desde la base del cráneo hasta la parte superior del ojo, del lado que se está realizando el arreglo.

Sostener el mechón de pelo con una mano en el centro de la cabeza, mientras con la otra se aplica una tira de papel de cebolla, previamente doblado en tres pliegues. Poner el mechón en el centro y a lo largo, y cubrirlo con las alas del papel. Doblarlo en tres partes a partir del extremo del pelo, e insertarle una goma elástica especial para pelo, enrollada con tres o cuatro vueltas.

Colocar al perro la braga bufanda, que le ayudará a conservar el peinado del pelo en la cabeza y en las orejas

⓭ El acondicionador de pelo ayuda a mantener el pelaje en óptimas condiciones de conservación. Si es necesario, cepillar el pelo del animal tres veces a la semana, para evitar la creación de nuevos nudos.

Para que no se manche el pelo del animal durante las comidas, aplicar en la cabeza la braga bufanda que le ayudará a conservar el peinado del pelo, tanto en la cabeza como en las orejas.

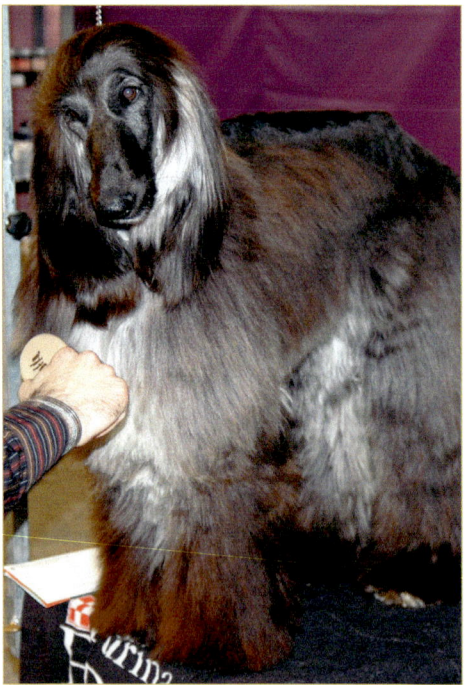

Nota: El Galgo Afgano se debe bañar una vez al mes. Debe comprobar cada mes el estado de las uñas, por si es necesario recortarlas.

Golden Retriever

MATERIAL NECESARIO

✔ Cabezal cuchilla de 0.15# o 10#, de OSTER*
✔ Cabezal cuchilla núms. 1.8 ó 2 mm, de AESCULAP*
✔ Carda de rodillos
✔ Cepillo universal
✔ Lima metálica de uñas
✔ Máquina de rasurar OSTER A-5 o AESCULAP
✔ Peine de acero
✔ Tijeras de ahuecar
✔ Tijeras de corte
✔ Tijeras de escalar

*Estas medidas corresponden a los equivalentes aproximados entre una y otra marca.

1 Cepillar el pelo con el cepillo universal. Si se encuentran enredos, eliminarlos con un cepillo de cardar más duro. Después utilizar el cepillo y el peine para arrastrar todos los nudos.

2 Limpiar las orejas con un líquido limpiador adecuado, y secar después con un algodón protegido con gasa hidrófila.

3 Cortar las uñas con un cortaúñas de tipo tijera, pero solo las puntas, para no dañar la vena.

4 Elegir el cabezal de rasurado más adecuado; si la máquina es de tipo OSTER, entre los 0.15# o 10#. Si es una AESCULAP, elegir entre el cabezal de 1.8 o el de 2 mm.
Con la máquina y el mismo cabezal, rasurar los pelos de los espacios plantares en los pies, y los que rodean el ano.

5 Taponar los oídos convenientemente con tapones de algodón recubiertos de gasa.

6 Bañar al animal dos veces, y aplicar después suavizante acondicionador. Secar al perro, alisando el pelo de todo el cuerpo.
En la parte superior, cepillar el pelo, alisándolo al mismo tiempo que se seca, en dirección a la cola y hacia los costados del animal.

7 Peinar todo el pelo del animal con el peine metálico, para asegurarse de que no hay nudos cercanos a la piel.

8 Cortar con las tijeras y en redondo los pelos que sobresalgan por los bordes de los pies.

9 Peinar el pelo de los mentones de la cabeza con el peine metálico a contrapelo y ahuecándolo.

10 Si es necesario, eliminar el exceso de pelo en el borde inferior de los ojos en contacto con el hocico, con las tijeras de escalar.
Con las mismas tijeras, morder y retirar el vello que sobresalga en la parte trasera de los muslos hasta igualar todas las puntas del pelo.

11 Con el peine metálico, peinar hacia atrás y hacia abajo el pelo, desde la parte superior de la cabeza hasta la base de la cola.

Nota: El Golden Retriever posee un pelo suave pero fuerte, por lo tanto no necesita bañarse a menudo; con un baño cada cinco o seis semanas es suficiente. Revisar las uñas cada mes, por si hay que recortarlas; los oídos también se limpian mensualmente.

Gos d'Atura

MATERIAL NECESARIO

✔ Cabezal cuchilla 0.15# o 10# de OSTER A-5*
✔ Cabezal cuchilla núms. 1.8 ó 2 mm, de AESCULAP*
✔ Cepillo universal
✔ Cortaúñas
✔ Líquido limpiador de oídos
✔ Máquina de rasurar OSTER A-5 o AESCULAP
✔ Peine de acero
✔ Suavizante acondicionador
✔ Tijeras
✔ Tijeras de escalar

*Estas medidas corresponden a los equivalentes aproximados entre una y otra marca.

1 Cepillar el pelo con el cepillo universal. Si encuentra enredos, antes de eliminarlos vaporice el pelo con aceite de visón para evitar que se rompa. Peinar después con el cepillo y el peine, para desenredar todos los nudos.

2 Limpiar las orejas con un líquido limpiador adecuado, y secar después con un algodón protegido con gasa hidrófila.

3 Cortar las uñas con un cortaúñas de tipo tijera, pero solo las puntas, para no dañar la vena. Las uñas de los espolones también deben recortarse, si es necesario.

4 Elegir el cabezal de rasurado más adecuado; si la máquina es de tipo OSTER, entre los 0.15# o 10#. Si es una AESCULAP, elegir entre el cabezal de 1.8 o el de 2 mm.
Con la máquina y el mismo cabezal, rasurar los pelos de los espacios plantares de los pies, los pelos del bajovientre, el sexo y alrededor del ano.

5 Taponar los oídos convenientemente con tapones de algodón recubiertos de gasa.

6 Bañar al animal dos veces, y aplicar después suavizante acondicionador. Secar al perro, alisando todo el pelaje.
En la parte superior, cepillar el pelo, alisándolo al mismo tiempo que se seca, en dirección al sobre de la mesa.

7 Peinar todo el pelo del animal con el peine metálico, para asegurarse de que no hay nudos cercanos a la piel.

8 Cortar con las tijeras los bordes de los pies, redondeándolos.

9 Peinar el pelo de la cabeza en todas las direcciones, para acabar con un peinado hacia los lados y hacia debajo de la cabeza.

10 Eliminar el exceso de pelo en el borde inferior de los ojos en contacto con el hocico, con las tijeras de escalar.

11 Con el peine metálico, peinar hacia abajo el pelo, desde la parte superior de la cabeza hasta la base de la cola, para continuar con un peinado hacia abajo.

12 El acondicionador de pelo ayuda a mantener el mismo en óptimas condiciones de conservación. De todas formas es necesario cepillar el pelo del animal tres veces a la semana, para evitar la creación de nuevos nudos.

Nota: El Gos d'Atura se puede bañar una vez al mes. Debe comprobar cada mes el estado de las uñas, por si es necesario recortarlas.

Kerry Blue Terrier

Corte comercial y de exposición

MATERIAL NECESARIO

- Cabezal cuchilla de 0.15#, 10#, 7#, 5# y 4#, de OSTER*
- Cabezal cuchilla núms. 1.8, 2, 3, 5 y 7 mm, de AESCULAP*
- Carda de rodillos
- Cepillo universal
- Cortaúñas
- Líquido limpiador de oídos
- Máquina de rasurar OSTER A-5 o AESCULAP
- Peine de acero
- Tijeras
- Tijeras de escalar

*Estas medidas corresponden a los equivalentes aproximados entre una y otra marca.

❶ Cepillar el pelo con el cepillo universal. Peinar después con el peine y eliminar todos los nudos.

❷ Limpiar las orejas con el líquido limpiador, y secarlas después con un algodón protegido con gasa hidrófila.

❸ Cortar las uñas con un cortaúñas de tipo tijera, pero solo las puntas para no dañar la vena.

❹ Con la máquina rasuradora, cortar el pelo de las orejas por dentro y por fuera, reservando el de los bordes para recortarlos con las tijeras. Elegir el cabezal de rasurado más adecuado; si la máquina es de tipo OSTER, entre los 0.15# o 10#. Si es una AESCULAP, elegir entre el cabezal de 1.8 o el de 2 mm.

Después del rasurado, recortar los bordes de las orejas con las tijeras de corte.

Con la máquina y el mismo cabezal, rasurar los pelos de los espacios plantares en los pies, los pelos del bajovientre, el sexo y alrededor del ano.

Peinar el pelo de la cabeza de atrás hacia delante. Elegir el cabezal de rasurado más adecuado; si la máquina es de tipo OSTER, entre los 7# o 5#. Si es una AESCULAP, elegir entre el cabezal de 3 o de 5 mm.

Por encima de los ojos y justo detrás, a un centímetro de distancia, se encuentran las prominencias del cráneo. Aplicar el rasurado desde este punto hasta la base del cráneo, en la parte superior. En las mejillas aplicar el rasurado desde el extremo exterior de los ojos hasta el borde de las orejas.

Desde el mismo punto exterior de los ojos, girar la máquina y rasurar hacia abajo, sin tocar las barbas delanteras, hasta los mentones inferiores, pasando por la garganta. Detener el rasurado en los mentones inferiores, por detrás de la comisura de los labios.

❺ Cambiar la máquina de rasurar por las tijeras de corte. Mantener el tamaño de pelo más adecuado a la estación del año, entre 1 y 3 cm,

aproximadamente. Empezar el recortado del cuerpo desde la base del cráneo hasta la cola, pasando por los lados del cuello hasta los hombros y los codos. Cortar hacia abajo en los lados del cuerpo y los flancos. Al nivel de los codos superiores, marcar una línea de separación del recortado; desde el lomo, descender otra línea de separación por las caderas hasta las ingles. Cortar después el pelo de toda la cola, y descender el recortado por el trasero del animal.

6 Bañar y secar al perro, ahuecando el pelo de las patas y las barbas.

7 Con el cepillo, levantar el pelo del rasurado en la cabeza, a contrapelo, y aplicar la cuchilla con el cabezal que se utilizó antes del baño en cada zona rasurada, para igualar todo el rasurado del pelaje. Marcar los bordes del final de rasurado con líneas continuas.

8 Cortar con las tijeras los bordes de las orejas, en ambos lados, para darles una apariencia pulida.

9 Peinar el pelo de las cejas hacia delante, eliminando con las tijeras el exceso de pelo entre las cejas. Proporcionar la forma de una «V» a cada ceja, y aplicar con las tijeras dos cortes en forma de «X» en el stop. Cortar las cejas en diagonal, desde el borde exterior hasta el centro de cada ceja, pero dejando un mechón de pelo más largo en el extremo interior de cada una.

10 Eliminar el exceso de pelo en la parte superior del hocico con las tijeras de escalar.

11 Peinar la barba hacia delante y reducir la línea que va desde el extremo de la ceja hasta la comisura posterior de la boca, peinando los pelos próximos a esa zona hacia atrás. Realizar un corte en cada lado, en diagonal desde el centro de la mandíbula inferior hasta el borde de la ceja.

12 Cortar con las tijeras el pelo de las patas delanteras, para que queden llenas, rectas y completamente redondas, hasta los codos superiores. Desde ese punto, levantar el pelo con el peine y aplicar las tijeras inclinadas hasta el nivel del recortado del hombro, rodeándolo. Hacer lo mismo en el pecho delantero y en el bajopecho, para dar un contorno inclinado al cuerpo.

13 Seguir cortando el contorno de las patas traseras, y dar forma al pelo con las tijeras de escalar, para unir en escalado el pelo en la parte superior de la pata con el recortado del cuerpo.

14 Cortar ligeramente con las tijeras de escalar el pelo del pecho delantero, peinándolo hacia delante y cortándolo en vertical.

15 Cortar con las tijeras los bordes exteriores de las patas, redondéelas en su totalidad.

16 El Kerry Blue Terrier debe ser arreglado cada seis u ocho semanas.

Lakeland Terrier

Corte comercial

MATERIAL NECESARIO

- Cabezal cuchilla 0.15#, 10#, 7#, 5# y 4#, de OSTER*
- Cabezal cuchilla núms. 1.8, 2, 3, 5, 7 y 9 mm, de AESCULAP*
- Carda de rodillos
- Cepillo universal
- Cortaúñas
- Líquido limpiador de oídos
- Máquina de rasurar OSTER A-5 o AESCULAP
- Peine de acero
- Tijeras
- Tijeras de escalar

*Estas medidas corresponden a los equivalentes aproximados entre una y otra marca.

1 Cepillar el pelo con el cepillo universal. Después peinar con el peine y eliminar todos los nudos.

2 Limpiar las orejas con líquido limpiador, y a continuación secar con un algodón protegido con gasa hidrófila.

3 Cortar las uñas con un cortaúñas de tipo tijera, pero solo las puntas para no dañar la vena.

4 Con la máquina rasuradora, cortar el pelo de las orejas por dentro y por fuera, reservando los bordes para recortarlos con las tijeras.
Elegir el cabezal de rasurado más adecuado; si la máquina es de tipo OSTER, entre los 0.15# o 10#. Si es una AESCULAP, elegir entre el cabezal de 1.8 o el de 2 mm.
Después de aplicar el rasurado, recortar los bordes de las orejas con las tijeras de corte.
Con la máquina y el mismo cabezal, rasurar los pelos de los espacios plantares de los pies, los pelos del bajovientre, el sexo y alrededor del ano.

Peinar el pelo de la cabeza de atrás hacia delante, y elegir después el cabezal de rasurado más adecuado. Si la máquina es de tipo OSTER, elegir entre los 7# o 5#. Si es una AESCULAP, seleccionar entre el cabezal de 3 o el de 5 mm.

Por encima de los ojos y justo detrás, a un centímetro de distancia, se encuentran las prominencias del cráneo. Aplicar el rasurado desde este punto hasta la base del cráneo, en la parte superior. En las mejillas, aplicar el rasurado desde el extremo exterior de los ojos hasta el borde de las orejas.

Desde ese mismo punto exterior de los ojos, girar la máquina y rasurar hacia abajo, sin tocar las barbas delanteras, hasta los mentones inferiores, pasando por la garganta. Detener el rasurado en los mentones inferiores, por detrás de la comisura de los labios.

5 Cambiar el cabezal de la cuchilla de la máquina de rasurar e insertar el más adecuado, entre los tamaños 5, 7 ó 9 mm, de AESCULAP, o el equivalente de la OSTER.
Empezar el rasurado del cuerpo desde la base del cráneo hasta la base de cola, pasando por los lados del cuello hasta los hombros y los codos. Cortar hacia abajo en los lados del cuerpo y los flancos. Al nivel de los codos superiores, marcar una línea de separación del rasurado, descender desde el lomo otra línea de separación, por las caderas hasta las ingles. Cortar después el pelo de toda la cola, y descender el rasurado por el trasero del animal.

6 Bañar y secar al perro, ahuecando el pelo de las patas y las barbas.

7 Con el cepillo a contrapelo, levantarlo y proceder al rasurado en la cabeza; aplicar la cuchilla con el cabezal que se utilizó antes del baño en cada zona rasurada, igualando el corte en todas las zonas. Marcar los bordes de los hombros y las caderas.

❽ Cortar con las tijeras los bordes de las orejas en ambos lados para darles una apariencia pulida.

❾ Peinar el pelo en una ceja única, dejando crecer el pelo de la zona del stop y la de la caña nasal juntos. Cortar la ceja en diagonal, desde el borde exterior hasta el centro de cada ceja, y dejar un mechón de pelo más largo que se mezcle con el de la caña nasal.

❿ Eliminar el exceso de pelo en la parte superior de los mentones con las tijeras de escalar.

⓫ Peinar la barba hacia delante y reducir la línea que va desde el extremo de la ceja hasta la comisura posterior de la boca, peinando los pelos próximos a esa zona hacia atrás. Aplicar un corte en cada lado y en diagonal, desde el centro de la mandíbula inferior hasta el borde de la ceja. Después se ha de igualar el pelaje con las tijeras de escalar.

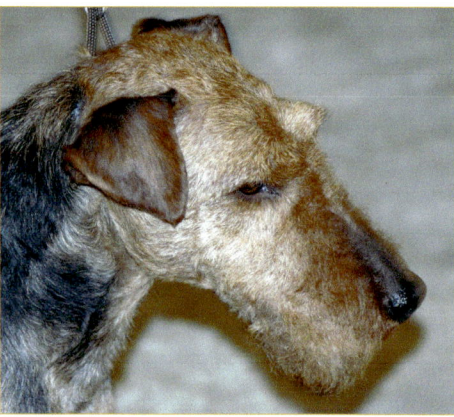

⓬ Cortar con las tijeras el pelo de las patas delanteras, llenas, rectas y redondas, hasta los codos superiores. Desde ese punto, levantar el pelo con el peine y aplicar las tijeras inclinadas hasta el nivel rasurado del hombro, rodeándolo. Proceder del mismo modo en el pecho delantero y en el bajo pecho para dar un contorno inclinado al cuerpo.

⓭ Con las tijeras de escalar, seguir cortando el contorno de las patas traseras; el pelo en la parte superior de la pata debe unirse al rasurado del cuerpo.

⓮ Cortar ligeramente con las tijeras de escalar el pelo del pecho delantero, peinándolo hacia delante y cortándolo en vertical.

⓯ Cortar con las tijeras los bordes exteriores de los pies y redondearlos por completo.

⓰ El Lakeland Terrier debe arreglarse y bañarse cada seis u ocho semanas.

Corte para exposición

 MATERIAL NECESARIO

✔ Cabezal cuchilla 0.15# o 10#, de OSTER*
✔ Cabezal cuchilla núms. 1.8 ó 2 mm, de AESCULAP*
✔ Cepillo universal
✔ Lima metálica de uñas
✔ Líquido limpiador de oídos
✔ Máquina de rasurar OSTER A-5 o AESCULAP
✔ Navaja de *stripping*
✔ Peine de acero
✔ Tijeras de ahuecar
✔ Tijeras de corte
✔ Tijeras de escalar

*Estas medidas corresponden a los equivalentes aproximados entre una y otra marca.

❶ Cepillar el pelo con el cepillo universal. Después peinar con el peine y eliminar los nudos.

❷ Con la máquina rasuradora, cortar el pelo de las orejas por dentro y por fuera, reservando los bordes para recortarlos con las tijeras.

Elegir el cabezal de rasurado más adecuado. Si la máquina es de tipo OSTER, entre los 0.15# o 10#. Si es una AESCULAP, elegir entre el cabezal de 1.8 o el de 2 mm.

Después de aplicar el rasurado, recortar los bordes de las orejas con las tijeras de corte.

Con la máquina y el mismo cabezal, rasurar

los pelos de los espacios plantares de los pies, los pelos del bajovientre, el sexo, la base de la cola y alrededor del ano.

Peinar el pelo de la cabeza de atrás hacia delante, y a continuación elegir el cabezal de rasurado más adecuado. Si la máquina es de tipo OSTER, entre los 7# o 5#. Si es una AESCULAP, elegir entre el cabezal de 3 o el de 5 mm. Por encima de los ojos y justo detrás, a un centímetro de distancia, se encuentran las prominencias del cráneo. Aplicar el rasurado desde ese punto hasta la base del cráneo, en la parte superior. En las mejillas, aplicar el rasurado desde el extremo exterior de los ojos hasta el borde de las orejas.

Desde el mismo punto exterior de los ojos, girar la máquina y rasurar hacia abajo, sin tocar las barbas delanteras, hasta los mentones inferiores, pasando por la garganta. Detener el rasurado en los mentones inferiores, por detrás de la comisura de los labios.

❸ Aplicar líquido limpiador en el interior de los oídos; limpiar y secar de inmediato. Se puede aprovechar este momento para extraer los pelos que sobresalgan del interior.

❹ Peinar el pelo de la cabeza hacia delante. A continuación, aplicar la máquina con el cabezal que seleccionado entre los 7, 5 ó 4 mm o su equivalente en la numeración de OSTER a 2 cm por detrás de los ojos y, justo detrás de las prominencias del cráneo, hasta la base posterior del cráneo.

❺ Con la misma cuchilla del cabezal, aplicar en las mejillas la máquina esquiladora, desde el extremo exterior de los ojos hasta el borde de las orejas. Después girar desde ese punto y desde el extremo exterior de los ojos hacia abajo, hasta los mentones inferiores, pasando por la garganta, con esa misma cuchilla cabezal.

Peinar de nuevo la zona rasurada, y morder el pelo de la cabeza con las tijeras de ahuecar, aplicándolas en el mismo sentido en el que crece el pelo.

❻ Extraer el pelo del cuello superior con la navaja de *stripping*.

❼ Descender por los lados del cuello, igualando la proporción de pelo en ambos lados, y seguir con la extracción por la parte superior del tronco y los costados del cuerpo. Hay que poner atención para hacer desaparecer con la extracción todo el pelo lanoso, para que sólo se vea el pelo brillante. No es tan importante que el pelo no quede cortado al mismo nivel, ya que después del lavado se puede nivelar con la ayuda de las tijeras de escalar.

❽ Cepillar el pelo de las patas y las barbas. Taponar los oídos y bañar el animal con un champú especial de pelo duro; dejar actuar unos minutos, enjuagar con agua tibia y aclarar.

Suavemente y con la ayuda del secador, secar al animal. Mientras se secan las patas, las barbas y las cejas, hay que peinar y ahuecar el pelo de esas zonas.

❾ Peinar las extremidades de la patas y sacudirlas con suavidad. Recortar el pelo que toca el suelo con las tijeras de peluquería.

❿ Peinar con la navaja de *stripping*, sin llegar a profundizar en el pelo de las patas. En general recortar las puntas de los pelos que sobresalgan con las tijeras de escalar, igualando el pelo de las patas.

Lhasa Apso

Corte comercial

 MATERIAL NECESARIO

- Aceite de visón o de coco en spray
- Cabezal cuchilla 0.15# o 10#, de OSTER*
- Cabezal cuchilla núms. 1.8 ó 2 mm, de AESCULAP*
- Carda de rodillos
- Cepillo de cerda natural
- Cepillo universal
- Cortaúñas
- Gomas elásticas para el pelo
- Lima metálica de uñas
- Líquido limpiador de oídos
- Máquina de rasurar OSTER A-5 o AESCULAP
- Peine de acero
- Tijeras de corte
- Tijeras de escalar

*Estas medidas corresponden a los equivalentes aproximados entre una y otra marca.

❶ Cepillar el pelo con el cepillo universal. Si se encuentran nudos, antes de desenredarlos vaporice el pelo con aceite de visón para evitar que se rompa. Después se puede peinar con el cepillo y el peine para eliminar todos los nudos.
❷ Limpiar las orejas con un líquido limpiador adecuado; secarlas con un algodón protegido con gasa hidrófila.
❸ Cortar las uñas con un cortaúñas de tipo tijera, pero solo las puntas para no dañar las venas.
❹ Elegir el cabezal de rasurado más adecuado. Si la máquina es de tipo OSTER, entre los 0.15# o 10#. Si se trata de una AESCULAP, elegir entre el cabezal de 1.8 o el de 2 mm.
Con la máquina y el mismo cabezal, rasurar el pelo de los espacios plantares con mucho cuidado, el bajovientre, el sexo y alrededor del ano.
❺ Taponar los oídos convenientemente con tapones de algodón recubiertos de gasa.

Si es necesario, extraer los pelos del interior de los oídos.
❻ Bañar al animal dos veces y después aplicar suavizante acondicionador.
Secar al perro, ahuecando el pelo de toda la parte inferior del animal.
❼ En la parte superior, cepillar el pelo, alisándolo al mismo tiempo que se seca, en dirección a la mesa.
❽ Cortar con las tijeras los bordes de todos los pies, dándoles una apariencia pulida y redonda.
❾ Peinar el pelo de la cabeza, marcando una línea recta de separación hacia ambos lados del cráneo. Si es conveniente reducir el volumen, se recortan las puntas sueltas de pelo y desde el borde de los pabellones auriculares hasta la garganta se repasa el corte con las tijeras de ahuecar.
❿ Con las tijeras de escalar, eliminar el exceso de pelo, si está manchado de color rojo granate en el borde inferior de los ojos en contacto con el hocico.
⓫ Con el peine marcar una línea que divida en dos mitades hacia abajo el pelo, desde la parte superior de la cabeza y hasta la base de la cola. Peinar hacia abajo y vaporizar un poco de aceite de visón.
⓬ Si es necesario recortar el pelo de los faldones, peinar el pelo hacia abajo antes y practicar un primer recorte. Repetir el mismo proceso con las tijeras de escalar hasta conseguir una apariencia natural.
Repetir el recortado de los pelos sueltos que cuelgan de las orejas.
⓭ En la cabeza, vaporizar un poco de aceite de visón, para ayudar a conservar el pelo. Con la ayuda del peine, dividir el pelo desde el extremo exterior del ojo hasta la base de la oreja, en ambos lados de la cabeza.

Después repetir esta técnica en el pelo de la base del cráneo, desde el borde de una oreja hasta la otra.

Sostener el pelo con una mano en el centro de la cabeza, mientras con la otra se aplica una goma elástica especial, enrollando el mechón hasta cuatro vueltas. Hay que procurar que el pelo del mechón no estire de la piel. Sobre la goma se puede colocar un lazo decorativo.

🔴14 Con el uso del acondicionador del pelo se ayuda a mantener el pelaje en óptimas condiciones de conservación, aunque es necesario cepillar el pelo del animal tres veces a la semana para evitar la aparición de nuevos nudos.

🔴15 El Lhasa Apso se baña una vez al mes.

🔴16 Debe comprobar cada mes el estado de las uñas, por si es necesario cortarlas.

Corte para exposición

Los cuidados del Lhasa Apso de exposición empiezan a partir de los cinco o seis meses de edad.

MATERIAL NECESARIO

- ✔ Abrigo especial de seda o de nailon
- ✔ Aceite de visón o de coco en spray
- ✔ Cabezal cuchilla 0.15# o 10#, de OSTER*
- ✔ Cabezal cuchilla núms. 1.8 ó 2 mm, de AESCULAP*
- ✔ Cepillo de cerda natural
- ✔ Cepillo universal
- ✔ Cortaúñas
- ✔ Gomas elásticas para el pelo
- ✔ Juego de calcetines o botas especiales
- ✔ Lima metálica de uñas
- ✔ Líquido limpiador de ojos
- ✔ Máquina de rasurar OSTER A-5 o AESCULAP
- ✔ Papel de cebolla en tiras, unas treinta unidades, de 10 x 25 cm
- ✔ Peine de acero
- ✔ Tijeras de corte
- ✔ Tijeras de escalar

*Estas medidas corresponden a los equivalentes aproximados entre una y otra marca.

🔴1 Cepillar el pelo con el cepillo de cerda natural. A continuación peinar con el peine, pero antes de eliminar los nudos vaporizar aceite de visón, dejarlo actuar y después cepillar con cuidado con el cepillo universal.

🔴2 Aplicar líquido limpiador en el interior de los oídos; limpiar y secar de inmediato. Se puede aprovechar este momento para extraer los pelos que sobresalgan del interior.

Aplicar de nuevo líquido limpiador especial para oídos, y secar después con un algodón envuelto en gasa para no dejar residuos en su interior.

🔴3 Peinar el pelo de la cabeza, y realizar en la comisura de los ojos, con la ayuda de gasas empapadas en líquido limpiador de ojos y en dirección al centro del hocico, una limpieza de los residuos acumulados de legañas.

🔴4 Si el animal posee manchas de color rojo granate, aplicar el tratamiento corrector que recomiende su veterinario.

🔴5 Cortar las uñas con un cortaúñas con mucho cuidado para evitar cortar el vaso sanguíneo interior de las mismas.

🔴6 Con la máquina rasuradora, cortar el pelo de los espacios plantares con mucho cuidado. Elegir el cabezal de rasurado más adecuado. Si la máquina es de tipo OSTER, entre los 0.15# o 10#. Si es una AESCULAP, elegir entre el cabezal de 1.8 o el de 2 mm.

Rasurar el bajovientre, el sexo, la base de la cola y alrededor del ano.

7 Taponar los oídos con tapones recubiertos de gasa.

8 Bañar al perro cada dos o tres semanas con un champú especial para pelo largo, y aplicar dos enjabonadas.
En el último aclarado utilizar una dosis de crema suavizante especial para pelo largo, extendiéndola por todo el pelaje.
Cuando finalice el baño, secar al animal con toallas sin frotar el pelo, para evitar la formación de nudos.
Secar el pelo con el secador y, al mismo tiempo, cepillarlo, ahuecando el pelaje de la mitad hacia abajo del animal; en la parte superior secar y alisar el pelo hacia el suelo, en los lados y los extremos del perro.

9 Peinar el pelo de las patas, una a una, y sacudirlas con suavidad, comprobando que esté totalmente suelto.

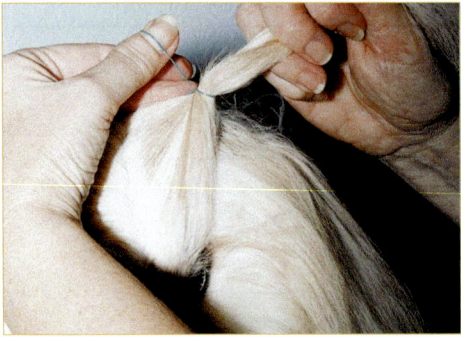

10 Recortar el pelo de los bordes de las orejas, pero solo aquellos que quedan sueltos después de ser peinados, para dar una apariencia pulida.

11 Cepillar primero todo el pelo con el cepillo de cardar. Después con el peine metálico, se divide en dos mitades, desde la nariz hasta la base de la cola.

12 Preparar las tiras de papel de cebolla y el aceite de visón, el peine metálico y el cepillo de cardar.

13 En la cabeza, dividir el pelo desde el extremo exterior de cada ojo hasta la base de cada oreja; vaporizar con un poco de aceite de visón para ayudar a conservar el pelo y con la ayuda del peine, peinar el pelo de los dos mechones hacia ambos lados de la cabeza.

14 Después hacer lo mismo en el pelo desde una oreja a la otra, en la base del cráneo.

15 Sostener un mechón del pelo con una mano en el centro de la cabeza, mientras con la otra se aplica una tira de papel de cebolla previamente doblado en tres pliegues. El mechón se pone en el centro del mismo y a lo largo, y se cubre con las alas del papel, doblándolo en tres partes a partir del extremo del pelo. Insertar una goma elástica para pelo enrollada con tres o cuatro vueltas.

16 Repetir la operación con el pelo de las mejillas. Recordar que antes de formar los mechones se vaporiza con un poco de aceite de visón.

17 Con el peine marcar una línea vertical desde la comisura del ojo hasta la barba, mientras la segunda línea se realiza desde el extremo anterior de la oreja hasta el extremo profundo del mentón.

18 Sujetar el mechón de pelo con una mano, mientras con la otra se aplica una tira de papel de cebolla previamente doblado en tres pliegues. Poner el mechón en el centro y a lo largo, y cubrirlo con las alas del papel, doblándolo en tres partes a partir del extremo de pelo más cercano a la piel. Insertar una goma elástica especial para pelo enrollada con tres o cuatro vueltas.

⑲ Repetir ese proceso con los pelos de los bigotes; con el peine recoger hacia delante y vaporizar el aceite de visón. Peinar y sujetar con la mano el mechón de un lado de los bigotes, mientras con la otra se aplica el papel del mismo modo que se realizó antes. Realizar lo mismo con el otro lado, para tener preparada la cabeza con los bigudíes.

⑳ En el cuello se prepara el pelaje marcando una línea en el centro superior y peinando el pelo hacia los lados, del mismo de modo que este cae por los hombros en su parte delantera y los lados.

㉑ Antes de formar los mechones se debe vaporizar un poco de aceite de visón.

㉒ Marcar con el peine una línea vertical en el centro delantero del pecho, desplazando el pelo hacia el lado correspondiente. Sujetarlo con la mano, mientras que con la ayuda del peine se forma una segunda línea vertical con el pelo que cuelga por el hombro, en su parte delantera, y se desplaza hacia el lado contrario para formar un mechón. Antes de formar los mechones, vaporizar un poco de aceite de visón.

Sostener el mechón de pelo con una mano, mientras con la otra se coloca una tira de papel de cebolla previamente doblada en tres pliegues. Poner el mechón en el centro y a lo largo, y cubrirlo con las alas del papel, doblándolo en tres partes sobre el primer tercio, a partir del pelo cercano a la piel. Insertar una goma elástica para pelo enrollada con tres o cuatro vueltas.

Esta operación se repite en el otro lado del frontal del pecho.

㉓ En los costados del Lhasa Apso se repiten estas operaciones entre tres o cuatro veces, en función del tamaño de los mechones y del propio ejemplar.

㉔ A media altura de la patas delanteras se forma un bigudí con el pelo que cuelga en el lado exterior de cada una, así como en las traseras, en las que se aplica justo por encima de los corvejones.

㉕ Vaporizar un poco de aceite de visón en los pies, y colocar los calcetines o las botas especiales para perro pequeño.

Estas operaciones de protección del pelaje se se realizan de manera rutinaria cada tres días. Además, se debe peinar a diario para que el pelo se ventile; después colocar los papelitos, con las gomitas, los calcetines y el abriguito.

El día anterior o incluso el mismo día de la presentación a la exposición se ha de lavar intensamente para hacer desaparecer cualquier rastro del aceite de visón, poniendo mucho cuidado en el cepillado mientras se seca al perro, desde arriba hacia abajo, y se cepilla con un cepillos de cerda natural y peines que no produzcan electricidad estática.

El pelo excesivamente largo que se arrastre por el suelo debe ser recortado de manera que no tenga más de uno o dos centímetros de contacto con el suelo, en todo el perímetro del perro. Así no se impide la soltura y libertad de movimientos necesarias.

Después de cada exposición se debe volver a empezar con la rutina diaria de cuidado del pelo.

Pastor de Brie

Corte para exposición

MATERIAL NECESARIO

- Cabezal cuchilla 0.15# o 10#, de OSTER*
- Cabezal cuchilla núms. 1.8 ó 2 mm, de AESCULAP*
- Cepillo universal
- Lima metálica de uñas
- Máquina de rasurar OSTER A-5 o AESCULAP
- Peine de acero
- Tijeras de ahuecar de dos caras
- Tijeras de corte
- Tijeras de escalar

*Estas medidas corresponden a los equivalentes aproximados entre una y otra marca.

❶ Cepillar el pelo con el cepillo universal. Si se encuentran nudos, antes de desenredarlos vaporice el pelo con aceite de visón para evitar que se rompa. Peinar con el cepillo y el peine hasta eliminar todos los nudos.

❷ Limpiar las orejas con un líquido limpiador adecuado; secarlas con un algodón protegido con gasa hidrófila.
Si es necesario, extraer los pelos que sobresalgan del interior de los oídos.

❸ Cortar las uñas con un cortaúñas de tipo tijera, pero solo las puntas para no dañar la vena.

❹ Elegir el cabezal de rasurado más adecuado. Si la máquina es de tipo OSTER, entre los 0.15# o 10#. Si es una AESCULAP, elegir entre el cabezal de 1.8 o el de 2 mm.
Con la máquina y el mismo cabezal, rasurar el pelo de los espacios plantares con mucho cuidado, el bajovientre, el sexo y alrededor del ano.

❺ Taponar los oídos convenientemente con tapones de algodón recubiertos de gasa.

❻ Bañar al animal dos veces y después aplicar suavizante acondicionador.

Secar al perro, alisando el pelaje de todo el cuerpo.
En la parte superior, cepillar el pelo, alisándolo al mismo tiempo que se seca, en dirección al sobre de la mesa.

❼ Peinar todo el pelo del animal con un peine metálico para asegurarse de que no hay nudos cercanos a la piel.

❽ Cortar con las tijeras los bordes de los pies, redondeándolos.

❾ Peinar el pelo de la cabeza en todas las direcciones, para acabar peinando hacia los lados y hacia debajo del cráneo.

❿ Con las tijeras de escalar, eliminar el exceso de pelo en el borde inferior de los ojos en contacto con el hocico.

⓫ Con el peine metálico, peinar hacia abajo el pelo, desde la parte superior de la cabeza y hasta la base de la cola, para continuar peinándolo hacia abajo.

⓬ Con el uso del acondicionador del pelo se ayuda a mantener el pelaje en óptimas condiciones de conservación, aunque es necesario cepillar el pelo del perro tres veces a la semana, para evitar la creación de nuevos nudos.

Pomerania

Corte para exposición

MATERIAL NECESARIO

- Carda de rodillos
- Cepillo universal
- Cortaúñas
- Líquido limpiador de oídos
- Peine de acero
- Tijeras
- Tijeras de escalar

1 Cepillar el pelo con el cepillo universal. Si se encuentran nudos, desenredarlos con un cepillo de carda más dura; después utilizar el cepillo y el peine para arrastrar todos los nudos.
2 Limpiar las orejas con un líquido limpiador adecuado; secar después con un algodón protegido con gasa hidrófila.
3 Cortar las uñas con un cortaúñas de tipo tijera, pero solo las puntas para no dañar la vena.
4 Con las tijeras, recortar los pelos de los espacios plantares, el sexo y alrededor del ano.
5 Taponar los oídos convenientemente con tapones de algodón recubiertos de gasa.
6 Bañar al animal dos veces y después aplicar suavizante acondicionador. Secar al perro, alisando el pelo de todo el cuerpo.
En la parte superior, cepillar el pelo, alisándolo al mismo tiempo que se seca, en dirección a la cola y hacia los costados del animal.
7 Peinar todo el pelo del animal con el peine metálico para asegurarse de que no hay nudos cercanos a la piel.
8 Cortar con las tijeras y en redondo los pelos que sobresalgan por los bordes de los pies.
9 Peinar el pelo de los mentones de la cabeza con el peine metálico a contrapelo, ahuecándolo.

10 Con las tijeras de escalar, eliminar el exceso de pelo suelto en la parte trasera de las patas delanteras. Con la misma tijera igualar el pelaje y retirar el vello que sobresalga en la zona trasera de los muslos.
11 Con el peine metálico, peinar hacia atrás y hacia abajo el pelo, desde la parte superior de la cabeza y hasta la base de la cola.

Nota: El Pomerania posee un pelo fuerte, por lo tanto no necesita bañarse a menudo. Con un baño cada mes será suficiente. Revisar las uñas cada mes por si hay que recortarlas. Los oídos también se limpian mensualmente.

Schnauzer Gigante

Corte comercial

 MATERIAL NECESARIO

- Cabezal cuchilla 0.15#, 10#, 7#, 5# y 4#, de OSTER*
- Cabezal cuchilla núms. 1.8, 2, 3, 5, 7 y 9 mm, de AESCULAP*
- Carda de rodillos
- Cepillo universal
- Cortaúñas
- Líquido limpiador de oídos
- Máquina de rasurar OSTER A-5 o AESCULAP
- Peine de acero
- Tijeras
- Tijeras de escalar

*Estas medidas corresponden a los equivalentes aproximados entre una y otra marca.

1 Cepillar el pelo con el cepillo universal. Después peinar con el peine y eliminar todos los nudos.

2 Limpiar las orejas con un líquido limpiador; secar después con un algodón protegido con gasa hidrófila.

3 Cortar las uñas con un cortaúñas de tipo tijera, pero solo las puntas para no dañar la vena.

4 Con la máquina rasuradora, cortar el pelo de las orejas por dentro y por fuera, reservando los bordes para recortarlos con las tijeras.

Elegir el cabezal de rasurado más adecuado. Si la máquina es de tipo OSTER, entre los 0.15# o 10#. Si es una AESCULAP, elegir entre el cabezal de 1.8 mm o el de 2 mm.

Después de aplicar el rasurado, recortar los bordes de las orejas con las tijeras de corte.

Con la máquina y el mismo cabezal, rasurar los pelos de los espacios plantares de los pies, los pelos del bajovientre, el sexo y alrededor del ano.

Peinar el pelo de la cabeza de atrás hacia delante. Elegir el cabezal de rasurado más adecuado. Si la máquina es de tipo OSTER, entre los 7#, 5#, o 4#. Si se trata de una AESCULAP, elegir entre el cabezal de 3, 5 ó 7 mm.

Por encima de los ojos y justo detrás, a un centímetro de distancia, se encuentran las prominencias del cráneo. Aplicar el rasurado desde este punto hasta la base del cráneo, en la parte superior. En las mejillas aplicar el rasurado desde el extremo exterior de los ojos hasta el borde de las orejas.

Desde el mismo punto exterior de los ojos, girar la máquina y rasurar hacia abajo, sin tocar las barbas delanteras ni los labios, hasta los mentones inferiores, pasando por la garganta. Detener el rasurado de los dos lados de la cabeza en este mismo punto.

5 Cambiar el cabezal y colocar uno de tamaño superior, para separar y resaltar el rasurado de la cabeza del del cuerpo. Si la máquina es de tipo OSTER, entre los 7#, 5# o 4#. Si es una AESCULAP, elegir entre el cabezal de 5, 7 ó 9 mm.

Empezar el rasurado en la base del cráneo hasta la cola, pasando por los lados del cuello, y en los hombros hasta el límite de los codos. Rasurar hacia abajo en los costados del cuerpo, marcando una línea de separación del rasurado desde los codos hasta las ingles. Marcar otra línea de separación desde ese punto hasta la base de la cola, para separar el pelo de los muslos de las patas traseras.

Levantar la cola y rasurar el trasero del animal.

6 Bañar y secar al perro, ahuecando el pelo de las patas y las barbas.

7 Con el cepillo, levantar el pelo rasurado de la cabeza, desde atrás hacia delante, a contrapelo, y aplicar la máquina con el mismo cabe-

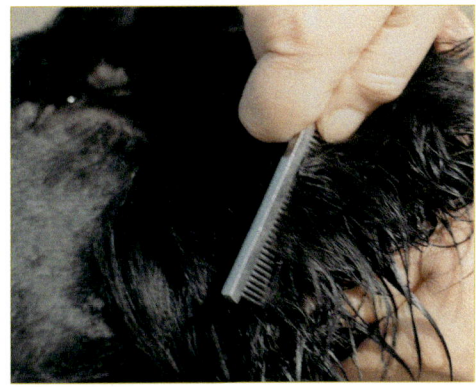

zal que se utilizó antes del baño. Pulir el rasurado a favor del pelo.

Repetir la misma operación en el cuerpo con la máquina y el cabezal que se aplicó en cada zona, remarcando las líneas de separación de los distintos rasurados.

❽ Cortar con las tijeras los bordes de las orejas, en ambos lados, para darles una apariencia pulida.

❾ Peinar el pelo de las cejas hacia delante, eliminando con las tijeras el exceso de pelo entre las mismas, y darles forma de «V». Con las tijeras, aplicar dos cortes en forma de «X» en el stop, y cortar las cejas en diagonal desde el borde exterior hasta el centro de cada ceja, dejando un mechón de pelo más largo en el extremo interior de cada una.

❿ Eliminar el exceso de pelo en la parte superior del hocico con las tijeras de escalar.

⓫ Peinar la barba hacia delante y reducir la línea que va desde el extremo de la ceja hasta la comisura posterior de la boca, peinando los pelos próximos a esa zona hacia atrás. Aplicar un corte en cada lado y en diagonal, desde el centro de la mandíbula inferior hasta el borde de la ceja.

⓬ Cortar con las tijeras el pelo de las patas delanteras, llenas, rectas y completamente redondas, hasta los codos superiores. Desde ese punto, levantar el pelo con el peine y aplicar las tijeras inclinadas hasta el nivel del rasurado del hombro. Cortar rodeando el hombro. Repetir esta técnica en el pecho delantero y en el bajopecho para dar un contorno inclinado al cuerpo.

⓭ Seguir cortando el contorno de las patas traseras, y dar forma al pelo con las tijeras de escalar. Nivelar el pelo en la parte superior de la pata con el rasurado del cuerpo.

⓮ Cortar ligeramente con las tijeras de escalar el pelo del pecho delantero, peinándolo hacia delante y cortándolo en vertical.

⓯ Cortar con las tijeras los bordes exteriores de las patas y redondearlas por completo.

⓰ El Schnauzer Gigante debe ser arreglado y bañado cada seis u ocho semanas.

Hay una variante en el corte del Schnauzer Gigante que se denomina «faldones americanos», que consiste en rasurar los muslos traseros al mismo nivel que el cuerpo, hasta el calcañar o corvejón, dejando una cresta de pelo en la parte delantera de las patas. Dejar crecer el pelo desde el ángulo del corvejón hasta la planta del pie, así como en el faldón y las patas delanteras.

Corte para exposición

MATERIAL NECESARIO

✔ Carda de rodillos
✔ Cepillo universal
✔ Cabezal cuchilla 0.15# o 10#, de OSTER*
✔ Cabezal cuchilla núms. 1.8 ó 2 mm, de AESCULAP*
✔ Lima metálica de uñas
✔ Máquina de rasurar OSTER A-5 o AESCULAP
✔ Navajas de *stripping*
✔ Peine de acero
✔ Tijeras de ahuecar de dos caras
✔ Tijeras de corte
✔ Tijeras de escalar

*Estas medidas corresponden a los equivalentes aproximados entre una y otra marca.

❶ Cepillar el pelo con el cepillo universal. Después peinar con el peine y eliminar todos los nudos.

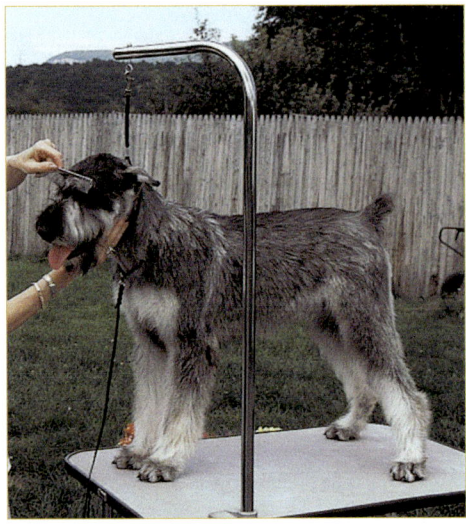

❷ Con la máquina rasuradora, cortar el pelo de las orejas por dentro y por fuera, reservando los bordes para recortarlos con las tijeras.
Elegir el cabezal de rasurado más adecuado. Si la máquina es de tipo OSTER, entre los 0.15# o 10#. Si es una AESCULAP, elegir entre el cabezal de 1.8 o el de 2 mm.
Después de aplicar el rasurado, recortar los bordes de las orejas con las tijeras de corte.
Con la máquina y el mismo cabezal, rasurar los pelos de los espacios plantares de los pies.
Con la máquina y el mismo cabezal, rasurar los pelos del bajovientre, el sexo, la base de la cola y alrededor del ano.

❸ Aplicar líquido limpiador en el interior de los oídos, y limpiar y secar de inmediato. Se puede aprovechar este momento para extraer los pelos que sobresalgan del interior.

❹ Peinar el pelo de la cabeza hacia delante. Aplicar la máquina con el cabezal seleccionado entre los 3 ó 5 mm, o su equivalente de la marca OSTER a 2 cm por detrás de los ojos y justo detrás de las prominencias del cráneo, hasta la base posterior del cráneo.

❺ En las mejillas aplicar la máquina esquiladora con la misma cuchilla con el cabezal que se utilizó en la parte superior, y rasurar desde el extremo exterior de los ojos hasta el borde de las orejas. Después girar desde el mismo punto, desde el extremo exterior de los ojos hacia abajo, hasta los mentones inferiores, pasando por la garganta.
Peinar de nuevo la zona rasurada, y morder el pelo de la cabeza con las tijeras de escalar, aplicándolas en el sentido en el que crece el pelo.

❻ Al empezar a extraer el pelo, decidir el modelo de corte que se va aplicar: el normal o el americano. Comenzar por del cuello superior y con la navaja de *stripping*.

❼ Descender por los lados del cuello, igualando la proporción de pelo en ambos lados. Continuar con la extracción por la parte superior del tronco y los costados del cuerpo .

❽ Con la extracción se debe hacer desaparecer todo el pelo lanoso, para que solo se vea el pelo brillante. No es tan importante si el pelo no queda cortado al mismo nivel, ya que después del lavado se puede nivelar con la ayuda de las tijeras de escalar y la navaja de escalar.

❾ Cepillar el pelo de las patas y las barbas, taponar los oídos, y bañar al animal con un champú especial de pelo duro; dejar actuar unos minutos, enjuagar con agua tibia y aclarar.
Suavemente y con la ayuda de secador, secar al perro. Cuando se secan las patas, las barbas y las cejas, hay que peinar y ahuecar el pelo de esas zonas.

❿ Peinar las extremidades de las patas, sacudirlas con suavidad y recortar el pelo que toca el suelo con las tijeras de peluquería.

⓫ Peinar con la navaja de *stripping*, sin llegar a profundizar en el pelo de las patas, y recortar las puntas de los pelos que sobresalgan con las tijeras de escalar, para igualar el pelaje de las patas.

Schnauzer Miniatura

Corte comercial

 MATERIAL NECESARIO

- Cabezal cuchilla 0.15#, 10#, 7#, 5# y 4#, de OSTER*
- Cabezal cuchilla núms. 1.8, 2, 5, 7 y 9 mm, de AESCULAP*
- Carda de rodillos
- Cepillo universal
- Cortaúñas
- Líquido limpiador de oídos
- Máquina de rasurar OSTER A-5 o AESCULAP
- Peine de acero
- Tijeras
- Tijeras de escalar

*Estas medidas corresponden a los equivalentes aproximados entre una y otra marca.

❶ Cepillar el pelo con el cepillo universal. Después peinar con el peine y eliminar todos los nudos.

❷ Limpiar las orejas con líquido limpiador; secar después con un algodón protegido con gasa hidrófila.

❸ Cortar las uñas con un cortaúñas de tipo tijera, pero solo las puntas para no dañar la vena.

❹ Con la máquina rasuradora, cortar el pelo de las orejas por dentro y por fuera, reservando los bordes para recortarlos con las tijeras.
Elegir el cabezal de rasurado más adecuado. Si la máquina es de tipo OSTER, entre los 0.15# o 10#. Si es una AESCULAP, elegir entre el cabezal de 1.8 o el de 2 mm.
Después de aplicar el rasurado, recortar los bordes de las orejas con las tijeras de corte.
Con la máquina y el mismo cabezal, rasurar los pelos de los espacios plantares de los pies, los pelos del bajovientre, el sexo y alrededor del ano.

Peinar el pelo de la cabeza de atrás hacia delante. Elegir el cabezal de rasurado más adecuado. Si la máquina es de tipo OSTER, entre los 7#, 5#, o 4#. Si se trata de una AESCULAP, elegir entre el cabezal de 3, 5 ó 7 mm.
Por encima de los ojos y justo detrás, a un centímetro de distancia, se encuentran las prominencias del cráneo. Aplicar el rasurado desde este punto hasta la base del cráneo, en la parte superior. En las mejillas aplicar el rasurado desde el extremo exterior de los ojos hasta el borde de las orejas.
Desde el mismo punto exterior de los ojos, girar la máquina y rasurar hacia abajo, sin tocar las barbas delanteras ni los labios, hasta los mentones inferiores, pasando por la garganta. Detener el rasurado de los dos lados de la cabeza en este mismo punto.

❺ Cambiar el cabezal de la cuchilla en la máquina rasuradora y colocar la más adecuada entre los tamaños 5 ó 7 mm, de AESCULAP, o 4# o 5#, de OSTER.
El rasurado del cuerpo se inicia desde la base del cráneo hasta la cola, ya sea corta o larga; si es larga solo se rasura en la parte superior. Se debe pasar por los lados del cuello hasta los hombros y los codos. Rasurar hacia abajo en los lados del cuerpo, los flancos y al nivel de los codos superiores, que se marcan con una línea de separación del rasurado; en la parte trasera descender desde el lomo con otra línea de separación, y desde la cadera las ingles, pero hay que dejar que el pelo de los extremos delantero y trasero formen flecos. Cortar después el pelo de toda la cola; descender el rasurado por el trasero del animal.

❻ Bañar y secar al perro, ahuecando el pelo de las patas y las barbas.

❼ Levantar el pelo del rasurado de la cabeza, con el cepillo, a contrapelo, y aplicar la cuchilla con el cabezal que se utilizó antes del baño en cada zona rasurada. Hay que igualar el rasurado en todo el pelaje y marcar los bordes de los hombros y las caderas.

❽ Cortar con las tijeras los bordes de las orejas, en ambos lados, para darles una apariencia pulida. Si es necesario, extraer los pelos que sobresalgan del interior de los oídos.

❾ Peinar el pelo de las cejas hacia delante, eliminando con las tijeras el exceso de pelo entre las mismas, y darles forma de «V». En el stop, realizar dos cortes en forma de «X» con las tijeras, y cortar las cejas en diagonal, desde el borde exterior hasta el centro de cada ceja. Dejar un mechón de pelo más largo en el extremo interior de cada una.

❿ Eliminar el exceso de pelo si está manchado de color rojo granate en el borde inferior de los ojos en contacto con el hocico, con las tijeras de escalar.

⓫ Peinar la barba hacia delante y reducir la línea que va desde el extremo de la ceja hasta la comisura posterior de la boca, peinando los pelos próximos a esa zona hacia atrás. Realizar un corte en cada lado y en diagonal, desde el centro de la mandíbula inferior hasta el borde de la ceja.

⓬ Cortar con las tijeras el pelo de las patas delanteras, llenas, rectas y completamente redondas, hasta los codos superiores. Desde este punto, levantar el pelo con el peine y aplicar las tijeras inclinadas hasta el nivel del rasurado del hombro, rodeándolo. Hacer lo mismo en el pecho delantero y en el bajopecho, para dar un contorno inclinado al cuerpo.

⓭ Seguir cortando el contorno de las patas traseras, y dar forma al pelo con las tijeras de escalar, para unir la línea del pelo de la pata con la del rasurado del cuerpo.

⓮ Cortar ligeramente con las tijeras de escalar el pelo del pecho delantero, peinándolo hacia delante y cortándolo en vertical.

⓯ Cortar con las tijeras los bordes exteriores de los pies y redondearlos.

Se puede reducir el volumen de la cola aplicando la máquina con el mismo cabezal con que se arregló el cuerpo.

Es decir, se aplica en la parte superior y en los costados de la cola si esta es larga y sin amputaciones, mientras en la parte inferior se reducen las puntas, triangulando el pelo desde atrás hacia delante de modo que parezca una vela colgada.

⓰ Repasar e igualar todo lo que se pueda los pelos de la parte superior del animal con la ayuda de la máquina y las tijeras de escalar, nivelando y puliendo su aspecto. El Schnauzer Miniatura debe ser arreglado y bañado cada seis u ocho semanas.

Corte para exposición

MATERIAL NECESARIO

✔ Cabezal cuchilla 0.15#, 5#, 7#, 10#, de OSTER*
✔ Cabezal cuchilla núms. 1.8, 2, 3 y 5 mm, de AESCULAP*
✔ Cepillo universal
✔ Lima metálica de uñas
✔ Máquina de rasurar OSTER A-5 o AESCULAP
✔ Navajas de *stripping*
✔ Peine de acero
✔ Tijeras de ahuecar de dos caras
✔ Tijeras de corte
✔ Tijeras de escalar

*Estas medidas corresponden a los equivalentes aproximados entre una y otra marca.

❶ Cepillar el pelo con el cepillo universal. Después peinar con el peine y eliminar todos los nudos.

❷ Aplicar líquido limpiador en el interior de los oídos, y limpiar y secar de inmediato. Se puede aprovechar este momento para extraer los pelos que sobresalgan del interior.

❸ Con la máquina rasuradora, cortar el pelo de las orejas por dentro y por fuera, reservando los bordes para recortarlos con las tijeras.

Schnauzer Miniatura

Elegir el cabezal de rasurado más adecuado. Si la máquina es de tipo OSTER, entre los 0.15# o 10#. Si es una AESCULAP, elegir entre el cabezal de 1.8 o el de 2 mm.

Después de aplicar el rasurado, recortar los bordes de las orejas con las tijeras de corte.

Con la máquina y el mismo cabezal, rasurar los pelos de los espacios plantares de los pies, los pelos del bajovientre, el sexo y alrededor del ano.

④ Peinar el pelo de la cabeza de atrás hacia delante. Elegir el cabezal de rasurado más adecuado. Si la máquina es de tipo OSTER, entre los 7# o 5#. Si se trata de una AESCULAP, elegir entre el cabezal de 3 ó 5 mm.

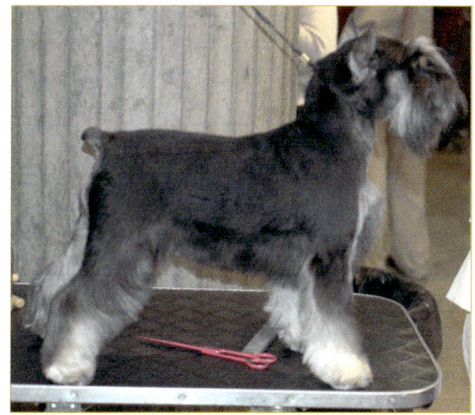

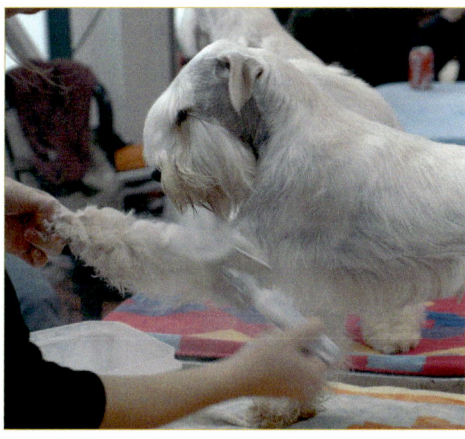

Por encima de los ojos y justo detrás, a un centímetro de distancia, se encuentran las prominencias del cráneo. Aplicar el rasurado desde este punto hasta la base del cráneo, en la parte superior. En las mejillas aplicar el rasurado desde el extremo exterior de los ojos hasta el borde de las orejas.

Desde el mismo punto exterior de los ojos, girar la máquina y rasurar hacia abajo, sin tocar las barbas delanteras ni los labios, hasta los mentones inferiores, pasando por la garganta. Detener el rasurado de los dos lados de la cabeza en este mismo punto.

⑤ Desde el occipital, extraer el pelo del cuello superior con la navaja de *stripping*; descender por los lados del cuello, e igualar la proporción de pelo en ambos lados con la zona superior, y seguir con la extracción por la parte superior del tronco y los costados del cuerpo. Hay que hacer desaparecer con la extracción todo el pelo lanoso, para que solo se vea el pelo brillante. No es tan importante que el pelo no quede cortado al mismo nivel, ya que después del lavado se puede nivelar con la ayuda de las tijeras de escalar.

⑥ Cepillar el pelo de las patas y las barbas, taponar los oídos y bañar al perro con un champú especial de pelo duro; dejar actuar unos minutos, enjuagar con agua tibia y aclarar.

Con el secador, secar al animal; mientras se secan las patas, las barbas y las cejas, peinar y ahuecar el pelo de esas zonas.

⑦ Con la navaja de *stripping*, repasar y nivelar el pelo de los lados del cuello, igualando el volumen de ambos lados. Con el peine y las tijeras de escalar, proseguir por la parte superior del tronco y los costados del cuerpo. Se debe hacer desaparecer todo el pelo lanoso, para que solo se vea el brillante. Es muy importante que el pelo quede cortado al mismo nivel.

⑧ Peinar con la navaja de *stripping*, sin llegar a profundizar en el pelo de las patas. Recortar las puntas de los pelos que sobresalgan con las tijeras de escalar para igualarlo.

Scottish Terrier

Corte comercial

MATERIAL NECESARIO

- Cabezal cuchilla 0.15#, 10#, 7#, 5# y 4#, de OSTER*
- Cabezal cuchilla núms. 1.8, 2, 5, 7 y 9 mm, de AESCULAP*
- Carda de rodillos
- Cepillo universal
- Cortaúñas
- Líquido limpiador de oídos
- Máquina de rasurar OSTER A-5 o AESCULAP
- Peine de acero
- Tijeras
- Tijeras de escalar

*Estas medidas corresponden a los equivalentes aproximados entre una y otra marca.

❶ Cepillar el pelo con el cepillo universal. Después peinar con el peine y eliminar todos los nudos.

❷ Limpiar las orejas con líquido limpiador; secar después con un algodón protegido con gasa hidrófila.

❸ Cortar las uñas con un cortaúñas de tipo tijera, pero solo las puntas para no dañar la vena.

❹ Con la máquina rasuradora, cortar el pelo de las orejas tan solo desde la mitad hacia arriba, por dentro y por fuera, reservando los bordes para recortarlos con las tijeras.

Elegir el cabezal de rasurado más adecuado. Si la máquina es de tipo OSTER, entre los 0.15# o 10#. Si es una AESCULAP, elegir entre el cabezal de 1.8 o el de 2 mm.

Después de aplicar el rasurado, recortar los bordes de las orejas con las tijeras de corte.

Con la máquina y el mismo cabezal, rasurar los pelos de los espacios plantares de los pies, los pelos del bajovientre, el sexo y alrededor del ano.

Peinar el pelo de la cabeza de atrás hacia delante. Elegir el cabezal de rasurado más adecuado. Si la máquina es de tipo OSTER, entre los 7#, 5# o 4#. Si se trata de una AESCULAP, elegir entre el cabezal de 3, 5 ó 7 mm.

Por encima de los ojos y justo detrás, a un centímetro de distancia, se encuentran las prominencias del cráneo. Aplicar el rasurado desde este punto hasta la base del cráneo, en la parte superior. En las mejillas aplicar el rasurado desde el extremo exterior de los ojos hasta el borde de las orejas.

Desde el mismo punto exterior de los ojos, girar la máquina y rasurar hacia abajo, sin tocar las barbas delanteras ni los labios, hasta los mentones inferiores, pasando por la garganta. Detener el rasurado de los dos lados de la cabeza en este mismo punto.

❺ Extraer los pelos que sobresalgan del interior de los oídos, y taparlos adecuadamente con algodones recubiertos de gasa.

❻ Antes del baño, aplicar el primer rasurado en toda la parte superior del Scottish Terrier, con una cuchilla con el cabezal 4#, o su equivalente AESCULAP de 7 ó 9 mm. Cepillar el pelo, alisándolo antes de aplicar la máquina en dirección a la cola y al sobre de la mesa.

A favor del pelo, se empieza por detrás del hueso occipital y se avanza por el cuello superior, inferior y sus lados; aplicar en el pecho el rasurado desde debajo de la garganta al esternón, y continuar por el cuerpo superior. Marcar una línea de separación del rasurado, desde el esternón y por el centro longitudinal del cuerpo, hasta la base de la cola. Al llegar a este punto, separar la máquina del cuerpo, siguiendo en la misma dirección e inclinando la máquina hacia atrás con el pelo enganchado a los dientes de la rasuradora. A medida que la máquina se aleja del cuerpo, el pelo se va soltando, despacio al principio y más rápidamente después, formando una línea recta casi imperceptible que divide el rasurado con respecto al pelo que queda intacto por debajo de este punto. Continuar con esta técnica desde el centro del pecho delantero hasta la base inferior de la cola.

Esta se rasura también a favor de pelo con la precaución de no lastimarla.

❼ Peinar todo el pelo del animal con el peine metálico, para asegurarse de que no hay nudos cercanos a la piel.

❽ Bañar y secar al perro, ahuecando el pelo de la parte inferior del animal.

Desde la parte superior, cepillar el pelo, alisándolo al mismo tiempo que se seca, en dirección a la mesa. Después peinar todo el pelaje con el peine metálico, para asegurarse de que no hay nudos próximos a la piel.

❾ Cortar con las tijeras el pelo de las patas que toca en el suelo completamente en redondo. Si es necesario, recortar el pelo de los faldones. Peinar el pelo hacia abajo antes, y practicar un primer recorte. Repetir la operación con las tijeras de escalar hasta conseguir una apariencia natural.

❿ Con la máquina y el cabezal que se utilizó durante el primer rasurado, aplicar un repaso, levantando primero el pelo con el cepillo, a contrapelo, y después aplicando la máquina en la misma dirección en la que crece el pelo, solo hasta el centro longitudinal del cuerpo. Al llegar a ese punto, separar la máquina del cuerpo, siguiendo en la misma dirección e inclinándola hacia atrás, con el pelo enganchado a los dientes de la rasuradora. A medida que la máquina se aleja del cuerpo, el pelo se va soltando, despacio al principio y más rápidamente después, formando una línea recta casi imperceptible que divide el rasurado con respecto al pelo que queda intacto por debajo de ese punto.

⓫ Cortar con las tijeras el pelo de las patas que sobresale entre los dedos, formando una curva y en forma de columna. Si es necesario, recortar el pelo de los faldones. Peinar el pelo hacia abajo antes, y practicar un primer recorte. Repetir la misma técnica con las tijeras de escalar hasta conseguir una apariencia natural.

⓬ Para recortar y sanear con las tijeras el pelo del interior de las patas traseras, recortar el pie en forma de pie de gato. Se empieza por la cara interna de la pata, desde el talón hasta el ángulo del corvejón para dar mayor volumen. Desde ese punto y hasta el muslo superior donde se encuentra el rasurado de los genitales, se práctica un recorte de mayor a menor volumen hasta hacerlo coincidir con el rasurado.

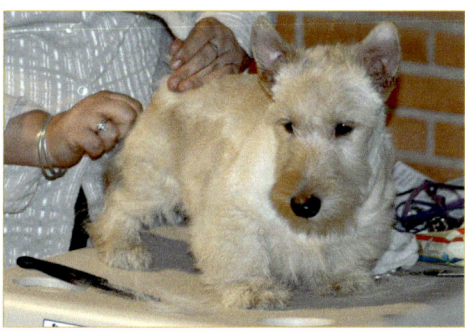

Es conveniente peinar el pelo de los muslos; después sostener el pie y levantarlo hacia el lado exterior, lo suficiente como para que la inclinación de la pierna permita ver el pelo que cuelga de la cara interna del muslo. Peinar antes el pelo hacia abajo y practicar un primer recorte, colocando las tijeras al lado del pie y en dirección al cuerpo. Comprobar que la separación de las tijeras con respecto al pie es lo bastante amplia como para que el pelo recortado sea más voluminoso en la parte baja de la pata que en la superior, y se forme una pared de pelo recta y vertical en el interior del muslo. Repasar el corte con las tijeras de escalar hasta conseguir una apariencia natural.

⓭ En las patas delanteras, aplicar las tijeras en las crines traseras. Para poder ver el pelo, hay que situarse delante del animal. Levantar una de las patas hacia delante, y cepillar y peinar el pelo hasta que cuelgue completamente suelto. Aplicar el recorte desde el pie y en línea recta hasta el codo. Como la pata está un tanto inclinada, al iniciar el recorte desde el pie, y a medida que se avanza, debe separarse cada vez más de ella. De esta forma, el pelo de la parte superior de la pata tiene que quedar más largo que en la inferior para que el arreglo sea correcto.

Si después se repite la operación con las tijeras de escalar, se pueden corregir los errores de la tijera de corte. Utilizar la misma técnica con la otra pata.

14 Peinar el pelo de las cejas hacia delante, eliminando con las tijeras el exceso de pelo entre las mismas, y darles forma de «V». En el stop, realizar dos cortes en forma de «X» con las tijeras, y cortar las cejas en diagonal, desde el borde exterior hasta el centro de cada ceja. Dejar un mechón de pelo más largo en el extremo interior de cada una.

15 Peinar la barba hacia delante y reducir la línea que va desde el extremo de la ceja hasta la comisura posterior de la boca, peinando los pelos próximos a esa zona hacia atrás. Aplicar un corte en cada lado y en diagonal, desde el centro de la mandíbula inferior hasta el borde de la ceja.

Corte para exposición

> **MATERIAL NECESARIO**
>
> ✓ Cabezal cuchilla 0.15#, 5#, 7# y 10#, de OSTER*
> ✓ Cabezal cuchilla núms. 1.8, 2, 3 y 5 mm, de AESCULAP*
> ✓ Cepillo universal
> ✓ Lima metálica de uñas
> ✓ Máquina de rasurar OSTER A-5 o AESCULAP
> ✓ Navajas de *stripping*
> ✓ Peine de acero
> ✓ Tijeras de ahuecar de dos caras
> ✓ Tijeras de corte
> ✓ Tijeras de escalar
>
> *Estas medidas corresponden a los equivalentes aproximados entre una y otra marca.

1 Cepillar el pelo con el cepillo universal. Después peinar con el peine y eliminar todos los nudos.

2 Aplicar líquido limpiador en el interior de los oídos, y limpiar y secar de inmediato. Se puede aprovechar este momento para extraer los pelos que sobresalgan del interior.

3 Con la máquina rasuradora, cortar el pelo de las orejas tan solo desde la mitad hacia arriba y hacia los lados, por dentro y por fuera, reservando los bordes para recortarlos con las tijeras.

4 Elegir el cabezal de rasurado más adecuado. Si la máquina es de tipo OSTER, entre los 0.15# o 10#. Si es una AESCULAP, elegir entre el cabezal de 1.8 o el de 2 mm.

Después de aplicar el rasurado, recortar los bordes de las orejas con las tijeras de corte.

Con la máquina y el mismo cabezal, rasurar los pelos de los espacios plantares de los pies, los pelos del bajovientre, el sexo y alrededor del ano.

Peinar el pelo de la cabeza de atrás hacia delante. Elegir el cabezal de rasurado más adecuado. Si la máquina es de tipo OSTER, entre los 7# o 5#. Si se trata de una AESCULAP, elegir entre el cabezal de 3 ó 5 mm.

Por encima de los ojos y justo detrás, a un centímetro de distancia, se encuentran las prominencias del cráneo. Aplicar el rasurado desde este punto hasta la base del cráneo, en la parte superior. En las mejillas aplicar el rasurado desde el extremo exterior de los ojos hasta el borde de las orejas.

Desde el mismo punto exterior de los ojos, girar la máquina y rasurar hacia abajo, sin tocar las barbas delanteras ni los labios, hasta los mentones inferiores, pasando por la garganta. Detener el rasurado de los dos lados de la cabeza en ese punto.

5 En el cuello superior, extraer el pelo del cuerpo con la navaja de *stripping*, descendiendo por los lados del cuello e igualando la proporción de pelo en ambos lados. Continuar por la parte superior del tronco y los costados del cuerpo, con la precaución de hacer desaparecer todo el pelo lanoso, para que solo quede el de aspecto brillante. No es tan importante que el pelo no quede cortado al mismo nivel, ya que después del lavado se puede nivelar con la ayuda de las tijeras de escalar.

6 Cepillar el pelo de las patas y las barbas; taponar los oídos y bañar al animal con un champú especial de pelo duro; dejar actuar unos minutos, enjuagar con agua tibia y aclarar.

Suavemente y con el secador, secar al perro. Mientras se secan las patas, las barbas, las cejas y la parte superior de la cabeza, peinar y ahuecar el pelo de esas zonas.

7 Peinar las extremidades de la patas, sacu-

dirlas con suavidad y recortar el pelo que toca el suelo con las tijeras de peluquería.

8 Peinar con la navaja de *stripping*, sin llegar a profundizar en el pelo de las patas y las faldas. Recortar las puntas de los pelos que sobresalgan para igualar el pelaje de las patas.

9 Repasar e igualar todo lo que pueda los pelos de la parte superior del animal con la ayuda de la navaja de escalar. Con las tijeras de escalar y sobre el peine metálico, nivelar y pulir su aspecto.

10 Peinar el pelo de las cejas hacia delante, eliminando con las tijeras el exceso de pelo entre las mismas, y darles forma de «V». En el stop, realizar dos cortes en forma de «X» con las tijeras, y cortar las cejas en diagonal, desde el borde exterior hasta el centro de cada ceja.

11 Peinar la barba hacia delante y reducir la línea que va desde el extremo de la ceja hasta la comisura posterior de la boca. Peinar los pelos próximos a esa zona hacia atrás, aplicando un corte en cada lado y en diagonal, desde el centro de la mandíbula inferior hasta el borde de la ceja.

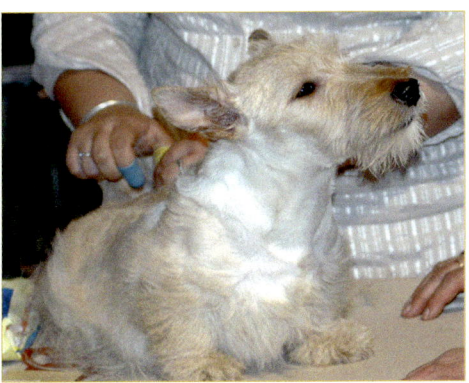

Sealyham Terrier

Corte comercial

 MATERIAL NECESARIO

- Cabezal cuchilla 0.15#, 10#, 7#, 5# y 4#, de OSTER*
- Cabezal cuchilla núms. 1.8, 2, 3, 5, 7 y 9 mm, de AESCULAP*
- Carda de rodillos
- Cepillo universal
- Cortaúñas
- Líquido limpiador de oídos
- Máquina de rasurar OSTER A-5 o AESCULAP
- Peine de acero
- Tijeras
- Tijeras de escalar

*Estas medidas corresponden a los equivalentes aproximados entre una y otra marca.

1 Cepillar el pelo con el cepillo universal. Después peinar con el peine y eliminar todos los nudos.

2 Limpiar las orejas con líquido limpiador; secar después con un algodón protegido con gasa hidrófila.

3 Cortar las uñas con un cortaúñas de tipo tijera, pero solo las puntas para no dañar la vena.

4 Con la máquina rasuradora, cortar el pelo de las orejas por dentro y por fuera, reservando los bordes para recortarlos con las tijeras. Elegir el cabezal de rasurado más adecuado. Si la máquina es de tipo OSTER, entre los 0.15# o 10#. Si es una AESCULAP, elegir entre el cabezal de 1.8 o el de 2 mm.

Después de aplicar el rasurado, recortar los bordes de las orejas con las tijeras de corte.

Con la máquina y el mismo cabezal, rasurar los pelos de los espacios plantares de los pies, los pelos del bajovientre, el sexo y alrededor del ano.

5 Extraer los pelos que sobresalgan del interior de los oídos, y taparlos convenientemente con algodones recubiertos de gasa.

Peinar el pelo de las cejas hacia delante y no aplicar las tijeras en el stop, para dejar que el pelo de esa zona intacto. Cortar el pelaje del dorso del hocico, junto al stop. Recortar la ceja recta, desde los bordes exteriores de las mejillas hacia el hocico.

Eliminar el exceso de pelo si está manchado de color rojo granate en el borde inferior de los ojos en contacto con el hocico, con las tijeras de escalar.

6 Antes del baño, aplicar un primer rasurado en toda la parte superior del Sealyham Terrier, con una cuchilla con el cabezal del 4#, de OSTER, o su equivalente en AESCULAP de 9 mm. Cepillar el pelo, alisándolo antes de aplicar la máquina en dirección a la cola y al sobre de la mesa. Rasurar a favor del crecimiento del pelo, empezando por detrás del hueso occipital y avanzando por el cuello y sus lados. En el pecho aplicar el rasurado desde debajo de la garganta hasta el esternón, y continuar por la parte superior hasta el centro longitudinal del cuerpo. Al llegar a ese punto, separar la máquina del cuerpo, siguiendo en la misma dirección e inclinándola hacia atrás, con el pelo enganchado a los dientes de la rasuradora. A medida que la máquina se aleja del cuerpo, el pelo se va soltando, despacio al principio y más rápidamente después, formando una línea recta casi imperceptible que divide el rasurado con respecto al pelo que queda intacto por debajo de ese punto. Continuar con esta técnica desde el centro del pecho delantero hasta la base inferior de la cola.

7 Peinar todo el pelo del animal con el peine metálico para asegurarse de que no hay nudos cercanos a la piel.

❽ Bañar y secar al perro, ahuecando el pelo de toda la parte inferior del animal.

Desde la parte superior, cepillar el pelo, alisándolo al mismo tiempo que se seca, en dirección al sobre de la mesa. Después peinar todo el pelo del perro con el peine metálico, para asegurarse de que no hay nudos cercanos a la piel.

❾ Cortar con las tijeras el pelo de las patas que toca en el suelo completamente en redondo. Si es necesario, recortar el pelo de los faldones. Peinar el pelo hacia abajo y practicar un primer recorte. Repetir el mismo proceso con las tijeras de escalar hasta conseguir una apariencia natural.

❿ Con la máquina y el cabezal que se utilizó en el primer rasurado, aplicar un repaso levantando primero el pelo con el cepillo a contrapelo, y aplicando después la máquina en la misma dirección en la que crece el pelo, solo hasta el centro longitudinal del cuerpo. Al llegar a ese punto, separar la máquina del cuerpo, siguiendo en la misma dirección e inclinándola hacia atrás, con el pelo enganchado a los dientes de la rasuradora. A medida que la máquina se aleja del cuerpo, el pelo se va soltando, despacio al principio y más rápidamente después, formando una línea recta casi imperceptible que divide el rasurado con respecto al pelo que queda intacto por debajo de ese punto.

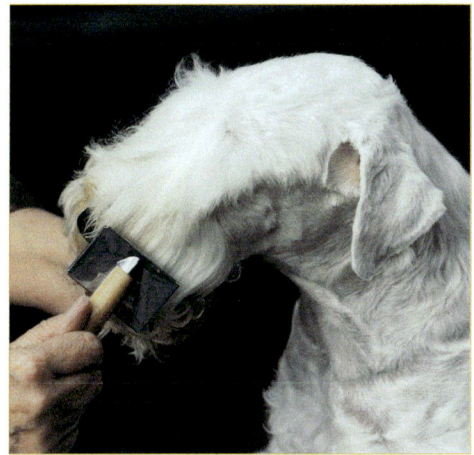

⓫ Cortar con las tijeras el pelo de las patas que sobresalga entre los dedos, con forma curva y en pie de gato. Si es necesario, recortar el pelo de los faldones. Peinar el pelo hacia abajo y practicar un primer recorte. Repetir la misma técnica con las tijeras de escalar hasta conseguir una apariencia natural.

⓬ Para recortar y sanear con las tijeras el pelo del interior de las patas traseras, es conveniente peinar antes el pelo de los muslos. Sujetar el pie y levantarlo hacia el lado exterior, lo suficiente como para que la inclinación de la pierna permita observar el pelo que cuelga de la cara in-

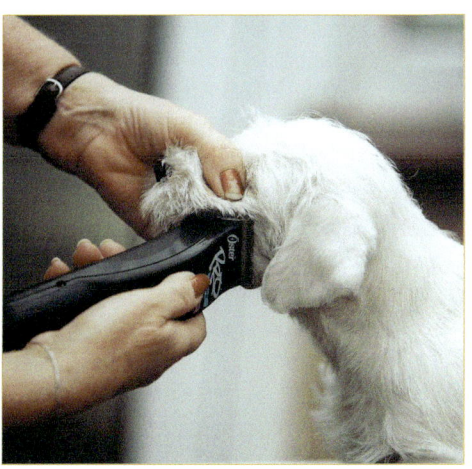

terna del muslo. Peinar el pelo hacia abajo y practicar un primer recorte.

Colocar las tijeras al lado del pie y en dirección al cuerpo, para comprobar que la separación con respecto al pie sea lo bastante amplia como para que el pelo recortado sea más voluminoso en la parte inferior de la pata que en la superior, con el objetivo de que forme una pared de pelo recta y vertical en el interior del muslo. Repasar el corte con las tijeras de escalar hasta conseguir una apariencia natural.

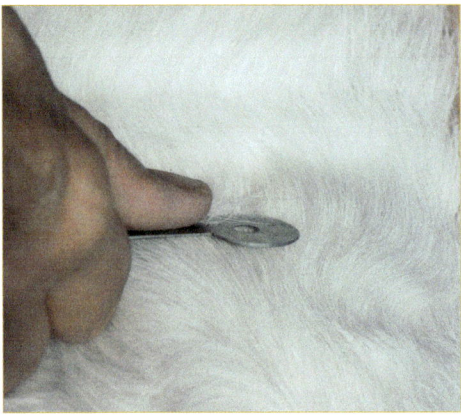

13 En las patas delanteras, aplicar las tijeras en las crines traseras y después de redondear los pies. Para trabajar con más comodidad, es conveniente situarse delante del animal, levantarle una de las patas hacia delante, y cepillarle y peinarle el pelo hasta que cuelgue completamente suelto. Aplicar el recorte desde el pie y en línea recta hasta el codo. Como la pata queda un tanto inclinada, y el recorte se inicia desde el pie, a medida que se avanza el pelaje se separa cada vez más de la pata. De esta forma, el pelo de la parte superior ha de ser más largo que el de la inferior para que el arreglo sea correcto.

Si después se repite la operación con las tijeras de escalar, se pueden corregir los errores de las tijeras de corte.

Peinar el pelo de la ceja hacia delante, sin aplicar las tijeras en el stop, para dejar que crezca el pelo en esa zona.

Recortar el pelo de esta ceja única en su extremo exterior, en forma de arco, con un solo corte continuo desde un extremo al otro.

Peinar la barba hacia delante y reducir la línea que va desde el extremo de la ceja hasta la comisura posterior de la boca, peinando los pelos próximos a esa zona hacia atrás. Aplicar un corte en cada lado y en diagonal, desde el centro de la mandíbula inferior hasta el borde de la ceja.

Eliminar el exceso de pelo si está manchado de color rojo granate en el borde inferior de los ojos en contacto con el hocico, con las tijeras de escalar.

Corte para exposición

 **MATERIAL NECESARIO**

✓ Cabezal cuchilla 0.15# o 10#, de OSTER*
✓ Cabezal cuchilla núms. 1.8 ó 2 mm, de AESCULAP*
✓ Cepillo universal
✓ Lima metálica de uñas
✓ Máquina de rasurar OSTER A-5 o AESCULAP
✓ Navajas de *stripping*
✓ Peine de acero
✓ Tijeras de ahuecar de dos caras
✓ Tijeras de corte
✓ Tijeras de escalar

*Estas medidas corresponden a los equivalentes aproximados entre una y otra marca.

1 Cepillar el pelo con el cepillo universal. Después peinar con el peine y eliminar todos los nudos.

2 Aplicar líquido limpiador en el interior de los oídos, y limpiar y secar de inmediato. Se puede aprovechar este momento para extraer los pelos que sobresalgan del interior.

3 Con la máquina rasuradora, cortar el pelo de las orejas por dentro y por fuera, reservando los bordes para recortarlos con las tijeras.

Elegir el cabezal de rasurado más adecuado. Si la máquina es de tipo OSTER, entre los 0.15# o 10#. Si es una AESCULAP, elegir entre el cabezal de 1.8 o el de 2 mm.

Después de aplicar el rasurado, recortar los bordes de las orejas con las tijeras de corte.

Con la máquina y el mismo cabezal, rasurar los pelos de los espacios plantares de los pies, los pelos del bajovientre, el sexo y alrededor del ano.

❹ En las mejillas aplicar el rasurado desde el extremo exterior de los ojos hasta el borde de las orejas. Desde el punto exterior de los ojos, girar la máquina y rasurar hacia abajo, sin tocar las barbas delanteras ni los labios, hasta los mentones inferiores, pasando por la garganta, utilizando la misma cuchilla cabezal.

❺ Empezando en el cuello superior, extraer el pelo del cuerpo con la navaja de *stripping*. Descender por los lados del cuello, igualando la proporción de pelo en ambos costados. Proseguir con la extracción por la parte superior del tronco y los costados del cuerpo, con la precaución de hacer desaparecer todo el pelo lanoso, para que solo se vea el de aspecto brillante. No es tan importante que el pelo no quede cortado al mismo nivel, ya que después del lavado se puede nivelar con la ayuda de las tijeras de escalar y la navaja de escalar.

❻ Cepillar el pelo de las patas y las barbas; taponar los oídos y bañar al animal con un champú especial para pelo duro; dejar actuar unos minutos, enjuagar con agua tibia y aclarar.

Suavemente y con el secador, secar al perro; mientras se secan las patas, las barbas, las cejas y la parte superior de la cabeza, peinar y ahuecar el pelo de esas zonas.

❼ Peinar las extremidades de la patas y sacu-

dirlas con suavidad. Recortar el pelo que toca el suelo con las tijeras de peluquería.

❽ Peinar con la navaja de *stripping*, sin llegar a profundizar en el pelo de las patas y las faldas. Después recortar las puntas de los pelos que sobresalgan para igualar las patas.

❾ Repasar e igualar todo lo que pueda los pelos de la parte superior del perro con la ayuda de la navaja y de las tijeras de escalar, nivelando y puliendo el aspecto general del animal.

❿ Peinar el pelo de las cejas hacia delante, sin aplicar las tijeras en el stop para dejar que crezca el pelo de esa zona.

Recortar el pelo de esta ceja única en su extremo exterior en forma de arco, con un solo corte continuo, desde un extremo al otro.

Peinar la barba hacia delante y reducir la línea que va desde el extremo de la ceja hasta la comisura posterior de la boca, peinando los pelos próximos a esa zona hacia atrás. Aplicar un corte en cada lado y en diagonal, desde el centro de la mandíbula inferior hasta el borde de la ceja.

Eliminar el exceso de pelo si está manchado de color rojo granate en el borde inferior de los ojos en contacto con el hocico, con las tijeras de escalar.

Setter

Corte comercial

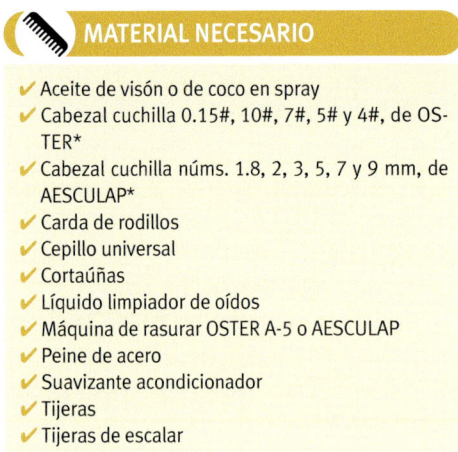

MATERIAL NECESARIO

- Aceite de visón o de coco en spray
- Cabezal cuchilla 0.15#, 10#, 7#, 5# y 4#, de OSTER*
- Cabezal cuchilla núms. 1.8, 2, 3, 5, 7 y 9 mm, de AESCULAP*
- Carda de rodillos
- Cepillo universal
- Cortaúñas
- Líquido limpiador de oídos
- Máquina de rasurar OSTER A-5 o AESCULAP
- Peine de acero
- Suavizante acondicionador
- Tijeras
- Tijeras de escalar

*Estas medidas corresponden a los equivalentes aproximados entre una y otra marca.

❶ Cepillar el pelo con el cepillo universal. Si encuentra nudos, antes de desenredarlos vaporice el pelo con aceite de visón para evitar que se rompa. Peinar después con el cepillo y el peine, eliminando todos los nudos.

❷ Limpiar las orejas con un líquido limpiador adecuado; secar después con un algodón protegido con gasa hidrófila.

❸ Cortar las uñas con un cortaúñas de tipo tijera, pero solo las puntas para no dañar la vena.

❹ Elegir el cabezal de rasurado más adecuado. Si la máquina es de tipo OSTER, entre los 0.15# o 10#. Si es una AESCULAP, elegir entre el cabezal de 1.8 o el de 2 mm. Rasurar la parte superior de la cabeza, desde las cejas hasta el occipital, a favor del pelo, y hacia el borde de las orejas. Levantarlas y aplicar el rasurado por dentro, a todos los pelos que rodean la entrada del pabellón auditivo. Rasurar el bajovientre, el sexo y alrededor del ano, con el mismo cabezal de la cuchilla. Con la máquina y el mismo cabezal, rasurar los pelos de los espacios plantares de los pies.

❺ Antes del baño, aplicar un primer rasurado en toda la parte superior del Setter con una cuchilla con el cabezal más adecuado a la época del año que corresponda, entre la del 7#, de OSTER, y en verano; las de 5# o 4#, o su equivalente en AESCULAP de 5, 7 ó 9 mm, en el resto del año.

❻ Cepillar el pelo, alisándolo antes de aplicar la máquina en dirección a la cola y al sobre de la mesa. A favor del crecimiento del pelo, empezando por detrás del hueso occipital y avanzando por el cuello y los lados, aplicar el rasurado en el pecho, desde debajo de la garganta hasta el esternón, con la cuchilla con el cabezal de 2 mm de AESCULAP o su equivalente 10# de OSTER. Continuar el rasurado por el cuerpo superior con una cuchilla de cabezal más grueso, hasta el centro longitudinal del cuerpo. Al llegar a ese punto, separar la máquina del cuerpo, siguiendo en la misma dirección e inclinándola hacia atrás, con el pelo enganchado a los dientes de la rasuradora. A medida que la máquina se aleja del cuerpo, el pelo se va soltando, despacio al principio y más rápidamente después, formando una línea recta casi imperceptible que divide el rasurado con respecto al pelo que queda intacto por debajo de ese punto.

❼ Peinar todo el pelo del animal con el peine metálico para asegurarse de que no hay nudos cercanos a la piel.

Taponar los oídos convenientemente con algodones recubiertos de gasa.

❽ Bañar y secar al perro, ahuecando el pelo de toda la parte inferior del animal.

Desde la parte superior, cepillar el pelo, alisándolo al mismo tiempo que se seca, en dirección a la mesa. Peinar todo el pelo del animal con el peine metálico para asegurarse de que no hay nudos cercanos a la piel.

❾ Cortar con las tijeras el pelo de las patas que toca en el suelo completamente en redondo. Si es necesario, recortar el pelo de los faldones. Peinar el pelo hacia abajo y practicar un primer recorte. Repetir este proceso con las tijeras de escalar hasta conseguir una apariencia natural.

❿ Con la máquina y el cabezal que se utilizó durante el primer rasurado, aplicar un repaso levantando el pelo, primero con el cepillo a contrapelo y después aplicando la máquina en la misma dirección en la que crece el pelo, solo hasta el centro longitudinal del cuerpo. Al llegar a ese punto, separar la máquina del cuerpo, siguiendo en la misma dirección e inclinándola hacia atrás, con el pelo enganchado a los dientes de la rasuradora. A medida que la máquina se aleja del cuerpo, el pelo se va soltando, despacio al principio y más rápidamente después, formando una línea recta casi imperceptible que divide el rasurado con respecto al pelo que queda intacto por debajo de ese punto.

⓫ Cortar con las tijeras el pelo de las patas que sobresalga entre los dedos completamente en curva y en forma de pie de gato. Si es

necesario, recortar el pelo de los faldones. Peinar el pelo hacia abajo y practicar un primer recorte. Utilizar la misma técnica con las tijeras de escalar hasta conseguir una apariencia natural.

⓬ Para recortar y sanear con tijeras el pelo del interior de las patas traseras, primero es conveniente peinar el pelo de los muslos. Sujetar el pie y levantarlo hacia el lado exterior, lo suficiente como para que la inclinación de la pierna permita observar el pelo que cuelga de la cara interna del muslo. Peinar el pelo ha-

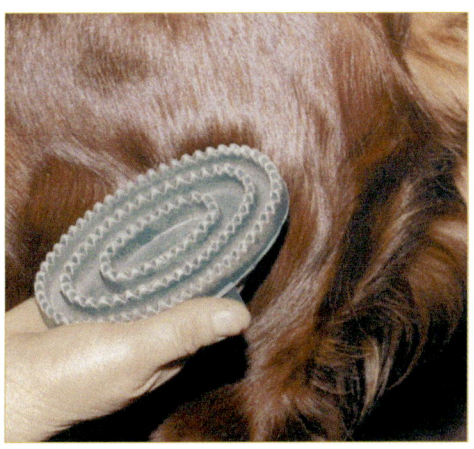

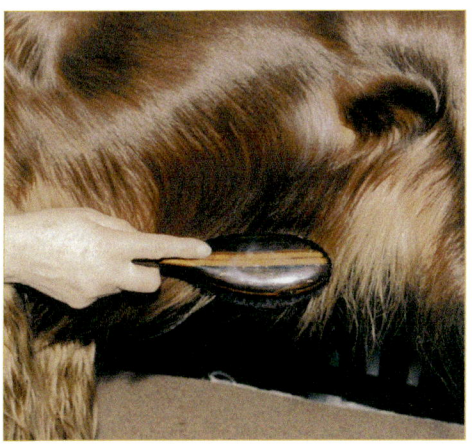

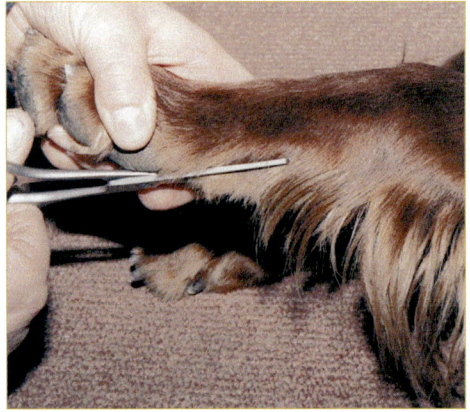

cia abajo y practicar un primer recorte. Colocar las tijeras al lado del pie y en dirección al cuerpo, para comprobar que la separación de las tijeras con respecto al pie sea lo bastante amplia como para que el pelo recortado sea más voluminoso en la parte inferior de la pata que en la superior, lo que debe formar un fleco vertical en el exterior del muslo. Repasar el corte con las tijeras de escalar hasta conseguir una apariencia natural.

⓭ En las patas delanteras, aplicar las tijeras en las crines traseras. Es aconsejable situarse delante del animal. Se levanta una de las patas hacia delante, y se cepilla y peina el pelo hasta que cuelgue completamente suelto. Aplicar el recorte desde el pie y en línea recta hasta el co-

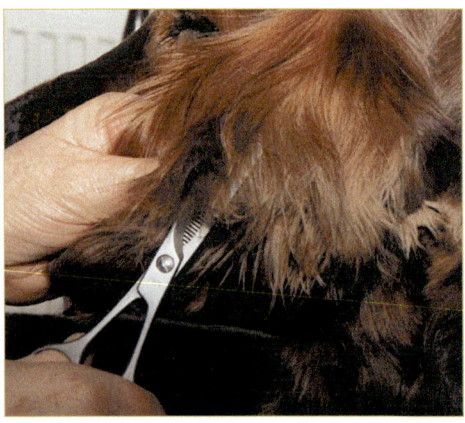

do. Para que el arreglo sea correcto, y como la la pata está un poco inclinada y el recorte se inicia desde el pie, a medida que se avanza debería separarse cada vez más de la pata para que el pelo de la parte superior sea más largo que el de la inferior.

Si después se repite la operación con las tijeras de escalar se pueden corregir los errores de la tijera de corte. Repetir este proceso con la otra pata.

⓮ En la cabeza, aplicar el repaso del rasurado con el mismo cabezal que se utilizó antes del baño hasta que quede una apariencia pulida.

⓯ El volumen de la cola se puede reducir aplicando la máquina con el mismo cabezal con el que se arregló el cuerpo.

Es decir, se aplica en la parte superior y en los costados de la cola, mientras en la parte inferior se reducen las puntas, triangulando el pelo desde atrás hacia delante, de modo que parezca una vela colgada.

Corte para exposición

Los cuidados del Setter para exposición empiezan a partir de los cinco meses de edad.

Por razones genéticas, en algunos individuos de Setter el pelo de las manchas presenta una capa extra de vello que sobresale por encima del pelo habitual. Esta apariencia compromete la belleza natural del perro, que es penalizado en las exposiciones. Por lo tanto, en un arreglo adecuado, este vello deberá extraerse. Se realiza de tres formas diferentes:

- La primera se apoya en el uso de la máquina de rasurar, lo cual resulta contraindicado en aquellos animales dedicados a la exposición.
- La segunda opción es extraerlo con las tijeras de escalar. Primero se practican los mordiscos necesarios y después se peina para comprobar que haya desaparecido. Pero el tallo inferior sigue estando presente y consume parte del color del resto del pelaje.

• La tercera técnica implica la extracción con la navaja de *stripping* de raíz, por lo que el vello indeseable deja de consumir nutrientes que se reparten al resto del pelaje y la piel, y favorecen la pigmentación.

 MATERIAL NECESARIO

- Cabezal cuchilla 0.15# o 10#, de OSTER*
- Cabezal cuchilla núms. 1.8 ó 2 mm, de AESCULAP*
- Cepillo de cerda natural
- Cepillo universal
- Cortaúñas
- Lima metálica de uñas
- Máquina de rasurar OSTER A-5 o AESCULAP
- Navajas de *stripping*
- Peine de acero
- Tijeras de corte
- Tijeras de escalar

*Estas medidas corresponden a los equivalentes aproximados entre una y otra marca.

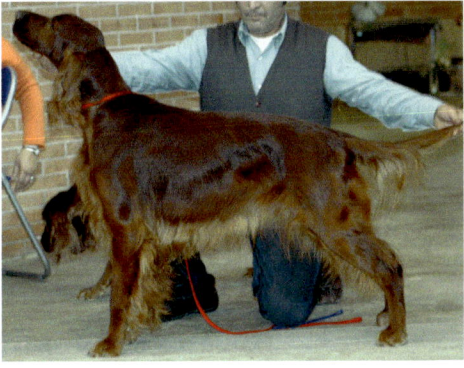

❶ La fórmula de arreglar al Setter, se diferencia básicamente en que para reducir el tamaño del pelo se utilizan las tijeras de escalar, excepto en la cabeza y la garganta, donde se utiliza la máquina esquiladora, para reducir la densidad y el volumen. Esas operaciones se repiten cada tres o cuatro meses a lo largo del año, procurando que el arreglo sea cuatro semanas antes de cualquier exposición.

Para el día antes de la exposición se efectúan los siguientes pasos:

- 1.º Cortar las uñas con un cortaúñas de tipo tijera, pero solo las puntas para no dañar la vena. Si se astilla alguna uña, utilizar una lima metálica para eliminar las astillas.
- 2.º El baño se realiza con un champú especial para pelo largo; se aplican dos enjabonadas y en el último aclarado se utiliza un suavizante acondicionador de pelo.

Secar al animal con secador, ahuecando con el cepillo el pelo de la parte inferior del perro.

Desde la parte superior, cepillar el pelo, alisándolo al mismo tiempo que se seca, en dirección al sobre de la mesa. Peinar todo el pelo del animal con el peine metálico para asegurarse de que no hay nudos cercanos a la piel.

❷ Cortar con las tijeras el pelo de las patas que toca en el suelo completamente en redondo. Si es necesario, recortar el pelo de los faldones. Peinar el pelo hacia abajo y practicar un primer recorte. Repetir el mismo proceso con las tijeras de escalar hasta conseguir una apariencia natural.

❸ Con las tijeras de corte, recortar los pelos de los espacios plantares.

❹ El pelo de las orejas debe ser rasurado en el tercio superior de las mismas, conservando el resto en perfectas condiciones hasta que llegue el momento de salir a la pista. Después de peinar al animal de manera apropiada, colocarle una braga bufanda en el cuello para evitar que se manche las orejas mientras come, bebe, juega...

Shih Tzu

Corte comercial

MATERIAL NECESARIO

- Aceite de visón o de coco en spray
- Cabezal cuchilla 0.15# ó 10#, de OSTER*
- Cabezal cuchilla núms. 1.8 ó 2 mm, de AESCULAP*
- Carda de rodillos
- Cepillo de cerda natural
- Cepillo universal
- Cortaúñas
- Lima metálica de uñas
- Líquido limpiador de oídos
- Máquina de rasurar OSTER A-5 o AESCULAP
- Peine de acero
- Tijeras de corte
- Tijeras de escalar

*Estas medidas corresponden a los equivalentes aproximados entre una y otra marca.

1 Cepillar el pelo con el cepillo universal. Si encuentra nudos, antes de desenredarlos vaporice el pelo con aceite de visón para evitar que se rompa. Peinar después con el cepillo y el peine, eliminando todos los nudos.

2 Limpiar las orejas con un líquido limpiador adecuado; secar después con un algodón protegido con gasa hidrófila. Si es necesario, extraer los pelos que sobresalgan del interior.

3 Cortar las uñas con un cortaúñas de tipo tijera, pero solo las puntas para no dañar la vena.

4 Elegir el cabezal de rasurado más adecuado. Si la máquina es de tipo OSTER, entre los 0.15# o 10#. Si es una AESCULAP, elegir entre el cabezal de 1.8 o el de 2 mm.
Con la máquina y el mismo cabezal, rasurar los pelos de los espacios plantares de los pies, los pelos del bajovientre, el sexo y alrededor del ano.

5 Tapone los oídos convenientemente con algodones recubiertos de gasa.

6 Bañar al animal dos veces y después aplicar suavizante acondicionador.
Secar al perro, ahuecando el pelo de toda la parte inferior del animal.
En la parte superior, cepille el pelo, alisándolo al mismo tiempo que se seca, en dirección al sobre de la mesa.

7 Peinar todo el pelo del animal con el peine metálico para asegurarse de que no hay nudos cercanos a la piel.

8 Cortar con las tijeras, los pelos que sobresalgan en los bordes de los pies.

9 Peinar el pelo de la cabeza, marcando una línea recta de separación en ambos lados del cráneo. Si es necesario reducir el tamaño, recortar las puntas desde el borde del rasurado en las orejas y en dirección a la garganta. Repetir la operación con las tijeras de escalar hasta darle una apariencia natural.

10 Eliminar el exceso de pelo si está manchado de color rojo granate en el borde inferior de los ojos en contacto con el hocico, con las tijeras de escalar.

11 Con el peine marcar una línea que divida en dos mitades hacia abajo el pelo, desde la parte superior de la cabeza y hasta la base de la cola. Peinar y aplicar un poco de aceite de visón, peinándolo hacia abajo.

12 Cortar con las tijeras el pelo de las patas que toca el suelo completamente redondo. Si es necesario recortar el pelo de los faldones, peinar antes el pelo hacia abajo y practicar un primer recorte. Repetir la misma técnica con las tijeras de escalar hasta conseguir una apariencia natural.

13 En la cabeza, vaporizar un poco de aceite de visón para ayudar a conservar el pelo. Con la ayuda del peine, dividir el pelo desde el extremo exterior del ojo hasta la base de la oreja, en ambos lados de la cabeza.

Después repetir el proceso en el pelo desde una oreja a la otra, en la base del cráneo.

Sostener el pelo con una mano en el centro de la cabeza, mientras con la otra se aplica una goma elástica especial, enrollando el mechón hasta cuatro vueltas. Hay que procurar que el pelo del mechón no estire de la piel. Sobre la goma se puede colocar un lazo decorativo.

14 Con el acondicionador del pelo se ayuda a mantener el pelaje en óptimas condiciones de conservación, aunque sigue siendo necesario cepillarlo tres veces a la semana, para evitar la creación de nuevos nudos.

15 El Shih Tzu se debe bañar una vez al mes.

16 Debe comprobar cada mes el estado de las uñas, por si es necesario cortarlas.

Corte para exposición

Los cuidados del Shih Tzu de exposición empiezan a partir de los cinco o seis meses de edad.

MATERIAL NECESARIO

- Abrigo especial de seda o nailon
- Aceite de visón o de coco en spray
- Cabezal cuchilla 0.15# o 10#, de OSTER*
- Cabezal cuchilla núms. 1.8 ó 2 mm, de AESCULAP*
- Cepillo de cerda natural
- Cepillo universal
- Cortaúñas
- Gomas elásticas para el pelo
- Juego de calcetines o botas especiales
- Lima metálica de uñas
- Líquido limpiador de oídos
- Máquina de rasurar OSTER A-5 o AESCULAP
- Papel de cebolla en tiras, unas treinta unidades, de 10 x 25 cm
- Peine de acero
- Tijeras de corte
- Tijeras de escalar

*Estas medidas corresponden a los equivalentes aproximados entre una y otra marca.

1 Cepillar el pelo con el cepillo de cerda natural. Después peinar con el peine y antes de eliminar los nudos, vaporizar aceite de visón, dejarlo actuar y después cepillar con cuidado con el cepillo universal.

2 Aplicar líquido limpiador en el interior de los oídos, y limpiar y secar de inmediato. Se puede aprovechar este momento para extraer los pelos que sobresalgan del interior.

Aplicar de nuevo líquido limpiador indicado para oídos, y secar después con un algodón envuelto en gasa para no dejar residuos.

3 Peinar el pelo de la cabeza. En la comisura de los ojos aplicar líquido limpiador de ojos en dirección al centro del hocico, con la ayuda de gasas. Limpiar todos los residuos acumulados de legañas.

4 Si el animal posee manchas de color rojo granate, aplicar el tratamiento corrector que recomiende el veterinario.

5 Cortar las uñas con un cortaúñas, pero con la precaución de solo recortar las puntas para no dañar la vena interna.

6 Elegir el cabezal de rasurado más adecuado. Si la máquina es de tipo OSTER, entre los 0.15# o 10#. Si es una AESCULAP, elegir entre el cabezal de 1.8 o el de 2 mm.

Con la máquina rasuradora, rasurar el pelo de los espacios plantares con mucho cuidado, los pelos del bajovientre, el sexo y alrededor del ano.

7 Taponar los oídos con algodones recubiertos de gasa hidrófila.

⑧ Bañar cada dos o tres semanas al perro con un champú especial para pelo largo, y aplicar dos enjabonadas.
En el último aclarado utilizar una dosis de crema suavizante especial para pelo largo, extendiéndola por todo el pelaje.
Cuando se termine el baño, secar al animal con toallas sin frotar el pelo, para evitar que se enrede. Secar el pelo con el secador, cepillando el pelo y ahuecándolo de la mitad hacia abajo del animal. En la parte superior, los lados y los extremos del animal, secar y alisar el pelo hacia el suelo.
⑨ Peinar las patas una a una, y sacudirlas con suavidad, comprobando que esté totalmente suelto.
⑩ Recortar el pelo de los bordes de las orejas, pero solo los que queden sueltos después de ser peinados, para dejar una apariencia pulida.

⑪ Cepillar primero todo el pelo con el cepillo universal. Después peinar con el peine metálico en dos mitades, desde la nariz hasta la base de la cola.
⑫ Preparar las tiras de papel de cebolla, el vaporizador de aceite de visón, el peine metálico y el cepillo de cardar.
⑬ En la cabeza, dividir el pelo desde el extremo exterior de cada ojo hasta la base de cada oreja, y vaporizar un poco de aceite de visón para ayudar a conservar el pelo. Con la ayuda del peine, peinar el pelo de los dos mechones hacia ambos lados de la cabeza.
⑭ Después hacer lo mismo en el pelo desde una oreja a la otra, en la base del cráneo.
⑮ Sostener un mechón con una mano en el centro de la cabeza, mientras con la otra se aplica una tira de papel de cebolla previamente doblada en tres pliegues. Poner el mechón en el centro y a lo largo, y cubrirlo con las alas del papel; doblarlo en tres partes a partir del extremo del pelo y aplicarle una goma elástica especial, enrollada con tres o cuatro vueltas.
⑯ Repetir la operación con el pelo de las mejillas; antes de formar los mechones vaporizar un poco de aceite de visón.
⑰ Con el peine marcar una línea vertical desde la comisura del ojo hasta la barba, y otra segunda línea desde el extremo anterior de la oreja hasta el extremo profundo del mentón.
⑱ Sostener un mechón de pelo con una mano, mientras con la otra se aplica una tira de papel de cebolla previamente doblada en tres pliegues. Poner el mechón en el centro y a lo largo, y cubrirlo con las alas del papel; doblarlo en tres partes a partir del extremo del pelo más cercano a la piel, y aplicarle una goma elástica especial, enrollada con tres o cuatro vueltas.
⑲ Repetir la operación con los pelos de los bigotes. Con el peine recoger hacia delante, vaporizar el aceite de visón, peinar y sujetar con la mano el mechón de un lado de los bigotes, mientras con la otra se aplique el papel del mismo modo que se hizo antes. Después se repite

con el otro lado. De esta forma, la cabeza está preparada con los bigudíes.

㉒ En el cuello se prepara el pelo peinando una línea en el centro superior, con el pelo hacia los lados del mismo de modo para que caiga por los hombros en la parte delantera y los lados.

㉑ Debe recordarse que antes de formar los mechones hay que vaporizar un poco de aceite de visón.

㉒ Con el peine se marca una línea vertical en el centro delantero del pecho, desplazando el pelo hacia el lado correspondiente. Este se sujeta con la mano, y con la ayuda del peine se forma una segunda línea vertical con el pelo que cuelga por el hombro, en la parte delantera, y se desplaza hacia el lado contrario para formar un mechón.

Sostener el mechón del pelo, mientras con la otra mano se aplica una tira de papel de cebolla previamente doblada en tres pliegues. Poner el mechón en el centro y a lo largo, y cubrirlo con las alas del papel. Doblarlo en tres partes sobre el primer tercio, a partir del pelo cercano a la piel, y aplicarle una goma elástica especial, enrollada con tres o cuatro vueltas. Esta operación se repite en el otro lado del frontal del pecho.

㉓ En los costados del Shih Tzu se repiten estas operaciones entre tres o cuatro veces, en función del tamaño de los mechones y del propio perro.

㉔ En la patas delanteras, a media altura, se forma un bigudí con el pelo que cuelga en el lado exterior de cada una. En las patas traseras se aplica justo por encima de los corvejones.

㉕ Vaporizar en los pies un poco de aceite de

visón, y aplicar los calcetines o las botas especiales para perros de tamaño pequeño.

Estas operaciones de aceitamiento del pelo se deben aplicar de manera rutinaria cada tres días. Además, debe ser peinado a diario para que el pelo se airee, y se deben volver a aplicar los papelitos, las gomitas, los calcetines y el abriguito.

El día anterior o incluso el mismo día de la presentación a la exposición, se ha de lavar intensamente el pelaje para hacer desaparecer cualquier rastro de aceite de visón. Hay que poner mucho cuidado en el cepillado cuando se seca, y debe ser aplicado desde arriba hacia abajo y con cepillos de cerda natural y peines que no produzcan electricidad estática. El pelo excesivamente largo que se arrastre debe ser recortado de manera que no tenga más de uno o dos centímetros de contacto con el suelo, en todo el perímetro del animal. De este modo no se limita la soltura y libertad de movimientos del perro.

Después de cada exposición se debe volver a empezar con la rutina diaria de cuidados del pelaje.

Silky Terrier

Corte de verano

 MATERIAL NECESARIO

- Aceite de visón o de coco en spray
- Cabezal cuchilla 0.15#, 10#, 7#, 5# y 4#, de OSTER*
- Cabezal cuchilla núms. 5, 7 y 9 mm, de AESCULAP*
- Carda de rodillos
- Cepillo universal
- Cortaúñas
- Gomas elásticas para el pelo
- Líquido limpiador de oídos
- Máquina de rasurar OSTER A-5 o AESCULAP
- Peine de acero
- Tijeras
- Tijeras de escalar

*Estas medidas corresponden a los equivalentes aproximados entre una y otra marca.

❶ Cepillar el pelo con el cepillo universal. Si encuentra nudos, antes de desenredarlos vaporice el pelo con aceite de visón para evitar que se rompa. Peinar después con el cepillo y el peine, eliminando todos los nudos.

❷ Limpiar las orejas con un líquido limpiador adecuado; secar después con un algodón protegido con gasa hidrófila.

❸ Cortar las uñas con un cortaúñas de tipo tijera, pero solo las puntas para no dañar la vena.

❹ Con la máquina rasuradora, cortar el pelo de los espacios plantares con mucho cuidado. Elegir el cabezal de rasurado más adecuado. Si la máquina es de tipo OSTER, entre los 0.15# o 10#. Si es una AESCULAP, elegir entre el cabezal de 1.8 o el de 2 mm.
Rasurar los pelos del bajovientre, el sexo y alrededor del ano.
Rasurar solo el tercio superior de cada oreja y reservar el pelo de los bordes para recortarlo después con las tijeras.

❺ Taponar los oídos convenientemente con algodones recubiertos de gasa.

❻ Aplicar a la máquina de rasurar un cabezal de cuchilla de 5, 7 ó 9 mm, y rasurar con cuidado toda la parte superior del cuerpo a favor del pelo, desde la cabeza hasta la cola, empezando por detrás del hueso occipital y avanzando por el cuello y sus lados. En el pecho aplicar el rasurado desde debajo de la garganta hasta el esternón, y continuar rasurando por la parte superior hasta el centro longitudinal del cuerpo. Al llegar a ese punto, separar la máquina del cuerpo, siguiendo en la misma dirección e inclinándola hacia atrás, con el pelo enganchado a los dientes de la rasuradora. A medida que la máquina se aleja del cuerpo, el pelo se va soltando, despacio al principio y más rápidamente después, formando una línea recta casi imperceptible que divide el rasurado con respecto al pelo que queda intacto por debajo de ese punto. Continuar con esta técnica desde el centro del pecho delantero hasta la base inferior de la cola.

❼ Bañar al animal dos veces y después aplicar suavizante acondicionador.
Secar al perro, ahuecando el pelo de toda la parte inferior del animal. En la parte superior cepillar el pelo, alisándolo al mismo tiempo que se seca, en dirección a la mesa.

❽ Eliminar el exceso de pelo si está manchado de color rojo granate en el borde inferior de los ojos en contacto con el hocico, con las tijeras de escalar.

❾ Peinar el pelo de la cabeza marcando una línea recta de separación hacia ambos lados del cráneo. Si es conveniente reducir su tamaño, recortar las puntas desde el borde del rasurado de las orejas y en dirección a la garganta. Repetir la operación con las tijeras de escalar hasta conseguir una apariencia natural.

❿ Repasar el rasurado levantando el pelo de las zonas rasuradas con el cepillo, a contrapelo, y volver a aplicar la máquina con la misma cuchilla que se utilizó antes del baño, para dejarlo perfectamente igualado.

El volumen de la cola se puede reducir aplicando la máquina con el mismo cabezal con que se arregló el cuerpo.

Es decir, se aplica en la parte superior y en los costados de la cola; si es larga y sin amputaciones, en la parte inferior se reducen las puntas, triangulando el pelo desde atrás hacia delante, de modo que parezca una vela colgada.

⓫ Cortar con las tijeras el pelo de las patas que toca el suelo completamente redondo. Es conveniente recortar el pelo de los faldones algo más corto que en la versión siguiente. Peinar el pelo hacia abajo y practicar un primer recorte. Repetir el mismo proceso con las tijeras de escalar hasta conseguir una apariencia natural.

⓬ En la cabeza, vaporizar un poco de aceite de visón para ayudar a conservar el pelo. Con la ayuda del peine, dividir el pelo desde el extremo exterior del ojo hasta la base de la oreja, en ambos lados de la cabeza.

Después hacer lo mismo en el pelo desde una oreja a la otra, en la base del cráneo.

Sostener el pelo con una mano en el centro de la cabeza, mientras con la otra se coloca una goma elástica especial, enrollando el mechón hasta cuatro vueltas. Hay que procurar que el pelo del mechón no estire de la piel de los párpados. Sobre la goma se puede aplicar un lazo decorativo.

⓭ Con el acondicionador suavizante se ayuda a mantener el pelo en óptimas condiciones de conservación, pero sigue siendo necesario cepillarlo tres veces a la semana, para evitar la creación de nuevos nudos.

Nota: El Silky Terrier se debe bañar una vez al mes. También debe comprobar cada mes el estado de las uñas, por si es necesario cortarlas.

Corte para exposición

 MATERIAL NECESARIO

✓ Aceite de visón o de coco en spray
✓ Cabezal cuchilla 15# o 0.10#, de OSTER*
✓ Cabezal cuchilla núms. 1.8 ó 2 mm, de AESCULAP*
✓ Carda de rodillos
✓ Cepillo de cerdas naturales
✓ Cepillo universal
✓ Cortaúñas
✓ Liquido limpiador de oídos
✓ Máquina de rasurar OSTER A-5 o AESCULAP
✓ Peine de acero
✓ Tijeras
✓ Tijeras de escalar

*Estas medidas corresponden a los equivalentes aproximados entre una y otra marca.

❶ Cepillar el pelo con el cepillo universal. Si encuentra nudos, antes de desenredarlos vaporice el pelo con aceite de visón para evitar que se rompa. Peinar después con el cepillo y el peine, eliminando todos los nudos.

❷ Limpiar las orejas con un líquido limpiador adecuado; secar después con un algodón protegido con gasa hidrófila. Si es necesario, extraer los pelos del interior de los oídos.

❸ Cortar las uñas con un cortaúñas de tipo tijera, pero solo las puntas para no dañar la vena.

❹ Elegir el cabezal de rasurado más adecuado. Si la máquina es de tipo OSTER, entre los 0.15# o 10#. Si es una AESCULAP, elegir entre el cabezal de 1.8 o el de 2 mm. Rasurar el tercio superior de las orejas por dentro y por fuera, reservando los bordes superiores para cortar con las tijeras.

Con la máquina y el mismo cabezal, rasurar los pelos de los espacios plantares de los pies, los pelos del bajovientre, el sexo y alrededor del ano.

5 Taponar los oídos convenientemente con algodones recubiertos de gasa.

6 Bañar al animal dos veces y después aplicar suavizante acondicionador.

Secar al perro, ahuecando el pelo de toda la parte inferior del animal. En la parte superior cepillar el pelo, alisándolo al mismo tiempo que se seca, en dirección a la mesa.

7 Cortar con las tijeras los bordes de las orejas, en ambos lados, para darles una apariencia pulida, en forma de «V» invertida a los extremos superiores de las mismas.

8 Peinar el pelo de la cabeza marcando una línea recta de separación hacia ambos lados del cráneo. Si es necesario reducir el volumen en las orejas, recortar las puntas del pelo suelto desde el borde del rasurado en dirección a la garganta. Repetir la operación con las tijeras de escalar hasta darle una apariencia natural.

9 Eliminar el exceso de pelo si está manchado de color rojo granate en el borde inferior de los ojos en contacto con el hocico, con las tijeras de escalar.

10 Con el peine, marcar una línea que divida en dos mitades hacia abajo el pelo, desde la parte superior de la cabeza hasta la base de la cola. Vaporizar un poco de aceite de visón y peinar hacia abajo.

El volumen de la cola se puede reducir aplicando la tijera de escalar.

Es decir, se corta en la parte superior y en los costados de la cola; si esta es larga y sin amputaciones, en la parte inferior se reducen las puntas, triangulando el pelo desde atrás ha-

cia delante de modo que parezca una vela colgada.

11 Cortar con las tijeras el pelo de las patas que toca el suelo completamente redondo. Si es necesario, recortar el pelo de los faldones. Peinar el pelo hacia abajo y practicar un primer recorte. Repetir el mismo proceso con las tijeras de escalar hasta conseguir una apariencia natural.

12 Vaporizar en la cabeza un poco de aceite de visón para ayudar a conservar el pelo. Con la ayuda del peine, dividir el pelo desde el extremo exterior del ojo hasta la base de la oreja, en ambos lados de la cabeza.

Después hacer lo mismo en el pelo desde una oreja a la otra, en la base del cráneo.

Sostener el pelo con una mano en el centro de la cabeza, mientras con la otra se aplica una goma elástica especial, enrollando el mechón hasta cuatro vueltas. Hay que procurar que el pelo del mechón no estire de la piel. Sobre la goma se puede colocar un lazo decorativo.

13 Con el acondicionador se ayuda a mantener el pelo en óptimas condiciones de conservación, aunque sigue siendo necesario cepillarlo tres veces a la semana, para evitar la creación de nuevos nudos.

Nota: El Silky Terrier se debe bañar una vez al mes. Debe comprobar cada mes el estado de las uñas, por si es necesario recortarlas.

Soft Coated Wheaten Terrier

Corte comercial

 MATERIAL NECESARIO

- Cabezal cuchilla 0.15#, 10#, 7#, 5# y 4#, de OSTER*
- Cabezal cuchilla núms. 1.8, 2, 3, 5 y 7 mm, de AESCULAP*
- Carda de rodillos
- Cepillo universal
- Cortaúñas
- Líquido limpiador de oídos
- Máquina de rasurar OSTER A-5 o AESCULAP
- Peine de acero
- Tijeras
- Tijeras de escalar

*Estas medidas corresponden a los equivalentes aproximados entre una y otra marca.

1 Cepillar el pelo con el cepillo universal. Después peinar con el peine y eliminar todos los nudos.

2 Limpiar las orejas con líquido limpiador; secar después con un algodón protegido con gasa hidrófila.

3 Cortar las uñas con un cortaúñas de tipo tijera, pero solo las puntas para no dañar la vena.

4 Con la máquina rasuradora, cortar el pelo de las orejas por dentro y por fuera, reservando los bordes para recortarlos con las tijeras.
Elegir el cabezal de rasurado más adecuado. Si la máquina es de tipo OSTER, entre los 0.15# o 10#. Si es una AESCULAP, elegir entre el cabezal de 1.8 o el de 2 mm.
Después de aplicar el rasurado, recortar los bordes de las orejas con las tijeras de corte.
Con la máquina y el mismo cabezal, rasurar los pelos de los espacios plantares de los pies.
Con la máquina y el mismo cabezal, rasurar los pelos del bajovientre, el sexo, la base de la cola y alrededor del ano.

Peinar el pelo de la cabeza de atrás hacia delante. Elegir el cabezal de rasurado más adecuado. Si la máquina es de tipo OSTER, entre los 7#, 5# o 4#. Si se trata de una AESCULAP, elegir entre el cabezal de 3, 5 ó 7 mm.
Por encima de los ojos y justo detrás, a un centímetro de distancia, se encuentran las prominencias del cráneo. Aplicar el rasurado desde este punto hasta la base del cráneo, en la parte superior. En las mejillas aplicar el rasurado desde el extremo exterior de los ojos hasta el borde de las orejas.
Desde ese punto exterior de los ojos, girar la máquina y rasurar hacia abajo, sin tocar las barbas delanteras ni los labios, hasta los mentones inferiores, pasando por la garganta. Detener el rasurado de los dos lados de la cabeza en ese mismo punto.

5 Cambiar la máquina de rasurar por las tijeras de corte y aplicar el tamaño de pelo más adecuado a las estación del año, entre 1 a 3 cm, aproximadamente. Empezar el recortado del cuerpo desde la base del cráneo hasta la de la cola, pasando por los lados del cuello y los hombros, hasta los codos. Cortar hacia abajo en los lados del cuerpo, los flancos y al nivel

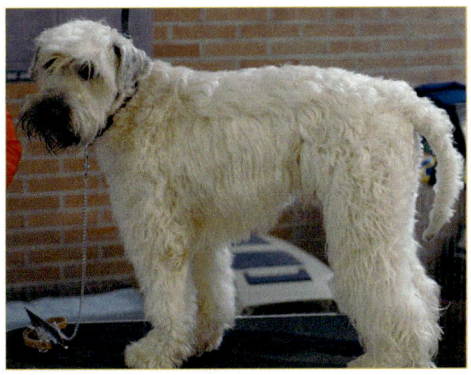

de los codos superiores. Marcar una línea de separación del recortado, y descender desde el lomo otra línea de separación por las caderas hasta las ingles. Cortar después el pelo de toda la cola, y descender el recortado por el trasero del animal.

❻ Bañar y secar al perro, ahuecando el pelo de las patas y las barbas.

❼ Levantar el pelo del rasurado de la cabeza, con el cepillo, a contrapelo, y aplicar la cuchilla con el cabezal que se utilizó antes del baño en cada zona rasurada. Marcar los bordes del final del rasurado con líneas continuas.

❽ Cortar con las tijeras los bordes de las orejas en ambos lados hasta darles una apariencia pulida.

❾ Cortar solo el pelo del dorso del hocico junto al stop; cortar la ceja recta desde los bordes exteriores de las mejillas hacia el hocico.

En la parte delantera, recortar el pelo de la ceja única en su extremo exterior en forma de arco, de un solo corte continuo desde un extremo al otro de la misma.

❿ Eliminar el exceso de pelo en la parte superior del hocico con las tijeras de escalar.

⓫ Peinar la barba hacia delante y reducir la línea que va desde el extremo de la ceja hasta la comisura posterior de la boca, peinando los pelos próximos a esa zona hacia atrás. Aplicar un corte en cada lado y en diagonal desde el centro de la mandíbula inferior hasta el borde de la ceja.

⓬ Cortar con las tijeras el pelo de las patas delanteras, llenas, rectas y completamente redondas, hasta los codos superiores. Desde este punto, levantar el pelo con el peine y aplicar las tijeras inclinadas hasta el nivel del recortado del hombro, rodeándolo. Hacer lo mismo en el pecho delantero y en el bajopecho, para dar un contorno inclinado al cuerpo.

⓭ Seguir cortando el contorno de las patas traseras, y dar forma al pelo con las tijeras de escalar, para unir el pelo en la parte superior de la pata con el recortado del cuerpo.

⓮ Cortar ligeramente con las tijeras de escalar el pelo del pecho delantero, peinándolo hacia delante y cortándolo en vertical.

⓯ Cortar con las tijeras los bordes exteriores de las patas y redondearlas en su totalidad.

⓰ El Soft Coated Wheaten Terrier debe ser arreglado cada seis u ocho semanas.

Corte para exposición

 MATERIAL NECESARIO

✓ Cabezal cuchilla 0.15# o 10#, de OSTER*
✓ Cabezal cuchilla núms. 1.8 ó 2 mm, de AESCULAP*
✓ Carda de rodillos
✓ Cepillo universal
✓ Cortaúñas
✓ Líquido limpiador de oídos
✓ Máquina de rasurar OSTER A-5 o AESCULAP
✓ Peine de acero
✓ Tijeras
✓ Tijeras de escalar

*Estas medidas corresponden a los equivalentes aproximados entre una y otra marca.

❶ Cepillar el pelo con el cepillo universal. Después peinar con el peine y eliminar todos los nudos.

❷ Limpiar las orejas con un líquido limpiador adecuado; secar después con un algodón protegido con gasa hidrófila.

❸ Cortar las uñas con un cortaúñas de tipo tijera, pero solo las puntas para no dañar la vena.

❹ Con la máquina rasuradora, cortar el pelo de las orejas por dentro y por fuera, reservando los bordes para recortarlos con las tijeras.

Elegir el cabezal de rasurado más adecuado. Si la máquina es de tipo OSTER, entre los 0.15# o 10#. Si es una AESCULAP, elegir entre el cabezal de 1.8 o el de 2 mm.

Después de aplicar el rasurado, recortar los bordes de las orejas con las tijeras de corte.

Con la máquina y el mismo cabezal, rasurar los pelos de los espacios plantares de los pies.

 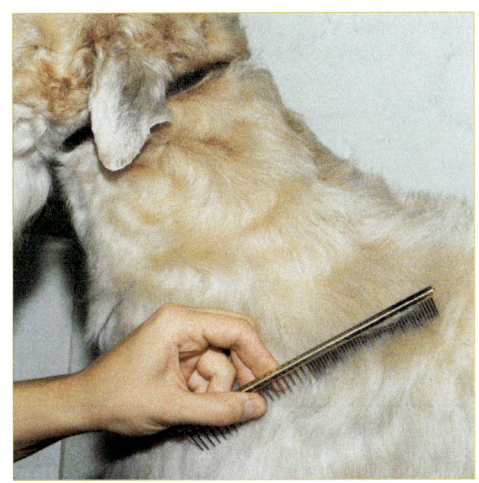

Con la máquina y el mismo cabezal, rasurar los pelos del bajovientre, el sexo y alrededor del ano.

Peinar el pelo de la cabeza de atrás hacia delante. Elegir el cabezal de rasurado más adecuado. Si la máquina es de tipo OSTER, entre los 7#, 5# o 4#. Si se trata de una AESCULAP, elegir entre el cabezal de 3, 5 ó 7 mm.

Por encima de los ojos y justo detrás, a un centímetro de distancia, se encuentran las prominencias del cráneo. Aplicar el rasurado desde este punto hasta la base del cráneo, en la parte superior. En las mejillas aplicar el rasurado desde el extremo exterior de los ojos hasta el borde de las orejas.

Desde el punto exterior de los ojos, girar la máquina y rasurar hacia abajo, sin tocar las barbas delanteras ni los labios, hasta los mentones inferiores, pasando por la garganta. Detener el rasurado de los dos lados de la cabeza en ese mismo punto.

❻ Cambiar la máquina de rasurar por las tijeras de corte y aplicar el tamaño de pelo más adecuado a la estación del año, pero que nun-

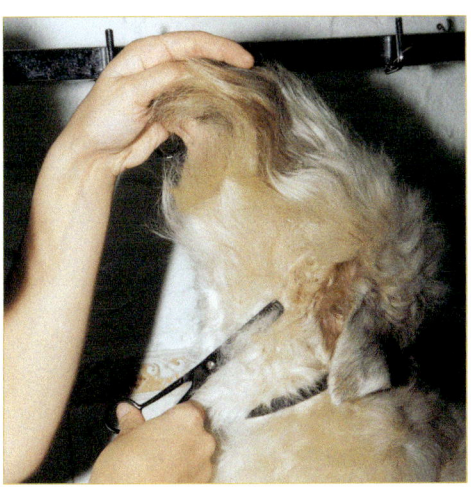 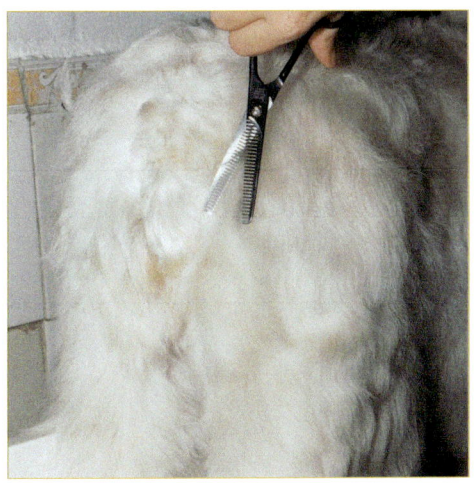

ca sea inferior a 2 cm. Empezar el recortado del cuerpo desde la base del cráneo hasta la de la cola, pasando por los lados del cuello y los hombros, hasta los codos. Cortar hacia abajo en los lados del cuerpo, los flancos y al nivel de los codos superiores. Marcar una línea de separación del recortado, y descender por el lomo otra línea de separación, desde las caderas hasta las ingles. Cortar después el pelo de la cola, y descender el recortado por el trasero del animal.

❼ Taponar los oídos convenientemente con algodones recubiertos de gasa.
Si es necesario extraer los pelos del interior de los oídos.

❽ Bañar al animal dos veces y después aplicar suavizante acondicionador.
Secar al perro, ahuecando el pelo de toda la parte inferior del animal. En la parte superior cepillar el pelo, a contra pelo, al mismo tiempo que se seca. Es necesario estirar el pelo para proceder al repaso con las tijeras.

❾ Iniciar el repaso del cuerpo desde la base de la cabeza, pasando por los lados del cuello y los hombros, hasta los codos. Cortar de abajo hacia arriba en los lados del cuerpo y los flancos y desde los codos superiores. Igualar el volumen del recortado. Ascender por el lomo una línea de separación con el pecho inferior, puliendo por franjas de corte desde la misma línea.
En las patas traseras unir el recorte de las patas con el del lomo superior. Repetir esa unión con el cuerpo en las caderas y las ingles.
Repasar después el pelo de la cola, y descender el recortado por el trasero del animal.

❿ Levantar el pelo del rasurado de la cabeza, con el cepillo y a contrapelo, y aplicar la cuchilla con el cabezal que se utilizó antes del baño en cada zona rasurada. Hay que unir el rasurado con el recortado de las tijeras.

⓫ Cortar con las tijeras los bordes de las orejas, en ambos lados hasta darles una apariencia pulida.

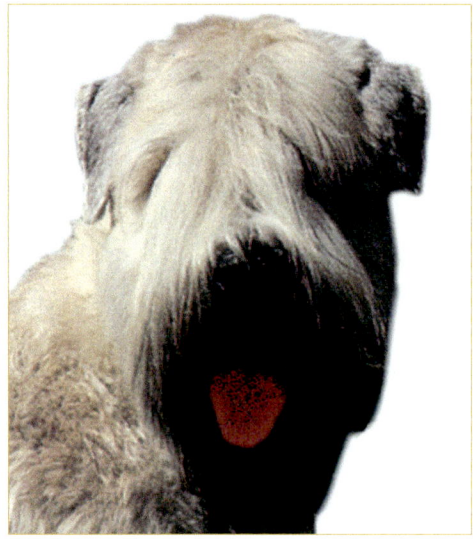

⓬ Peinar el pelo en una ceja única hacia delante, sin aplicar las tijeras en el stop.

⓭ Cortar solo el pelo del dorso del hocico junto al stop; cortar la ceja recta desde los bordes exteriores de las mejillas hacia el hocico.
En la parte delantera, recortar el pelo de la ceja única en su extremo exterior en forma de arco, de un solo corte continuo desde un extremo al otro de la misma.

⓮ Peinar la barba hacia delante y reducir la línea que va desde el extremo de la ceja hasta la comisura posterior de la boca, peinando los pelos próximos a esa zona hacia atrás. Aplicar un corte en cada lado y en diagonal, desde el centro de la mandíbula inferior hasta el borde de la ceja.

Welsh Terrier

Corte comercial

 MATERIAL NECESARIO

- Cabezal cuchilla 0.15#, 10#, 7#, 5# y 4#, de OSTER*
- Cabezal cuchilla núms. 1.8, 2, 3, 5, 7 y 9 mm, de AESCULAP*
- Carda de rodillos
- Cepillo universal
- Cortaúñas
- Líquido limpiador de oídos
- Máquina de rasurar OSTER A-5 o AESCULAP
- Peine de acero
- Tijeras
- Tijeras de escalar

*Estas medidas corresponden a los equivalentes aproximados entre una y otra marca.

❶ Cepillar el pelo con el cepillo universal. Después peinar con el peine y eliminar todos los nudos.

❷ Limpiar las orejas con líquido limpiador; secar después con un algodón protegido con gasa hidrófila.

❸ Cortar las uñas con un cortaúñas de tipo tijera, pero solo las puntas para no dañar la vena.

❹ Con la máquina rasuradora, cortar el pelo de las orejas por dentro y por fuera, reservando los bordes para recortarlos con las tijeras. Elegir el cabezal de rasurado más adecuado. Si la máquina es de tipo OSTER, entre los 0.15# o 10#. Si es una AESCULAP, elegir entre el cabezal de 1.8 o el de 2 mm.

Después de aplicar el rasurado, recortar los bordes de las orejas con las tijeras de corte.

Con la máquina y el mismo cabezal, rasurar los pelos de los espacios plantares de los pies, los pelos del bajovientre, el sexo y alrededor del ano.

Peinar el pelo de la cabeza de atrás hacia delante. Elegir el cabezal de rasurado más adecuado. Si la máquina es de tipo OSTER, entre los 7#, o 5#. Si se trata de una AESCULAP, elegir entre el cabezal de 3, 5 ó 7 mm.

Por encima de los ojos y justo detrás, a un centímetro de distancia, se encuentran las prominencias del cráneo. Aplicar el rasurado desde este punto hasta la base del cráneo, en la parte superior. En las mejillas aplicar el rasurado desde el extremo exterior de los ojos hasta el borde de las orejas.

Desde el punto exterior de los ojos, girar la máquina y rasurar hacia abajo, sin tocar las barbas delanteras ni los labios, hasta los mentones inferiores, pasando por la garganta. Detener el rasurado de los dos lados de la cabeza en ese mismo punto.

❺ Cambiar el cabezal de la cuchilla en la máquina de rasurar, y aplicar el más adecuado entre los tamaños 5, 7 ó 9 mm de AESCULAP, o su equivalente de la marca OSTER, entre los 7#, 5# o 4#.

Iniciar el rasurado del cuerpo desde la base del cráneo hasta la cola, pasando por los lados del cuello y los hombros, hasta los codos. Cortar hacia abajo en los lados del cuerpo y los flancos, y al nivel de los codos superiores, marcar una línea de separación de rasurado. Descender por el lomo otra línea de separación, desde las caderas hasta las ingles. Cortar después el pelo de la cola, y descender el rasurado por el trasero del animal.

❻ Extraer los pelos del interior de los oídos y taparlos de manera adecuada con algodones recubiertos de gasa.

❼ Bañar y secar al animal, ahuecando el pelo de las patas y las barbas.

Levantar el pelo del rasurado de la cabeza, con

el cepillo y a contrapelo, y aplicar la cuchilla con el cabezal que se utilizó antes del baño en cada zona rasurada. Hay que igualar el rasurado de todo el pelaje y marcar los bordes de hombros y caderas.

8 Cortar con las tijera los bordes de las orejas, en ambos lados hasta darles una apariencia pulida.

9 Peinar el pelo en una ceja única, dejando crecer el de la zona del stop y de la caña nasal juntos. Cortar la ceja en diagonal desde el borde exterior hasta el centro de cada ceja, dejando que un mechón de pelo más largo se mezcle con el de la caña nasal.

10 Eliminar el exceso de pelo en la parte superior de los mentones con las tijeras de escalar.

11 Peinar la barba hacia delante y reducir la línea que va desde el extremo de la ceja hasta la comisura posterior de la boca, peinando los pelos próximos a esa zona hacia atrás. Aplicar un corte en cada lado y en diagonal, desde el centro de la mandíbula inferior hasta el borde de la ceja. Repasar el recorte con las tijeras de escalar.

12 Cortar con las tijeras el pelo de las patas delanteras, llenas, rectas y completamente redondas, hasta los codos superiores. Desde este punto, levantar el pelo con el peine y aplicar las tijeras inclinadas hasta el nivel del rasurado del hombro, rodeándolo. Hacer lo mismo en el pecho delantero y en el bajopecho, para dar un contorno inclinado al cuerpo.

13 Seguir cortando el contorno de las patas traseras, y dar forma al pelo con las tijeras de escalar, para unir el pelo en la parte superior de la pata con el rasurado del cuerpo.

14 Cortar ligeramente con las tijeras de escalar el pelo del pecho delantero, peinándolo hacia delante y cortándolo en vertical.

15 Cortar con las tijeras los bordes exteriores de las patas y redondearlas en su totalidad.

16 El Welsh Terrier debe arreglarse y bañarse cada seis u ocho semanas.

Corte para exposición

MATERIAL NECESARIO

- Cabezal cuchilla 0.15# o 10#, de OSTER*
- Cabezal cuchilla núms. 1.8 ó 2 mm, de AESCULAP*
- Cepillo universal
- Lima metálica de uñas
- Máquina de rasurar OSTER A-5 o AESCULAP
- Navajas de *stripping*
- Peine de acero
- Tijeras de ahuecar de dos caras
- Tijeras de corte
- Tijeras de escalar

*Estas medidas corresponden a los equivalentes aproximados entre una y otra marca.

1 Cepillar el pelo con el cepillo universal. Después peinar con el peine y eliminar todos los nudos.

2 Aplicar líquido limpiador en el interior de los oídos, y limpiar y secar de inmediato. Se puede aprovechar este momento para extraer los pelos que sobresalgan del interior.

3 Con la máquina rasuradora, cortar el pelo de las orejas por dentro y por fuera, reservando los bordes para recortarlos con las tijeras.

Elegir el cabezal de rasurado más adecuado. Si la máquina es de tipo OSTER, entre los 0.15# o 10#. Si es una AESCULAP, elegir entre el cabezal de 1.8 o el de 2 mm.

Después de aplicar el rasurado, recortar los bordes de las orejas con las tijeras de corte.

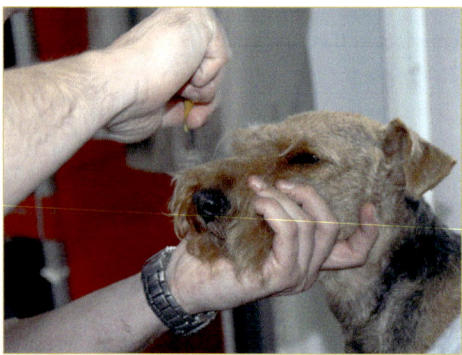

Con la máquina y el mismo cabezal, rasurar los pelos de los espacios plantares de los pies, los pelos del bajovientre, el sexo y alrededor del ano.

Peinar el pelo de la cabeza de atrás hacia delante. Elegir el cabezal de rasurado más adecuado. Si la máquina es de tipo OSTER, entre los 7#, 5# o 4#. Si se trata de una AESCULAP, elegir entre el cabezal de 3, 5 ó 7 mm.

Por encima de los ojos y justo detrás, a un centímetro de distancia, se encuentran las prominencias del cráneo. Aplicar el rasurado desde este punto hasta la base del cráneo, en la parte superior. En las mejillas aplicar el rasurado desde el extremo exterior de los ojos hasta el borde de las orejas.

Desde el punto exterior de los ojos, girar la máquina y rasurar hacia abajo, sin tocar las barbas delanteras ni los labios, hasta los mentones inferiores, pasando por la garganta. Detener el rasurado de los dos lados de la cabeza en ese mismo punto.

❹ Peinar el pelo de la cabeza hacia delante, y aplicar la máquina dos centímetros por detrás de la comisura de los ojos con la cuchilla de rasurar del 10# o el 7#, o su equivalente AESCULAP de 3 ó 5 mm, hasta el hueso occipital, para crear una ceja única.

❺ Peinar el pelo de la ceja única, dejando crecer el pelo de la zona del stop y de la caña nasal juntos. Cortar la ceja en diagonal desde el borde exterior hasta el centro de cada ceja, dejando que un mechón de pelo más largo se mezcle con el de la caña nasal.

❻ Peinar de nuevo la zona rasurada, y morder el pelo de la cabeza con las tijeras de escalar, aplicándolas en mismo sentido en el que crece el pelo.

❼ Rasurar, con la cuchilla de cabezal 15# y con mucho cuidado, el bajovientre, el sexo, el borde del ano y los espacios plantares.

❽ Extraer el pelo del cuello superior con la navaja de *stripping*. Descender por los lados del cuello, igualando la proporción de pelo en

ambos lados. Proseguir con la extracción por la parte superior del tronco y los costados del cuerpo, con el objetivo de hacer desaparecer todo el pelo lanoso, para que solo se vea el de aspecto brillante. No es tan importante que el pelo no quede cortado al mismo nivel, ya que después del lavado se puede nivelar con la ayuda de las tijeras de escalar y de la navaja de escalar.

❾ Cepillar el pelo de las patas y las barbas. Extraer los pelos del interior de los oídos que se pueda y taparlos adecuadamente con algodones recubiertos de gasa. Bañar al animal con un champú especial para pelo duro; dejar actuar unos minutos, enjuagar con agua tibia y aclarar.

Suavemente y con el secador, secar al perro; mientras se secan las patas, las barbas y las cejas, peinar y ahuecar el pelo de esas zonas. Peinar con la navaja de *stripping*, sin llegar a profundizar en el pelo de las patas y las barbas. Peinar las extremidades de la patas, y sacudirlas con suavidad. Recortar el pelo que toca el suelo con las tijeras de peluquería

❿ Repasar e igualar todo lo posible los pelos de la parte superior del animal con la ayuda de la navaja y de las tijeras de escalar, nivelando y puliendo su aspecto.

West Highland White Terrier

Corte comercial

MATERIAL NECESARIO

- Cabezal cuchilla 0.15#, 10#, 7#, 5# y 4#, de OSTER*
- Cabezal cuchilla núms. 1.8, 2, 5, 7 y 9 mm, de AESCULAP*
- Carda de rodillos
- Cepillo universal
- Cortaúñas
- Líquido limpiador de oídos
- Máquina de rasurar OSTER A-5 o AESCULAP
- Peine de acero
- Tijeras
- Tijeras de escalar

*Estas medidas corresponden a los equivalentes aproximados entre una y otra marca.

❶ Cepillar el pelo con el cepillo universal. Después peinar con el peine y eliminar todos los nudos.

❷ Limpiar las orejas con líquido limpiador; secar después con un algodón protegido con gasa hidrófila.

❸ Cortar las uñas con un cortaúñas de tipo tijera, pero solo las puntas para no dañar la vena.

❹ Elegir el cabezal de rasurado más adecuado. Si la máquina es de tipo OSTER, entre los 0.15# o 10#. Si es una AESCULAP, elegir entre el cabezal de 1.8 o el de 2 mm.

Con la máquina y el mismo cabezal, rasurar los pelos de los espacios plantares de los pies, los pelos del bajovientre, el sexo y alrededor del ano.

Rasurar solo el tercio superior de cada oreja, y reservar el pelo de los bordes de la zonas rasuradas para recortar con las tijeras.

❺ Cambiar el cabezal de la máquina y aplicar uno de tamaño superior para diferenciar la cabeza del cuerpo. Si la máquina es de tipo OSTER, entre el 5# o 4#. Si la máquina es AESCULAP, elegir entre el cabezal de 5, 7 ó 9 mm. Aplicar un primer rasurado en la parte superior del animal, desde la cabeza hasta la cola. Se debe procurar sujetar la cabeza levantada, para que los ojos miren recto hacia delante, y aplicar la máquina de arriba hacia abajo en los lados del cuello hasta la garganta, bajar hasta el esternón, y en el cuerpo separar el rasurado por debajo de la cola, que también se rasura para resaltar el pelo de los faldones.

❻ Extraer los pelos del interior de los oídos y taparlos de manera adecuada con algodones recubiertos de gasa.

Peinar todo el pelo del animal con el peine metálico para asegurarse de que no hay nudos cercanos a la piel.

❼ Bañar y secar al perro, ahuecando el pelo de toda la parte inferior del animal.

Desde la parte superior cepillar el pelo, alisándolo al mismo tiempo que se seca, en dirección al sobre de la mesa. Después peinar todo el pelo del animal con el peine metálico para asegurarse de que no hay nudos cercanos a la piel.

❽ Cortar con las tijeras el pelo de las patas que toca el suelo completamente redondo. Si es necesario, recortar el pelo de los faldones. Peinar el pelo hacia abajo y practicar un primer recorte. Repetir el mismo con las tijeras de escalar hasta conseguir una apariencia natural.

❾ Con la máquina y el cabezal que se utilizó durante el primer rasurado, aplicar un repaso, levantando el pelo con el cepillo a contrapelo y después aplicando la máquina en la misma dirección en la que crece el pelo, solo hasta el centro longitudinal del cuerpo. Al llegar a ese punto, separar la máquina del cuerpo, siguiendo en la misma dirección e inclinándola hacia atrás, con el pelo enganchado a los dientes de

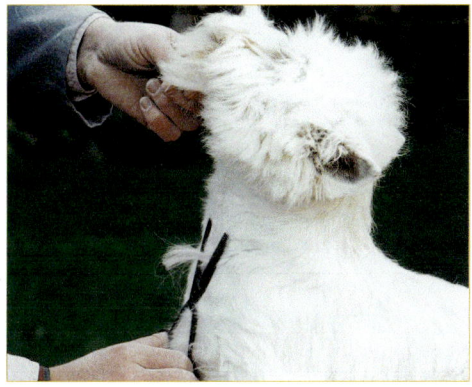

la rasuradora. A medida que la máquina se aleja del cuerpo, el pelo se va soltando, despacio al principio y más rápidamente después, formando una línea recta casi imperceptible que divide el rasurado con respecto al pelo que queda intacto por debajo de ese punto.

🔟 Cortar con las tijeras, curvado y en forma de columna, el pelo de las patas que sobresale entre los dedos. Si es necesario, recortar el pelo de los faldones. Peinar el pelo hacia abajo y practicar un primer recorte. Repetir el mismo paso con las tijeras de escalar hasta conseguir una apariencia natural.

⓫ Para cortar y sanear con tijeras el pelo del interior de las patas traseras, se recorta el pie en forma de pie de gato, empezando por la cara interna de la pata; desde el talón hasta el ángulo del corvejón se da mayor volumen, y desde ahí y hasta el muslo superior, donde se enlaza al rasurado de los genitales, se practica un recorte de mayor a menor volumen hasta que coincida con el rasurado.

⓬ Es conveniente peinar el pelo de los muslos, y después sujetar el pie y levantarlo hacia el lado exterior, lo suficiente como para que la inclinación de la pierna permita observar el pelo que cuelga de la cara interna del muslo. Peinar el pelo hacia abajo y practicar un primer recorte, colocando las tijeras al lado del pie y en dirección al cuerpo. La separación de las tijeras con respecto al pie debería ser lo bastante amplia como para que el pelo que quede después del recorte sea más voluminoso en la parte baja de la pata que en la superior, y forme una pared de pelo recta y vertical en el interior del muslo. Repasar el corte con las tijeras de escalar hasta conseguir una apariencia natural.

⓭ En las patas delanteras, aplicar las tijeras en las crines traseras. Es aconsejable situarse delante del animal y levantar una de las patas hacia delante, mientras se cepilla y se peina el pelo hasta que cuelgue completamente suelto. Aplicar el recorte desde el pie y en línea recta hasta el codo. Como la pata está un tanto inclinada, y el recorte se inicia desde el pie, a medida que avanza debería separarse cada vez más de la pata, para que el pelo de la parte superior sea más largo que en la inferior, y el arreglo sea correcto.

Si después se repite la operación con las tijeras de escalar, se pueden corregir los errores de la tijera de corte.

Utilizar la misma técnica con el pelo de la otra pata.

⓮ En la cabeza hay que peinar y estirar el pelo. Después se recortan los bordes superiores de las orejas, tan solo un tercio, procurando que las dos queden recortadas al mismo nivel, pues han de servir de referencia para crear el volumen de la cabeza.

⓯ Con el peine recoger 2 cm aproximadamen-

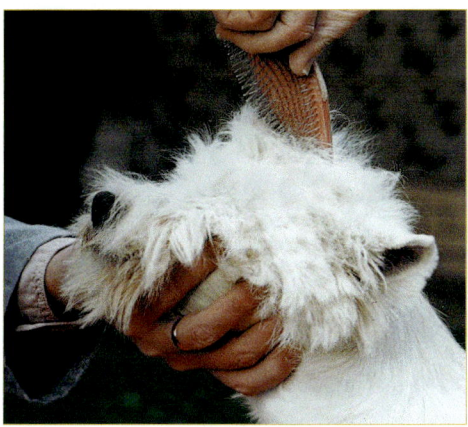

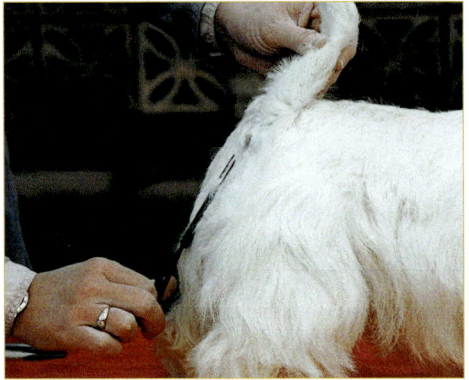

rojo granate del borde inferior de los ojos en contacto con el hocico con las tijeras de escalar. Hay que procurar que el pelo del hocico, aunque se peine hacia atrás, no toque los ojos. Una vez terminado se peinan todas las barbas. Se inclina la cabeza hacia arriba y se recorta en la misma dirección el pelo de la parte inferior de las barbas para que queden rectas en su posición definitiva.

❶⑧ Por último se redondean los dos lados de la cabeza, por los bordes exteriores y en su totalidad.

te del pelo que rodea una oreja y sujetarlo con una mano, estirar las puntas de pelo que rodean la oreja, y con las tijeras practicar un corte alrededor de la misma, al mismo nivel del rasurado. Repetir esta operación con la otra oreja.

❶⑥ Después se vuelve a peinar todo el pelo de la parte superior de la cabeza, y se recorta en vertical, por detrás del occipital, desde una oreja a la otra por detrás de la cabeza.

Entonces se practica un pequeño recorte en el pelo de la parte superior de la cabeza, procurando que se vea una superficie casi plana.

❶⑦ En la parte más profunda del dorso del hocico se peina el pelo, levantándolo para recortarlo junto con el que cae del seno frontal o stop, para dejar la zona despejada de pelo.

Eliminar el exceso de pelo manchado de color

Corte para exposición

 MATERIAL NECESARIO

- Cabezal cuchilla 0.15#, 10#, 7#, 5# y 4#, de OSTER*
- Cabezal cuchilla núms. 1.8, 2, 5, 7 y 9 mm, de AESCULAP*
- Carda de rodillos
- Cepillo universal
- Cortaúñas
- Líquido limpiador de oídos
- Máquina de rasurar OSTER A-5 o AESCULAP
- Navajas de *stripping*
- Peine de acero
- Tijeras
- Tijeras de escalar

*Estas medidas corresponden a los equivalentes aproximados entre una y otra marca.

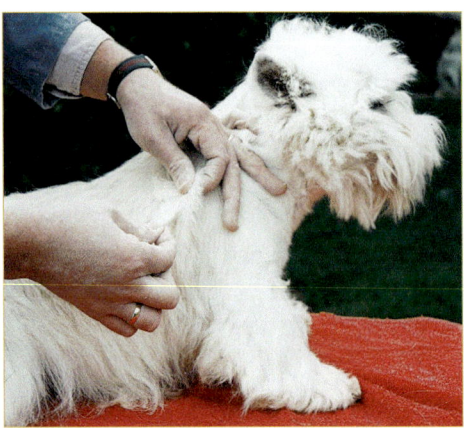

❶ Cepillar el pelo con el cepillo universal. Después peinar con el peine y eliminar todos los nudos.

❷ Aplicar líquido limpiador en el interior de los oídos, y limpiar y secar de inmediato. Se puede aprovechar este momento para extraer los pelos que sobresalgan del interior.

❸ Elegir el cabezal de rasurado más adecuado. Si la máquina es de tipo OSTER, entre los 0.15# o 10#. Si es una AESCULAP, elegir entre el cabezal de 1.8 o el de 2 mm.

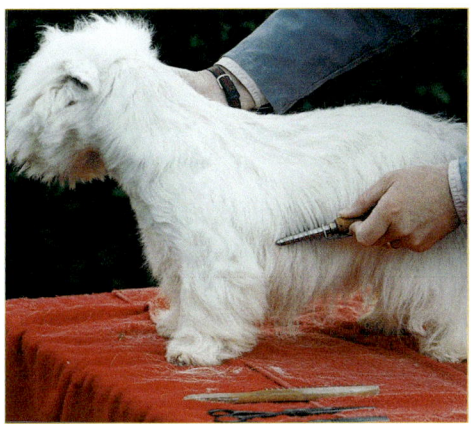

Con la máquina y el mismo cabezal, rasurar los pelos de los espacios plantares de los pies, los pelos del bajovientre, el sexo y alrededor del ano.

Rasurar solo el tercio superior de cada oreja y reservar el pelo de los bordes para recortarlo con las tijeras.

❹ Peinar el pelo de la cabeza hacia delante, y morder muy poco el pelo de la cabeza con las tijeras de ahuecar, aplicándolas en el mismo sentido en el que crece el pelo.

❺ Extraer el pelo del cuerpo, empezando en el cuello superior, con la navaja de *stripping*; descender por los lados del cuello, e igualar la proporción de pelo en ambos lados. Continuar con la extracción por la parte superior del tronco y los costados del cuerpo, con la precaución de hacer desaparecer todo el pelo lanoso, para que solo se vea el brillante. No es tan importante que el pelo no quede cortado al mismo nivel, ya que después del lavado se puede nivelar con la ayuda de las tijeras de escalar sobre el peine metálico y con la navaja de escalar.

❻ Cepillar el pelo de las patas y de las barbas, taponar los oídos, y bañar al animal con un champú especial para pelo duro; dejar actuar unos minutos, enjuagar con agua tibia y aclarar.

Suavemente y con el secador, secar al perro; mientras se secan las patas, las barbas, las cejas y la parte superior de la cabeza, peinar y ahuecar el pelo de esas zonas.

❼ Peinar las extremidades de las patas, sacudirlas con suavidad y recortar el pelo que toca el suelo con las tijeras de peluquería.

❽ Peinar con la navaja de *stripping*, sin llegar a profundizar en el pelo de las patas y de las faldas. Después recortar las puntas de los pelos que sobresalgan, igualando las patas.

❾ Repasar e igualar todo lo posible los pelos de la parte superior del animal con la ayuda de la navaja y de las tijeras de escalar, nivelando y puliendo su aspecto.

❿ Antes de la presentación, cardar el pelo de la cabeza con el peine; cuando la forma de la cabeza parezca un crisantemo, aplicar una ración de laca para mantener esta apariencia.

Yorkshire Terrier

Corte comercial

MATERIAL NECESARIO

- Aceite de visón o de coco en spray
- Cabezal cuchilla 0.15# o 10#, de OSTER*
- Cabezal cuchilla núms. de 1.8 ó 2 mm, de AESCU-LAP*
- Carda de rodillos
- Cepillo universal
- Cortaúñas
- Gomas elásticas para el pelo
- Líquido limpiador de oídos
- Máquina de rasurar OSTER A-5 o AESCULAP
- Peine de acero
- Tijeras
- Tijeras de escalar

*Estas medidas corresponden a los equivalentes aproximados entre una y otra marca.

❶ Cepillar el pelo con el cepillo universal. Si encuentra nudos, antes de desenredarlos vaporice el pelo con aceite de visón para evitar que se rompa. Peinar después con el cepillo y el peine, eliminando todos los nudos.

❷ Limpiar las orejas con un líquido limpiador adecuado; secar después con un algodón protegido con gasa hidrófila.

❸ Cortar las uñas con un cortaúñas de tipo tijera, pero solo las puntas para no dañar la vena.

❹ Elegir el cabezal de rasurado más adecuado. Si la máquina es de tipo OSTER, entre los 0.15# o 10#. Si es una AESCULAP, elegir entre el cabezal de 1.8 o el de 2 mm.
Con la máquina y el mismo cabezal, rasurar los pelos de los espacios plantares de los pies, los pelos del bajovientre, el sexo y alrededor del ano.
Rasurar solo el tercio superior de cada oreja y reservar el pelo de los bordes de las zonas rasuradas para recortarlo con las tijeras.

❺ Taponar los oídos convenientemente con algodones recubiertos de gasa.

❻ Bañar al animal dos veces y después aplicar suavizante acondicionador.

❼ Secar al perro, ahuecando el pelo de toda la parte inferior del animal. En la parte superior cepillar el pelo, alisándolo al mismo tiempo que se seca, en dirección al sobre de la mesa.

❽ Cortar con las tijeras los bordes de las orejas, en ambos lados, hasta darles una apariencia pulida, en forma de «V» invertida a los extremos superiores de las mismas.

❾ Peinar el pelo de la cabeza marcando una línea recta de separación hacia ambos lados del cráneo. Si es necesario, recortar las puntas de los pelos sueltos, desde el borde del rasurado en las orejas y en dirección a la garganta. Repe-

tir la operación con las tijeras de escalar hasta darles una apariencia natural.

🔟 Eliminar el exceso de pelo en el borde inferior de los ojos en contacto con el hocico con las tijeras de escalar.

⓫ Con el peine marcar una línea que divida en dos mitades hacia abajo el pelo, desde la parte superior de la cabeza hasta la base de la cola. Peinar hacia abajo y vaporizar un poco de aceite de visón.

⓬ Cortar con las tijeras el pelo de las patas que toca el suelo completamente redondo. Si es necesario, recortar el pelo de los faldones. Peinar el pelo hacia abajo y practicar un primer recorte. Repetir la misma técnica con las tijeras de escalar hasta conseguir una apariencia natural.

Se puede reducir el volumen de la cola aplicando las tijeras de corte.

Es decir, se aplica en la parte superior y en los costados de la cola, si esta es larga y sin amputaciones, mientras en la parte inferior se reducen las puntas, triangulando el pelo desde atrás hacia delante de modo que parezca una vela colgada.

⓭ En la cabeza, vaporizar un poco de aceite de visón, para ayudar a conservar el pelo. Con la ayuda del peine, dividir el pelo desde el extremo exterior del ojo hasta la base de la oreja, en ambos lados de la cabeza.

Después hacer lo mismo, desde una oreja a la otra, en el pelo de la base del cráneo.

Sostener el pelo con una mano en el centro de la cabeza, mientras con la otra se aplica una goma elástica especial para pelo, enrollando el mechón hasta cuatro vueltas. Hay que procurar que el pelo del mechón no estire de la piel. Sobre la goma se puede colocar un lazo decorativo.

⓮ Con el acondicionador suavizante se ayuda a mantener el pelo en óptimas condiciones de conservación, pero sigue siendo necesario cepillarlo tres veces a la semana, para evitar la formación de nuevos nudos.

⓯ El Yorkshire Terrier se debe bañar una vez al mes.

⓰ También se debe comprobar cada mes el estado de las uñas, por si es necesario cortarlas.

Corte de verano

 MATERIAL NECESARIO

✔ Cabezal cuchilla 15# o 10#, de OSTER*
✔ Cabezal cuchilla núms. 1.8, 2, 7, 5 ó 9 mm, de AESCULAP*
✔ Carda de rodillos
✔ Cepillo universal
✔ Cortaúñas
✔ Líquido limpiador de oídos
✔ Máquina de rasurar OSTER A-5 o AESCULAP
✔ Peine de acero
✔ Tijeras
✔ Tijeras de escalar

*Estas medidas corresponden a los equivalentes aproximados entre una y otra marca.

❶ Cepillar el pelo con el cepillo universal. Si encuentra nudos, antes de desenredarlos vaporice el pelo con aceite de visón para evitar que se rompa. Peinar después con el cepillo y el peine, eliminando todos los nudos.

❷ Limpiar las orejas con un líquido limpiador adecuado; secar después con un algodón protegido con gasa hidrófila.

❸ Cortar las uñas con un cortaúñas de tipo tijera, pero solo las puntas para no dañar la vena.

❹ Elegir el cabezal de rasurado más adecua-

do. Si la máquina es de tipo OSTER, entre los 0.15# o 10#. Si es una AESCULAP, elegir entre el cabezal de 1.8 o el de 2 mm.

Con la máquina y el mismo cabezal, rasurar los pelos de los espacios plantares de los pies, los pelos del bajovientre, el sexo y alrededor del ano. Rasurar solo el tercio superior de cada oreja y reservar el pelo de los bordes de las zonas rasuradas para recortarlo con las tijeras.

❺ Taponar los oídos convenientemente con algodones recubiertos de gasa.

❻ Aplicar a la máquina de esquilar, un cabezal de cuchilla de 5, 7 ó 9 mm, y rasurar con cuidado toda la parte superior del cuerpo, incluida la cola, a favor del crecimiento del pelo, empezando por detrás del hueso occipital y avanzando por el cuello y los lados. En el pecho aplicar el rasurado desde debajo de la garganta hasta el esternón y por el cuerpo superior hasta el centro longitudinal del cuerpo. Al llegar a ese punto, separar la máquina del cuerpo, siguiendo en la misma dirección e inclinándola hacia atrás, con el pelo enganchado a los dientes de la rasuradora. A medida que la máquina se aleja del cuerpo, el pelo se va soltando, despacio al principio y más rápidamente después, formando una línea recta casi imperceptible que divide el rasurado con respecto al pelo que queda intacto por debajo de ese punto. Continuar con esta técnica desde el centro del pecho delantero hasta la base inferior de la cola.

❼ Bañar al animal dos veces y después aplicar suavizante acondicionador.

Secar al perro, ahuecando el pelo de toda la parte inferior del animal. En la parte superior cepillar el pelo, alisándolo al mismo tiempo que se seca, en dirección al sobre de la mesa.

❽ Cortar con las tijeras los bordes de las orejas, en ambos lados, hasta darles una apariencia pulida, en forma de «V» invertida a los extremos superiores de las mismas.

❾ Peinar el pelo de la cabeza marcando una línea recta de separación hacia ambos lados del cráneo. Si es necesario reducir su tamaño, recortar las puntas desde el borde del rasurado en las orejas y en dirección a la garganta. Repetir la operación con las tijeras de escalar hasta darles una apariencia natural.

❿ Eliminar el exceso de pelo en el borde inferior de los ojos en contacto con el hocico con las tijeras de escalar.

⓫ Repasar el rasurado levantando el pelo de las zonas rasuradas con el cepillo, a contrapelo. Volver a aplicar la máquina con la misma cuchilla que se utilizó antes del baño hasta dejar el pelaje perfectamente igualado en todas las partes rasuradas.

⓬ Cortar con las tijeras el pelo de las patas que toca el suelo completamente redondo. Es conveniente recortar el pelo de los faldones algo más corto que en la primera versión. Peinar el pelo hacia abajo y practicar un primer recorte. Repetir el mismo proceso con las tijeras de escalar hasta conseguir una apariencia natural. Se puede reducir el volumen de la cola aplicando la máquina con el mismo cabezal con que se arregló el cuerpo.

Es decir, se aplica en la parte superior y en los costados de la cola, si es larga y sin amputaciones, mientras en la parte inferior se reducen las puntas, triangulando el pelo desde atrás hacia delante de modo que parezca una vela colgada.

⓭ En la cabeza, vaporizar un poco de aceite de visón para ayudar a conservar el pelo. Con la ayuda del peine, dividir el pelo desde el extremo exterior del ojo hasta la base de la oreja, a ambos lados de la cabeza.

Después hacer lo mismo, desde una oreja a la otra, en el pelo de la base del cráneo.

Sostener el pelo con una mano en el centro de la cabeza, mientras con la otra se aplica una goma elástica especial, enrollando el mechón hasta cuatro vueltas. Hay que procurar que el pelo del mechón no estire de la piel. Sobre la goma se puede colocar un lazo decorativo.

⓮ Con el acondicionador suavizante se ayuda a mantener el pelo en óptimas condiciones de conservación, pero sigue siendo necesario cepillarlo tres veces a la semana, para evitar la creación de nuevos nudos.

Nota: El Yorkshire Terrier se debe bañar una vez al mes. También se debe comprobar cada mes el estado de las uñas, por si es necesario cortarlas.

Corte para exposición

Los cuidados del Yorkshire para exposición empiezan a partir de los cinco o seis meses de edad.

MATERIAL NECESARIO

✔ Abrigo especial de seda o de nailon
✔ Aceite de visón o de coco en spray
✔ Cabezal cuchilla 0.15# o 10#, de OSTER*
✔ Cabezal cuchilla núms. 1.8 ó 2 mm, de AESCULAP*
✔ Cepillo de cerda natural
✔ Cepillo universal
✔ Cortaúñas
✔ Gomas elásticas para el pelo
✔ Juego de calcetines o de botas especiales
✔ Lima metálica de uñas
✔ Líquido limpiador de oídos
✔ Máquina de rasurar OSTER A-5 o AESCULAP
✔ Papel de cebolla en tiras, unas treinta unidades, de 10 x 25 cm
✔ Peine de acero
✔ Tijeras de corte
✔ Tijeras de escalar

*Estas medidas corresponden a los equivalentes aproximados entre una y otra marca.

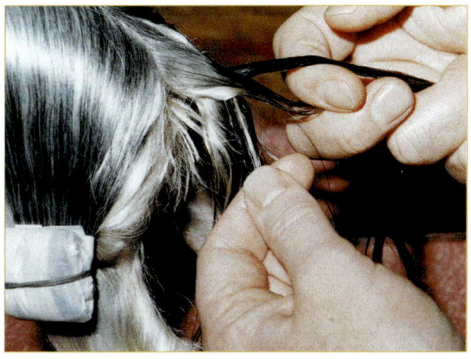

❶ Cepillar el pelo con el cepillo de cerda natural. Después peinar con el peine y, antes de eliminar los nudos, vaporizar aceite de visón, dejarlo actuar y cepillar con cuidado con el cepillo universal.

❷ Aplicar líquido limpiador en el interior de los oídos, y limpiar y secar de inmediato. Se puede aprovechar este momento para extraer los pelos que sobresalgan del interior.

❸ Con la máquina rasuradora, cortar el pelo de los espacios plantares con mucho cuidado. Elegir el cabezal de rasurado más adecuado. Si la máquina es de tipo OSTER, entre los 0.15# o 10#. Si es una AESCULAP, elegir entre el cabezal de 1.8 o el de 2 mm.

❹ Peinar el pelo de la cabeza, y limpiar la comisura de los ojos, con la ayuda de gasas empapadas en líquido limpiador de ojos y en

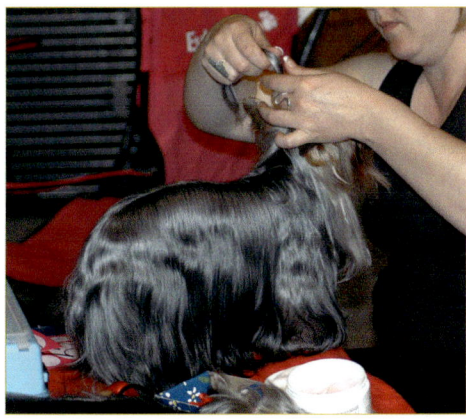

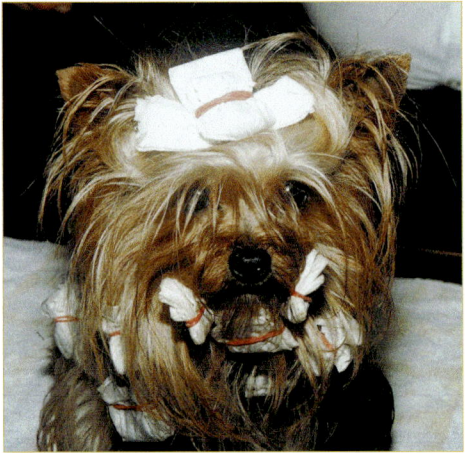

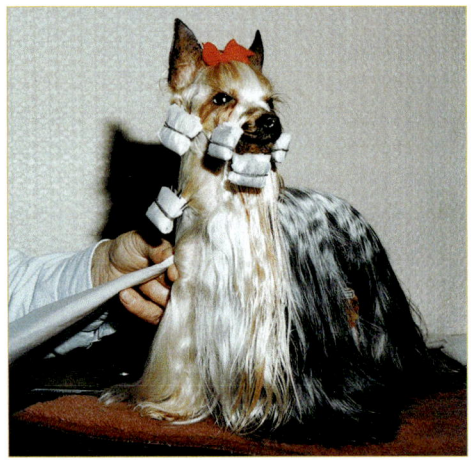

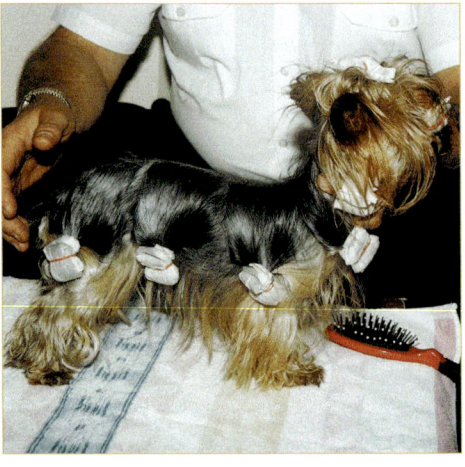

dirección al centro del hocico, los residuos acumulados de legañas.

5 Cortar las uñas con un cortaúñas de tipo tijera, pero solo las puntas para no dañar la vena interior.

6 Rasurar con la cuchilla de cabezal 0.15# o 10#, el bajovientre, el sexo, el borde del ano.

7 Taponar los oídos con algodones recubiertos de gasa hidrófila.

8 Bañar cada dos o tres semanas al animal con un champú especial para pelo largo, y aplicar dos enjabonadas. En el último aclarado utilizar una dosis de crema suavizante especial para pelo largo, extendiéndola por todo el pelaje. Cuando se termine el baño, secar el pelo con toallas sin frotar el pelo, para evitar que se enrede. Secar el pelo con secador y al mismo tiempo cepillarlo, ahuecando el de la mitad hacia abajo del animal. En la parte superior, los lados y los extremos del animal, secar y alisar el pelo hacia el suelo.

9 Peinar las patas una a una y sacudirlas con suavidad. Peinar el pelo comprobando que esté totalmente suelto.

10 Recortar el pelo de los bordes de las orejas, pero tan solo el espacio que antes se rasuró con la máquina, en forma de «V» invertida, hasta conseguir una apariencia muy pulida.

11 Cepillar todo el pelo con el cepillo universal. Dividir el pelaje con el peine metálico en dos mitades, desde la nariz hasta la base de la cola.

12 Preparar las tiras de papel de cebolla, el vaporizador de aceite de visón, el peine metálico y el cepillo universal.

13 En la cabeza, dividir el pelo desde el extremo exterior de cada ojo hasta la base de cada oreja, y vaporizar un poco de aceite de visón para ayudar a conservar el pelo. Con la ayuda del peine, peinar el pelo de los dos mechones hacia ambos lados de la cabeza.

14 Después hacer lo mismo en el pelo desde una oreja a la otra, en la base del cráneo.

15 Sostener un mechón del pelo con una mano

en el centro de la cabeza, mientras con la otra se aplica una tira de papel de cebolla previamente doblada en tres pliegues. Poner el mechón en el centro del mismo y a lo largo, y cubrirlo con las alas del papel, doblándolo en tres partes a partir del extremo del pelo. Aplicar una goma elástica especial, enrollada con tres o cuatro vueltas.

🟡 Repetir la operación con el pelo de las mejillas; antes de formar los mechones vaporizar un poco de aceite de visón.

🟡 Con el peine marcar una línea vertical desde la comisura del ojo hasta la barba, y una segunda línea desde el extremo anterior de la oreja hasta el extremo profundo del mentón.

🟡 Sostener un mechón del pelo con una mano, mientras con la otra se aplica una tira de papel de cebolla previamente doblado en tres pliegues. Poner el mechón en el centro del mismo y a lo largo, y cubrirlo con las alas del papel, doblándolo en tres partes a partir del extremo de pelo más próximo a la piel. Aplicar una goma elástica especial, enrollada con tres o cuatro vueltas.

🟡 Repetir este mismo proceso con los pelos de los bigotes. Con el peine recoger hacia delante y vaporizar el aceite de visón. Peinar y sujetar con la mano el mechón de un lado de los bigotes, mientras con la otra se aplica el papel del mismo modo que se ha mencionado antes. Repita la misma técnica con el otro lado. De esta forma la cabeza está preparada con los bigudíes.

🟡 En el cuello se prepara el pelo peinando una línea en el centro superior, y dejándolo caer hacia los lados, del mismo de modo que cae por los hombros en la parte delantera y los lados.

🟡 Es importante recordar que antes de formar los mechones hay que vaporizar un poco de aceite de visón.

🟡 Con el peine se marca una línea vertical en el centro delantero del pecho, desplazándolo hacia el lado correspondiente. Este se sujeta

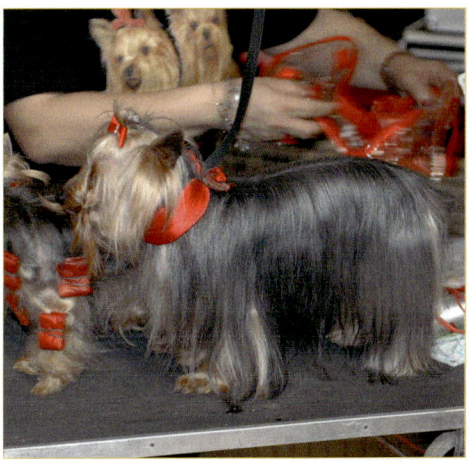

con la mano, y con la ayuda del peine se forma una segunda línea vertical con el pelo que cuelga por el hombro en la parte delantera. Entonces se desplaza hacia el lado contrario para formar un mechón. Siempre, antes de formar los mechones, se vaporiza un poco de aceite de visón.

Sostener el mechón de pelo con una mano, mientras con la otra se aplica una tira de papel de cebolla previamente doblado en tres pliegues. Poner el mechón en el centro del mismo y a lo largo, y cubrirlo con las alas del papel, doblándolo en tres partes a partir del extremo del pelo. Aplicar una goma elástica especial, enrollada con tres o cuatro vueltas. Esta operación se repite en el otro lado del frontal del pecho.

㉓ En los costados del Yorkshire, también se repiten estas operaciones entre tres o cuatro veces, en función del tamaño de los mechones y del propio ejemplar.

㉔ En la patas delanteras y a media altura se forma un bigudí con el pelo que cuelga en el lado exterior, mientras en las traseras se aplican justo por encima de los corvejones.

㉕ Vaporizar en los pies un poco de aceite de visón, y aplicar los calcetines o las botas especiales para perro de tamaño pequeño.

Estas operaciones de aceitamiento del pelo se deben aplicar de manera rutinaria cada tres días. Además debe ser peinado por completo a diario, para que el pelo se airee, y se deben vol-

ver a aplicar los papelitos, las gomitas, los calcetines y el abriguito.

El día anterior o incluso el mismo día de la presentación a la exposición se ha de lavar intensamente para hacer desaparecer cualquier rastro de aceite de visón, poniendo mucho cuidado en el cepillado. Mientras se seca, el cepillado debe ser aplicado desde arriba hacia abajo con cepillos de cerda natural y peines que no produzcan electricidad estática.

El pelo excesivamente largo que se arrastre debe ser recortado de manera que no tenga más de uno o dos centímetros de contacto con el suelo, en todo el perímetro del animal. De este modo no se limita la soltura y libertad de movimientos del perro.

Después de cada exposición se debe volver a empezar con la rutina diaria de cuidado del pelaje.

Alteraciones que podemos encontrar en algunas razas caninas

Airedale Terrier
Alergias: El Airedale Terrier es propenso a todo tipo de alergias cutáneas.
Ataxia: Pérdida progresiva de la coordinación.
Sordera: Pérdida total o parcial de la audición.
Trastornos esofágicos: Espasmos en los músculos del esófago.

Alaskan Malamute
Malformaciones oculares: El Alaskan Malamute es propenso al desarrollo anormal de uno o de ambos ojos.
Displasia de cadera: Desarrollo anormal de la articulación de una o ambas caderas.
Displasia de codo: Desarrollo anormal de la articulación de uno o ambos codos.

Bearded Collie
Cataratas: Enturbiamiento del cristalino ocular que provoca una pérdida parcial o total de la visión en los perros ancianos.
Displasia de cadera: Desarrollo anormal de la articulación de una o ambas caderas.

Bichón Maltés
Estrés: Síndrome del temblor del perro blanco. Esta raza es propensa a cambiar de conducta en presencia de otros animales e incluso de personas, causándole esto movimientos oculares rápidos, temblores, y problemas de equilibrio.
Sordera: Pérdida parcial o total de la audición.
Malformaciones oculares: Crecimiento anormal de pestañas y desarrollo anormal de la retina.

Bouvier des Flandres
Cataratas: Enturbiamiento del cristalino del ojo que provoca una pérdida parcial o total de la visión en los perro ancianos.
Displasia de cadera: Desarrollo anormal de la articulación de una o ambas caderas.

Cairn Terrier
Estrés: Esta raza es propensa a cambiar de conducta en presencia de otros animales e incluso de personas, causándole esto movimientos oculares rápidos, temblores, y problemas de equilibrio.
Alergias: El Cairn Terrier es propenso a todo tipo de alergias.

Caniche
Alergia cutánea: Reacción alérgica que provoca la inflamación y la irritación de la piel.
Estrés: Síndrome del temblor del perro blanco. Esta raza es propensa a cambiar de conducta en presencia de otros animales e incluso de personas, causándole esto movimientos oculares rápidos, temblores, y problemas de equilibrio.
Epífora: El Caniche es propenso a la producción excesiva de líquido lacrimal.

Cocker Spaniel Americano
Cataratas: Enturbiamiento del cristalino del ojo que provoca una pérdida parcial o total de la visión en los perros ancianos.
Criptoquirdia: Malformación congénita en la cual uno o ambos testículos no descienden hasta el escroto.
Enfermedades de la piel: El Cocker Spaniel Americano es propenso a las enfermedades cutáneas y a sufrir alergias por distintas causas (nutricionales, hormonales, parasitarias, o autoinmunes).
Osteocondrosis: Desarrollo anormal del cartílago en las articulaciones, principalmente en los hombros, las rodillas y en los codos.

Cocker Spaniel Inglés
Cataratas: Enturbiamiento del cristalino ocular que provoca una pérdida parcial o total de la visión en los perros ancianos.
Criptoquirdia: Malformación congénita en la cual uno o ambos testículos no descienden hasta el escroto.
Enfermedades de la piel: El Cocker Spaniel Inglés es propenso a las alergias y a las enfermedades cutáneas por causas nutricionales, hormonales, parasitarias o autoinmunes.

Coton de Tuléar
Estrés: Es propenso a cambiar de conducta en presencia de otros animales e incluso de personas, causándole esto movimientos oculares rápidos, temblores, y problemas de equilibrio.
Osteocondrosis: Desarrollo anormal del cartílago de las articulaciones, principalmente en los hombros, las rodillas y en los codos.

Fox Terrier
Estrés: Es propenso a cambiar de conducta en presencia de otros animales e incluso de personas, causándole esto movimientos oculares rápidos, temblores, y problemas de equilibrio.
Alergia cutánea: Reacción alérgica que provoca la inflamación y la irritación de la piel.
Sordera: Pérdida parcial o total de la audición.
Trastornos esofágicos: Espasmos en los músculos del esófago.

Galgo Afgano
Cataratas: Enturbiamiento del cristalino del ojo que provoca una pérdida parcial o total de la visión en los perros ancianos.
Displasia de cadera: Desarrollo anormal de la articulación de una o ambas caderas.
Displasia de codo: Desarrollo anormal de la articulación de uno o ambos codos.
Narcolepsia: Alteración neurológica por la cual el perro se queda dormido repentinamente.

Golden Retriever
Alergias: Esta raza es propensa a todo tipo de alergias.
Cataratas: Enturbiamiento del cristalino ocular que provoca una pérdida parcial o total de la visión en los perros ancianos.
Displasia de cadera: Desarrollo anormal de la articulación de una o ambas caderas.
Displasia de codo: Desarrollo anormal de la articulación de uno o ambos codos.

Gos d´Atura
Crecimiento de uno o más espolones: El Gos d´Atura, es propenso a desarrollar uno o más espolones en las patas traseras, teniendo que poner especial cuidado en el corte regular de sus uñas.
Cataratas: Enturbiamiento del cristalino del ojo que provoca una pérdida parcial o total de la visión en los perros ancianos.
Displasia de cadera: Desarrollo anormal de la articulación de una o ambas caderas.

Kerry Blue Terrier
Tumores de los folículos pilosos: Crecimiento anormal de los folículos donde se asientan los pelos.
Cataratas: Enturbiamiento del cristalino del ojo que provoca la pérdida total o parcial de visión en los perros ancianos.

Lakeland Terrier
Alergias: El Lakeland es propenso a todo tipo de alergias.
Malformaciones oculares: El Lakeland es propenso al repliegue de uno o ambos párpados hacia el interior (entropión), al crecimiento anormal de las pestañas y a una alteración del cristalino ocular.

Lhasa Apso
Estrés: Es propenso a cambiar de conducta en presencia de otros animales e incluso de personas, causándole esto movimientos oculares rápidos, temblores, y problemas de equilibrio.

Alteraciones de las vértebras: El Lhasa Apso es propenso al desarrollo anormal de la segunda vértebra, lo que provoca una pérdida de estabilidad.
Alteraciones dentales: Es propenso a la formación de sarro en la dentadura.

Pastor de Brie
Cataratas: Enturbiamiento del cristalino ocular que provoca una pérdida parcial o total de la visión en los perros ancianos.
Displasia de cadera: Desarrollo anormal de la articulación de una o ambas caderas.

Pomerania
Malformaciones oculares: El Pomerania es propenso al crecimiento anormal de las pestañas, al repliegue del párpado hacia adentro (entropión) y al desarrollo anormal de los conductos lagrimales.
Luxación rotuliana: Dislocación de la articulación de una o ambas rodillas.

Schnauzer Gigante
Estrés: Es propenso a cambiar de conducta en presencia de otros animales e incluso de personas.
Alergias: Es propenso a todo tipo de alergias.

Schnauzer Miniatura
Alergias: Es propenso a todo tipo de alergias.
Alteraciones dentales: Anomalías en la cantidad, la posición o el crecimiento de los dientes.
Trastornos esofágicos: Espasmos en los músculos del esófago.

Scottish Terrier
Alteraciones del metabolismo del zinc: Incapacidad para acumular y utilizar adecuadamente el zinc, provocando esto trastornos dérmicos y capilares si no es tratado.
Displasia epidérmica: Desarrollo anormal de la capa externa de la piel.
Seborrea: Enfermedad de la piel que se caracteriza por una piel rugosa, escamosa y con exceso de sebo, que provoca un olor corporal rancio.

Sealyham Terrier
Alergias: Es propenso a todo tipo de alergias.
Displasia epidérmica: Desarrollo anormal de la capa externa de la piel.
Osteopatía craneomandibular: Huesos anormalmente densos en la cara y la mandíbula.
Sordera: Pérdida parcial o total de la audición.
Foliculitis: Inflamación de uno más folículos pilosos.

Setter
Displasia de cadera: Desarrollo anormal de la articulación de una o ambas caderas.
Hipotiroidismo: Enfermedad común debida a un déficit de hormonas del tiroides. La glándula tiroides regula el metabolismo del perro.

Shih Tzu
Estrés: Es propenso a cambiar de conducta en presencia de otros animales e incluso de personas, causándole esto movimientos oculares rápidos, temblores y problemas de equilibrio.
Alteraciones de las vértebras: El Shih Tzu es propenso al desarrollo anormal de la segunda vértebra, lo que provoca una pérdida de estabilidad.
Alteraciones dentales: Es propenso a la formación de sarro en la dentadura.

Silky Terrier
Alteraciones de la retina: Es propenso al desarrollo lento pero continuo de atrofia de las retinas, que conduce a la ceguera.
Luxación rotuliana: Dislocación de la articulación de una o ambas rodillas.

Soft Coated Wheaten Terrier
Alergias: Es propenso a todo tipo de alergias.
Sordera: Pérdida parcial o total de la audición.
Trastornos esofágicos: Espasmos en los músculos del esófago.

Welsh Terrier

Estrés: Es propenso a cambiar de conducta en presencia de otros animales e incluso de personas, causándole esto movimientos oculares rápidos, temblores, y problemas de equilibrio.
Alergias: Es propenso a todo tipo de alergias.
Ataxia: Pérdida progresiva de la coordinación.
Sordera: Pérdida parcial o total de la audición.

West Highland White Terrier

Alergias: Es propenso a todo tipo de alergias.
Seborrea: Enfermedad de la piel que se caracteriza por una piel rugosa, escamosa y con exceso de sebo, que provoca un olor corporal rancio.
Sordera: Pérdida parcial o total de la audición.

Trastornos esofágicos: Espasmos en los músculos del esófago.

Yorkshire Terrier

Estrés: Es propenso a cambiar de conducta en presencia de otros animales e incluso de personas, causándole esto movimientos oculares rápidos, temblores, y problemas de equilibrio.
Alteraciones dentales: Es propenso a la formación de sarro en la dentadura.
Luxación rotuliana: Dislocación de la articulación de una o ambas rodillas.
Seborrea: Enfermedad de la piel que se caracteriza por una piel rugosa, escamosa y con exceso de sebo, que provoca un olor corporal rancio.